1 MONTH OF
FREE
READING

at

www.ForgottenBooks.com

By purchasing this book you are
eligible for one month membership to
ForgottenBooks.com, giving you
unlimited access to our entire
collection of over 1,000,000 titles via
our web site and mobile apps.

To claim your free month visit:

www.forgottenbooks.com/free1214244

ISBN 978-0-332-30404-5
PIBN 11214244

Aus meinem Jugendland

Von

Isolde Kurz

Siebzehntes bis neunzehntes Tausend

Deutsche Verlags-Anstalt
Stuttgart und Berlin 1920

Dem Lebensfreund
und Teilhaber meiner Jugenderinnerungen
Ernst von Mohl

Vorwort

Die vorliegenden Blätter danken ihr Entstehen zunächst einer Anregung der „Neuen Freien Presse", die einen großen Teil davon zuerst in Einzelfeuilletons veröffentlicht hat. Erst die freundliche Aufnahme, die sie in Leserkreisen fanden, veranlaßte die Abfassung des ganzen Buches. Dieses bildet gewissermaßen eine Fortsetzung und Ergänzung der Lebensgeschichte meines Vaters[1]) und die Überleitung zu den Florentinischen Erinnerungen,[2]) in denen ich die Charakterbilder meiner verstorbenen Brüder einzeln gezeichnet habe. Da ich bei Niederschrift der genannten Bücher nicht daran dachte, auch einmal die eigene Entwicklung zu erzählen, sind in beiden gelegentlich Dinge vorweggenommen, die hier mit größerer Ausführlichkeit behandelt sein wollten. Die Art des Entstehens dieser Aufzeichnungen bedingte ihre Einteilung in geschlossene Kapitel, die nicht streng chronologisch, sondern nach der inneren Ordnung gegliedert sind. Doch bin ich hierin nur dem Gesetz des Gedächtnisses gefolgt, das gleichfalls die Ereignisse nicht am langen Faden aufreiht, sondern das Zusammengehörige, auch wenn es zeitlich getrennt ist, aneinanderknüpft.

Natürlich kann das Bild, das ich von meiner damaligen Umwelt gebe, kein vollständiges sein. Es haben wertvolle Menschen meinen Jugendweg gekreuzt, deren hier keine oder nur flüchtige Erwähnung geschieht, weil ich sonst von der vorgesetzten Richtung zu weit abgelenkt würde. Die Wahl der eingeführten Personen bestimmt sich einzig nach ihrem Einfluß auf meinen Werdegang. Und ein solcher Einfluß hängt

[1]) Hermann Kurz. Ein Beitrag zu seiner Lebensgeschichte. München 1906, bei Georg Müller. Jetzt Stuttgart, Deutsche Verlags-Anstalt.
[2]) Florentinische Erinnerungen. München 1910, bei Georg Müller. 2. Aufl. Jetzt Stuttgart, Deutsche Verlags-Anstalt.

ja weit weniger von der wirklichen Bedeutung einer Persönlichkeit ab als von dem Zeitpunkt, wo unsere Lebenswege
sich schneiden.

Auch wundere man sich nicht, wenn man in meinen
Erinnerungen Größtes und Kleinstes, Völkergeschicke und
Jugendeseleien, große Männer und kleine Mädchen bunt
beisammen findet. In meinem Jugendgarten wuchsen alle
Gewächse Gottes, große und kleine, einheimische und fremde,
wild durcheinander. Da gab es himmelstrebende Zedern,
wundersame Orchideen, seltene Rosenarten, daneben lustige
Bauernblumen und allerhand blühendes Unkraut. Ich pflücke
mit vollen Händen, was ich noch erraffen kann. Freilich
mußte ich manche lockende Blume nachträglich wieder aus
dem Strauß werfen, weil mir die Rücksicht auf Lebende
oder Verstorbene Zurückhaltung auferlegt. Und was die
großen Männer betrifft, so nehmen sie die Nähe der kleinen
Mädchen nicht übel; ja sie hätten, als sie lebten, die Welt
ohne diese Nähe um vieles weniger anziehend gefunden.

Vielleicht erscheint es manchem als eine Vermessenheit,
daß ich überhaupt inmitten des Weltkrieges von den Freuden
und Leiden meiner eigenen Jugend erzähle. Zu meiner Recht-
fertigung diene die Erwägung, daß die große Sintflut, aus
der sich allmählich eine neue Welt emporzuringen beginnt, in
Bälde vollends die letzten Spuren jener idyllischen Tage mit
ihren Reizen und ihren unerträglichen Hemmungen hinweg-
gefegt haben wird. Dann mag ein neues Geschlecht sich durch
die verschönernde Zeitenferne hindurch vielleicht an ihrem
Anblick behagen. Auch spiegeln sich ja in jedem Menschenleben immer unzählige andere, in denen die gleichen Ansätze
enthalten sind und die nicht ungern im fremden Gesicht das
eigene wiedererkennen.

Buoch i. R., im Sommer 1918

Isolde Kurz

Inhalt

Lebensmorgen

Es hat einen tiefen Reiz für das geiftige Ich, feinen eigenen Anfängen nachzufpüren. Wann und wie ist von diefem Bewußtfein, das fpäter die ganze Welt des Seienden, des Gewefenen und gar noch des Künftigen umfpannen möchte, der erste Funke aufgedämmert? Die tägliche Umgebung, in die wir hineingeboren wurden, läßt kaum einen bewußten Eindruck zurück, fie ist uns das Selbstverständliche gewefen, auch find es nicht Perfonen, fondern Dinge, die uns zuerst die Vorstellung der Außenwelt als mit uns im Gegenfatz befindlich geben.

Am Anfang meiner Erinnerungen steht ein Rad. Diefe frühefte Gedächtnisfpur hat fich mir in meinem achtzehnten Lebensmonat eingegraben. Es war ein mit grünem Schlamm behangenes, verwittertes Mühlrad, das fich in einem eilenden Schwarzwaldbach drehte. Ich hielt es für den großen Garnhafpel unferer Josephine, woraus ich fchließen muß, daß mir diefer fchon eine ganz geläufige Vorstellung war, aber wann ich feiner bewußt wurde, weiß ich nicht. Das Rad war also nicht das erste, ich müßte vielleicht fagen: im Anfang war der Hafpel; allein nun stutze ich wie der Doktor Fauft bei der Bibelüberfetzung: ich kann den Hafpel fo hoch unmöglich fchätzen. Es müffen noch andere Erkenntniffe in Menge vor und mit dem Hafpel gewefen fein, jedoch fie find auf ewig unter die Schwelle meines Bewußtfeins hinabgetaucht, und das Mühlrad steht als erster ficherer Meilenstein auf meiner Lebensstraße. Ich zappelte also vom Arm des Kindermädchens herunter, um den vermeintlichen Hafpel aus dem Waffer zu langen — die Größenverhältniffe waren mir noch nicht aufgegangen — und ich fetzte durch diefe Abficht das Mädchen in berechtigtes Erstaunen, denn fie trug mich schleunig hinweg, wobei ich meine Mißbilligung durch Schreien und Treten aufs lebhafteste äußerte. Dieses Mädchen hieß Justine, sie war bei der gleichnamigen Heldin des Weih- nachtsfundes, den mein Vater um jene Zeit schrieb, Pate gestanden, und der Auftritt spielte auf einer moosbewachsenen Steinbrücke in dem kleinen Schwarzwaldbad Liebenzell, die ich bei einem vor wenigen Jahren dort abgestatteten Besuch auf der Stelle wieder erkannte.

Dieselbe Justine, die, beiläufig gesagt, erst vierzehn Jahre alt war, mir aber als eine sehr ehrwürdige Persönlichkeit erschien, trug mich einmal in eine Schmiede, wo rußige Männer tief innen um loderndes Feuer hantierten. Ich sah sie mit unbeschreiblichem Entsetzen und hielt sie für Teufel. Wie aber kam der Teufel, von dem ich nie gehört hatte, in meine Vorstellung? Ich weiß es nicht und kann nur annehmen, daß der Teufel zu den angeborenen Begriffen gehört. Ich schrie und sträubte mich gewaltig, als es in diese Hölle ging, und als gar einer der Schwarzen — es war, wie ich später erfuhr, der Vater des Mädchens — sich mir verbindlich nähern wollte, ließ ich jenes im ganzen Ort bekannte Geschrei ertönen, woran mich der Nachtwächter straßenweit zu er- kennen pflegte, daß das Mädchen eiligst mit mir das Weite suchte. Ich konnte mich übrigens damals schon ganz gut ver- ständlich machen, denn ich sprach, wie man mir erzählte, schon im ersten Lebensjahr zusammenhängend. Mein um elf Monate älteres, sonst sehr begabtes Brüderchen Edgar lernte es erst an meinem Beispiel. Aber wahrscheinlich hätte er es ebenso früh wie ich gekonnt und ließ sich nur durch irgendein inneres Hemmnis die Zunge binden, denn er war ein wunder- liches, äußerst schwierig veranlagtes kleines Menschenkind, dem meine größere Unbefangenheit ebenso nützlich war wie mir sein schon entwickelterer Verstand.

Mein nächster bleibender Eindruck war ein frischgefallener Schnee in den Straßen von Stuttgart, den ich mit inniger

12

Freude für Streuzucker ansah. Dann aber kam eine Stunde unvergeßlichen Jammers. Unsere Josephine, das geliebte Erbstück aus dem großväterlichen Hause, hatte mich im Wägelchen auf den Schloßplatz geführt und war unter der sogenannten Ehrensäule, die auf einem, wie mir schien, himmelhohen Unterbau eine Gruppe von Steinfiguren trägt, mit mir angefahren. In einer dieser Gestalten glaubte ich unsere Mutter zu erkennen und rief sie erschrocken an herabzukommen. Da sie sich nicht regte, schrie ich immer ängstlicher und flehender mein „Mamele, komm lunter". Dieses starre, steinerne Dastehen flößte mir eine bange Furcht, ein wachsendes Grauen ein, ich begann zu ahnen, daß es ein Entrücktsein geben könne, wo kein Ruf die geliebte Seele mehr erreicht. In meinen Jammer mischte sich noch ein dunkles Schuldgefühl, als ob dieses Unglück die Strafe für irgendeine von mir begangene Unbotmäßigkeit wäre, ich brach in ein fürchterliches Wehgeschrei aus und blieb für alle Tröstungen taub, während man mich schreiend die ganze Königstraße entlang nach Hause führte, wo erst der lebendige Anblick der für verloren Beweinten mir den Frieden wiedergab.

Und dann sehe ich in eben dieser Königstraße eine braune einflügelige Eichentür mit messingener Klinke, die so niedrig stand, daß ich sie mit einiger Mühe gerade erreichen und aufdrücken konnte. Sie führte in einen Bäckerladen, den wir Kinder täglich auf unserem Spaziergang mit Josephine besuchten. Dort durfte jedes von uns sich ein schmackhaftes Backwerk, eine sogenannte „Seele", selber vom Tisch langen. Eines Tages kam Edgar mit seiner Wahl nicht zustande. Welche Seele man ihm anbot, es war immer nicht die rechte. Er wurde darüber sehr schwermütig und erklärte immerzu: 's Herzele will was und 's Herzele kriegt nix. Als Josephine nach vielen vergeblichen Versuchen, ihn zu befriedigen, endlich mit uns den Laden verließ, verwandelte sich sein Gram in lauten Jammer, und während wir anderen freudig unsere

Seelen verzehrten, erfuhr es die ganze Königstraße hinab jeder Vorübergehende, daß das Herzele etwas wollte und nichts bekam. Daheim ergoß sich der Enttäuschungsschmerz in einen Strom von Tränen, bis Josephine ihren Liebling still beiseite nahm und ihm die heimlich eingesteckte Seele reichte. Er verzehrte sie befriedigt und sagte dann: 's Herzele will noch mehr.

In mein drittes Lebensjahr fällt die erste Bekanntschaft mit dem Dichter Ludwig Pfau, der als politischer Flüchtling in Paris lebte und nun zu heimlichem Besuche nach Stuttgart gekommen war. Es verkehrten zwar viele Freunde in meinem Elternhause, aber sie alle tauchen in meinem Gedächtnis erst viel später auf. Aus jener frühen Stuttgarter Zeit blicken mich nur Ludwig Pfaus vorstehende blaue Augen aus einem rötlich umrahmten Gesicht strafend an. Das ging so zu: Pfau hielt sich acht Tage in unserem Hause verborgen und pflegte während der Arbeitsstunden meines Vaters bei meiner Mutter zu sitzen, mit deren Anschauungen er sich besonders gut verstand. Mich konnte er nicht ausstehen, und diese Gesinnung war gegenseitig, denn wir waren einander im Wege. Ich war durchaus nicht gewohnt, daß die Mama, die ich sonst nur mit den Brüdern zu teilen hatte, sich so viel und andauernd mit einer fremden Person beschäftigte. Wenn die beiden also politisierend in dem großen Besuchszimmer auf und ab gingen, drängte ich mich gewaltsam zwischen die mütterlichen Knie, daß ihr der Schritt gesperrt wurde, und der Gast ärgerte sich heftig, ohne daß er bei der abgöttischen Liebe, die meine Mutter für ihre Kleinen hatte, es wagen durfte, mich vor die Tür zu setzen. Er wollte sich daher in Güte mit mir einigen, und nachdem er sich eines Tages doch zu einem Ausgang entschlossen hatte, brachte er eine Tüte voll Zuckerwerk mit, dem er den mir noch unbekannten Namen Bonbons gab. Dieses unschöne Wort für einen so schönen Gegenstand mißfiel mir sehr: in dem nasalen O und in der Verdoppelung der

14

Silbe fühlte ich dunkel etwas Groblüsternes und Unwürdiges. Wie mich ein neues Wort, das meinen Ohren schön oder geheimnisvoll klang, in einen stillen Rausch versetzen konnte, auch wenn ich seinen Sinn gar nicht verstand, ja dann erst recht, so daß ich damit umherging wie mit dem schönsten Geschenk, so gab es andere, die mir einen Widerwillen einflößten und die ich einfach nicht in den Mund nahm. Ich wurde nun auf den breiten hölzernen Tritt gesetzt, der das halbe Zimmer ausfüllte, und unter dem Beding, mich für eine Weile ruhig zu verhalten, erhielt ich ein rundes bernsteinfarbiges Zuckerchen, das ich alsbald in Arbeit nahm. Aber es rutschte mir glatt den Hals hinunter, mich um den Genuß betrügend. Sogleich brach ich den Frieden, indem ich wie Quecksilber auffuhr und mich miauend zwischen die Knie der Mutter klemmte, in der Hoffnung, eine Entschädigung zu erlangen. Fordern mochte ich sie nicht, weil ich nicht wußte, wie das Ding benamsen, da mir das widerwärtige Wort, das ich ganz leicht hätte aussprechen können, nicht von der Zunge wollte. Ich antwortete also auf die erschreckte Frage, was mir geschehen sei, nur, ich hätte „das Ding" verschluckt. Was für ein Ding? fragte sie, schon an allen Gliedern zitternd, denn sie dachte an irgendeinen spitzigen oder gar giftigen Gegenstand. Das Ding! Das Ding! rief ich geängstigt, daß man mich nicht verstand, und nun erst recht entschlossen, das verhaßte Wort keinenfalls auszusprechen. Mama war schon aus der Tür gestürzt, um den Arzt zu rufen, aber der Gast hatte die Geistesgegenwart, mich besser ins Verhör zu nehmen: Wie sah denn das Ding aus? — Es war rund und gelb und ganz süß, sagte ich schnell, erleichtert, daß ich nun endlich den Weg sah, mich verständlich zu machen. Du dummes Kind, das war ja dein Bonbon, konntest du das nicht gleich sagen? hieß es nun. Mama wurde zurückgerufen, die mich jubelnd als eine Gerettete in die Arme schloß, ich erhielt ein zweites Bonbon, das ich trotz dem widrigen Namen vergnügt in Empfang

nahm, und das Zwiegespräch konnte endlich seinen Fortgang
nehmen. Aber diesen Zwischenfall hat mir Pfau nie vergessen. Er versicherte mir später oft, ich sei das unausstehlichste
Kind gewesen, was ich ihm von seinem Standpunkt aus
gerne zugeben will.

Frühzeitig schlich sich auch die Nachtseite des Lebens in
meine Innenwelt. Die Mißgestalten des Struwwelpeters
arbeiteten zum Nachteil meines Seelenfriedens in meiner
Phantasie, die genötigt war, im Traum noch mehr solcher
Ungeheuer zu erzeugen. Eins der schrecklichsten war der
Häkelmann, eine Gestalt, die mich jahrelang verfolgte. Er
war lang und mager mit grasgrünem Frack und roten Bein-
kleidern und fuhr blitzschnell durch alle Zimmer, indem er
mit einem langen Haken die Kinder, die sich vor ihm verkrochen,
unter den Tischen und Betten hervorzuhäkeln suchte. Wann
er erschien, brachte er das ganze Haus um den Schlaf, so
furchtbar war mein Angstgeschrei. Wie bei Nacht vor dem
Häkelmann, so fürchtete ich mich wachend vor der Lichtputz-
schere, die damals noch im Gebrauche war. Ich hatte nämlich
auf einem Bilderbogen eine solche gesehen, die ein kleines
Mädchen einschnappte, und glaubte mich seitdem zum gleichen
Schicksal bestimmt. Wenn es dämmerte und die Kerzen angezündet wurden, so blinzelte ich immer mit tiefem Mißtrauen
nach der messingenen Putzschere, und so oft sie in Tätigkeit
trat, fürchtete ich, in dem gähnenden schwarzen Rachen verschwinden zu müssen, denn so frühreif ich in allem anderen
war, die Größenverhältnisse waren mir noch immer nicht
aufgegangen. Desgleichen gab es im Hause einen Bilder-
kalender mit einer Karikatur, aus der ich schreckliche Ängste
sog: das waren die Kränzelesfrauen. Mit großgeblumten
Kleidern im Biedermeierstil, Kaffeekannen und Tassen in der
Hand, saßen sie um einen runden Tisch; sie hatten grausige
Drachenköpfe auf langen, schlangenartigen Hälsen und auf
den Köpfen große nickende Hauben, und sie neigten diese

16

unheimlichen Köpfe geifernd und schnatternd gegeneinander. Ein längeres Gedicht mit Aufzählung ihrer Untaten war beigegeben, wovon jeder Vers mit dem Kehrreim schloß: Hütet euch vor den Kränzelesfrauen. Ich nahm mir natürlich vor, mich vor diesen Ungetümen zu hüten, doch hat mir das im Leben wenig genutzt, denn als ich ihnen später leibhaftig begegnete, da hatten sie leider keine Drachenköpfe noch Schlangenhälse, woran ich sie zu erkennen vermocht hätte; sie schnatterten mir auch nicht entgegen, sondern küßten mich auf beide Wangen, und erst wenn ich den Rücken gedreht hatte, spritzten sie ihr Gift. Da wußte ich nun, weshalb sie mir in den frühesten Kinderjahren den tödlichen Abscheu eingeflößt hatten.

Meine erste Bekanntschaft mit den Kränzelesfrauen fällt übrigens schon nicht mehr in meine illiterate Zeit, denn ich erinnere mich, besagtes Gedicht zu wiederholten Malen selbst gelesen zu haben. Allerdings hatte ich diese Kunst schon im dritten Jahr, dem älteren Bruder zur Gesellschaft, unter mütterlicher Leitung zu erlernen begonnen. Auch in die klassische Literatur wurde ich bereits eingeführt, denn Mama ließ mich als erstes das Uhlandsche Gedicht vom Wirte wundermild schreiben und auswendig hersagen; und etwas später, es mag zwischen meinem vierten und fünften Lebensjahr gewesen sein, las sie mir Schillersche Balladen vor, die mich sehr entzückten, mit Ausnahme der Bürgschaft, die ich als einen unzarten Angriff auf meine Tränendrüsen empfand und verstimmt abgleiten ließ. Der scheinbare Kaltsinn empörte mein rasches Mütterlein, sie schalt mich einen Eisklotz und hielt mir zur Rüge vor, daß mein von mir sehr bewunderter Bruder Edgar beim Vorlesen in Tränen zerflossen sei. Aber es half nichts, ich konnte über die Bürgschaft nicht weinen, und es war gerade die frühreife Empfänglichkeit, die mich gegen das gröbere Pathos störrisch machte. Die Bürgschaft ist auch zeitlebens für mich auf dem Index geblieben, ein Beweis für die vollkommene Unveränderlichkeit unserer angeborenen Innenwelt.

Hier ziehe ich einen Siebenmeilenschuh an und stapfe ohne weiteres in unsere Obereßlinger Tage hinüber. Da ich aber alle äußere Szenerie sowie die Fülle der teils rührenden, teils wunderlichen Käuze, die unsere Kinderstube umgaben, schon in meiner Hermann-Kurz-Biographie ausführlich geschildert habe, werde ich auch hier fortfahren, nur von den inneren Erlebnissen zu reden, an denen das kleine Menschlein allmählich zum Menschen warb.

Das nächste, was sich mir eingeprägt hat, war eine erste Liebe — o daß sie ewig grünend bliebe! Aber sie nahm leider ein Ende mit Schrecken. Ich war jetzt fünf Jahre alt, und er hieß Dr. Adolf Bacmeister. Er trug einen braunen Vollbart nebst Brille und war Präzeptor. Daß er nebenbei auch ein Poet und ein feiner Erforscher sprachlicher Altertümer war, wußte ich damals noch nicht. Wenn er ins Haus kam, galt seine erste Frage dem kleinen Fräulein, ich wurde dann allein aus der ganzen Kinderschar herausgerufen, damit er mir Geschichten erzählen und mit mir spielen konnte. Er beteuerte, mich unendlich zu lieben und warb eifrig um meine Gegenliebe, die ich ihm nicht versagte. Auch hörte ich es nicht ungern, daß er mich sein Bräutchen nannte. Nur küssen durfte er mich nicht, weil der Bart kratzte. Durch keine Bitte noch Versprechung, auch nicht durch elterliches Zureden, ja nicht einmal durch Gewalt war es ihm je gelungen, einen Kuß von mir zu erlangen. Aber die Eifersucht brachte es eines Tages dahin. Ich hatte mir nie vorgestellt, daß eine andere sich zwischen mich und meinen Freund schieben könnte, den ich für mein ausschließliches, unveräußerliches Besitztum hielt. Daher fuhr es mir wie ein Strahl in die Glieder, als ich eines Tages aus den Reden der Eltern, die ihn sehr hoch hielten, entnahm, daß sie damit umgingen, ihn mit der Tochter eines nahen Freundes zu verheiraten. An diese Gefahr hatte ich nie gedacht, denn das liebenswürdige Mädchen, das etwa siebzehn alt sein mochte, erschien mir wie eine Matrone. Ich begriff

18

meine Mutter nicht, die um einer Fremden willen ihre eigene Tochter benachteiligte. Als mein Verehrer wiederkam, ließ ich mich auf den Schoß nehmen und troß dem größten inneren Widerstreben von den bärtigen Lippen küssen. Wir waren eben allein im Zimmer neben dem gedeckten Mittagstisch. Da sagte das Ungeheuer: Weißt du auch, warum ich dich so lieb habe? Weil du ein so zartes festes weißes Fleisch hast; das schmeckt fein zu französischem Senf. So kleine Mädchen esse ich am allerliebsten. Dabei blinzelte er nach einem langen Messer, das neben dem Senftopf lag, und ich entwich mit einem gräßlichen Schrei. Da in diesem Augenblick die Eltern hereinkamen, verkroch ich mich bebend unter dem Kanapee. Nach einiger Zeit wurde mein Verschwinden bemerkt, und man rief nach mir, aber ich hielt mich ganz still. Tränen liefen mir über das Gesicht, und alle Pulse klopften. Das Untier! Die gemeine Seele! Darum hatte er mir geschmeichelt und mich angelockt. Ich sah auf einmal in seinem Gesicht die ganze Scheusäligkeit des Kannibalen. Furcht hatte ich keine, denn daß mein guter Papa ihm nicht gestatten würde, seine Leckerhaftigkeit zu befriedigen, war mir klar. Zorn, Haß, Verachtung und die Beschämung verratener Liebe arbeiteten in dem kleinen Seelchen. Der Oger saß inzwischen ruhig essend und plaudernd am Tisch, ohne Ahnung von des Kindes grimmigem Schmerz, denn er hielt mich für viel zu verständig, um den groben Spaß zu glauben. Er reiste ab und hat die Kälte, mit der ich ihn später bei seinen seltenen Besuchen empfing, gewiß nicht auf Rechnung seines Kannibalentums gesetzt. Mir selber ist es rätselhaft, wie neben meiner über-schnellen geistigen Entwicklung so viel kindlicher Schwachsinn fortbestehen konnte. Aber ich nahm mir diese Erfahrung zur Lehre, daß man mit Kindern im Spaßen nicht zu weit gehen darf, auch wenn man sie für kluge Kinder hält. Und seltsam, es blieb etwas von jenem Eindruck hängen; ich konnte auch, als ich heranwuchs und mein ehemaliger Freund mir mancherlei liebenswürdige Aufmerksamkeit erwies, kein herzliches Gefühl mehr für diesen Gegenstand meiner ersten Liebe erschwingen, so gewaltsam hatte ich ihn aus meiner Seele gerissen.

Obgleich das bißchen Lernen in Gesellschaft des Bruders mühelos und mit Riesenschritten vor sich ging — Lesen, Rechtschreiben, das Einmaleins, die Mythologie, die Anfänge der Geschichte glitten uns wie von selber zu —, so wurde ich doch in bezug auf die Leichtgläubigkeit noch lange nicht gescheiter. Was man mir sagte, nahm ich ohne weiteres für wahr und schmückte es noch durch die Einbildung aus. Im Kämmerchen unserer Josephine befanden sich drei ungebrauchte kaufmännische Rechnungsbücher von einem Umfang, der mir, an meiner eigenen Größe gemessen, riesenhaft erschien. Auf eines dieser Bücher richteten wir zwei älteren Kinder unser Begehr, um es mit den Erzeugnissen unserer Zeichenkunst zu füllen. Fina, die Gute, widerstand lange, endlich überließ sie uns eines, und als es vollgeschmiert war, auch das zweite. Wir zeichneten unser selbsterfundenes Märchen vom Schnuffeltier und Buffeltier hinein, von dem wir jeden Tag ein neues Begebnis ersannen. Fina sah uns zu, aber immer von Zeit zu Zeit seufzte sie: Ach, was wird Herr Sch. sagen, der mir diese Bücher zum Aufheben gegeben hat! (Herr Sch. war ein Jugendbekannter Mamas, dessen Namen wir oft gehört hatten.) Gewiß wird er einmal kommen und nach den Büchern fragen. Und wenn er sie in diesem Zustand findet, dann setzt er mir den Kopf zwischen die Ohren.

Diese Reden ängstigten mich unaussprechlich. Ich hielt das Kopf-zwischen-die-Ohren-Setzen für eine grausige Marter, und es war fürchterlich, daß unserer treuen Pflegerin diese Gefahr um unseretwillen drohte. Gleichwohl half ich auch das nächste Buch beschmieren, aber immer dachte ich an den gefürchteten Herrn Sch. und ob er nicht komme. An einem Spätnachmittag trat ein elegant gekleideter Herr in senfgelbem Überzieher in unser Haus und fragte nach Mama.

Augenblicklich durchzuckte es mich: Das ist er! Und er war es in der Tat, wie ich aus Josephinens Begrüßung ersah. Sie wies ihn die Treppe hinauf und kehrte heldenhaft in ihre Küche zurück, gefaßt, wie mir schien, das äußerste zu leiden. Ich wäre am liebsten jammernd in den Garten entwichen, aber ein kategorischer Imperativ zwang mich, wiewohl an allen Gliedern schlotternd, dem Furchtbaren die Treppe hinauf nachzuschleichen, ob ich nichts zur Rettung unserer Geliebten zu unternehmen vermöchte. Was ich nun am Schlüsselloch sah und hörte, war so merkwürdig, daß ich auf einmal alle Angst vergaß und nur Augen und Ohren aufsperrte. Der fremde Herr saß ganz vertraulich neben meiner Mutter und hatte eine Anzahl messingener und zinnerner Röhren auf dem geschliffenen Sofatisch ausgebreitet, das zerlegte Modell einer Erfindung, durch die er jeden Krieg siegreich, aber unblutig beenden zu können vermeinte. Es war, wenn meine Mutter, von der ich diese Erklärung habe, ihn richtig verstand, ein Geschütz, durch das ganze Heere mittels abgeschossener feiner Ketten umspannt und wehrlos gemacht werden sollten, und der phantasievolle Erfinder hatte die Absicht, damit nach Paris zu reisen und das Modell an Napoleon III. zu verkaufen. Meine sonst so geistvolle Mutter verstand von Mechanik nicht viel mehr als ihr Töchterlein am Schlüsselloch und war fast ebenso leichtgläubig. — Was, an den Tyrannen? hörte ich sie entrüstet sagen. Du solltest dich schämen, der Reaktion zu dienen. Ich hoffe, daß du dich anders besinnst und mit dem Modell nach Italien zu Garibaldi fährst, damit er es zum Heil der Freiheit verwende.

Der Besucher packte seine Röhren zusammen und antwortete, er werde jetzt, wie geplant, nach Paris reisen und sein Geheimnis um zwei Millionen dem Franzosenkaiser verkaufen, weil er das Geld brauche. Hernach aber wolle er jenen um den Vorteil bringen, indem er ein zweites Modell Garibaldi unentgeltlich zur Verfügung stelle. Er ging auch in die Küche und sprach vertraulich mit Josephine, und als er fort war, überzeugte ich mich, daß ihr Kopf auf dem alten Flecke stand. Ich wagte endlich wegen der Bücher zu forschen, da gestand sie, mich nur genedt zu haben. Die Bücher waren ihr Eigentum, über das sie frei verfügen konnte. Der Herr, dessen sinnreiche Einfälle übrigens bekannt waren, hatte einmal mit seiner Frau als Gast bei meiner damals noch unverheirateten Mutter gewohnt, und da er eben nicht bei Kasse war, Josephine jene unbenützten Bücher statt eines anderen Entgelts für ihre Dienste hinterlassen.

Die vielen bei Tage ausgestandenen Ängste, die ich meist aus unüberlegten Reden der Erwachsenen schöpfte — auch die Furcht, eines meiner Lieben zu verlieren, gehörte dazu, obwohl ich vom Tode noch nichts wußte —, kehrten bei Nacht in abenteuerlichen Vermummungen wieder und machten mir oft genug den Schlaf zu einer ganz bedenklichen Angelegenheit. Das ging bis zu Sinnestäuschungen im vermeintlich wachen Zustand. So sah ich eines Nachts im Mondschein ganz deutlich meine Mutter im langen weißen Hemb vom Lager steigen, sich neben meinem Bettchen einen Strumpf knüpfen, und als ich erwartete, daß sie sich jetzt über mich beugen werde, lautlos hinter den Ofen gleiten. Als sie gar nicht zurückkommen wollte, kroch ich nach längerem Warten ängstlich aus dem Bett und sah den Raum hinter dem Ofen leer. Eine schreckliche Unruhe befiel mich, aber als ich nun vor ihr Lager schlich, lag sie in festem Schlafe. Eine solche kindliche Halluzination hätte vielleicht im Mittelalter genügt, eine unglückliche Frau der Hexerei und der Schornsteinfahrt zu überführen.

Aber diesen Kinderleiden, von benen die Erwachsenen nichts zu ahnen pflegen, hielt eine unermeßliche Kinderseligkeit die Wage. Solche Fest- und Wonnetage wie unsere Geburtstage konnte das spätere Leben aus all seinem Reichtum nicht mehr hervorbringen. Der feierlichste war der meinige, der Thomastag; da er in die Weihnachtswoche fiel, wurde

22

an diesem Abend der Baum angezündet und die Bescherung gehalten. Schon viele Tage vorher hantierte unsere Josephine mit köstlichen süßen Teigen und stach mit den hochehrwürdigen alten Modeln, die ich immer irgendwie mit unseren altgermanischen Göttern in Zusammenhang bringen mußte — vielleicht hatte unser Vater einmal die Bemerkung gemacht, daß die „Springerlein" Wodans Roß bedeuten —, das herrlichste Backwerk aus. Es wurde in überschwenglichen Mengen hergestellt und mit den Freundeshäusern korbweise als Geschenk getauscht. Mama saß mit befreundeten Damen und „dockelte" heimlich, d. h. sie nähte aus bunten Seidenlappen die schönsten Puppenkleider. Immer hing da und dort ein goldener Faden, der diese feenhafte Tätigkeit verriet. Die übrigen Lappen hütete ich in einer Pappschachtel, sie waren mir als Stoff zu künftiger Gestaltung fast noch werter als die fertigen Kleidchen. Die Großen begriffen nicht, warum diese Schachtel jede Nacht an meinem Bett stehen mußte, aber ich wußte recht wohl, was ich tat, denn wer hätte sie sonst gerettet, falls des Nachts ein Brand ausbrach? Ich hatte schon den Griff eingeübt, womit ich sie fassen wollte, während ich im anderen Arm die Puppen hielt, um durch die Flammen zu springen. Man sage noch, daß kleine Kinder keine Voraussicht hätten! — Wenn dann nach einer herzklopfenden Erwartung endlich die Tür des Weihnachtszimmers aufging und der Duft und Glanz des mit goldenen Nüssen behangenen Baums uns entgegenströmte, dann war mit dem ersten seligen Aufatmen auch der Höhepunkt des Glückes überschritten. So herrlich Puppenstube, Küche, Kaufladen mit ihrem Inhalt waren, der Gedanke, daß auch dieser Abend unaufhaltsam zu Ende gehen mußte wie jeder andere, machte den Besitz im voraus zunichte. Das Schönste an dem Fest war jedesmal der letzte Augenblick der Erwartung.

An den Geburtstagen der Brüder wurden immer alle Geschwister mitbeschenkt. Man erwachte früh bei noch geschlossenen Läden voll Hoffnung und Ungeduld, stellte sich aber schlafend und blinzelte nur nach den Dingen, die da kommen sollten, während mütterliche Hände ganz leise vor jedes Kinderbett ein Tischchen rückten. Da standen dann im Morgenlicht bezaubernde Dinge, wie Farbenschachteln, bunte Bleistifte, goldgeränderte Tassen, für mich eine Glasschachtel mit goldenen, silbernen und farbigen Perlen zum Sticken und Anreihen, und was mich immer am höchsten beglückte: ein blühendes Rosenstöckchen mit vielen Knospen, das ich selber pflegen durfte. Vor dem Geburtstagskind aber brannten die Jahreskerzen über dem Kuchen. — Wenn ich meine seligen Obereßlinger Erinnerungen gegen die Briefe meiner Mutter aus jener für sie so schweren und düsteren Zeit halte, so kann ich erst ganz die Größe dieser unendlichen Liebe ermessen, die den Himmel über unseren jungen Häuptern so rein und blau erhielt. Obereßlingen war die Sandbank, auf die politische Verfemung und literarisches Nichtverstandensein meinen Vater geworfen hatten. Sein Genius büßte dort in der Enge des Daseins und der Eintönigkeit der Landschaft, die dabei nichts Großartiges hatte, die Schwungkraft ein. Aber das Kind sah anders. Ihm war die bloße Berührung des ungepflasterten Erdbodens und seine grüne Nähe Glückes genug, der Hopfsche Garten, wo man Stachel- und Johannisbeeren pflücken und der Henne ins Nest gucken durfte, das Paradies. Ein ungewöhnlich entwickeltes Geruchsvermögen machte mir auch all die hundert Kräutlein im Grase zu lauter kleinen Persönlichkeiten, mit denen ich in Beziehung trat.

Edgar und ich hielten in der Kinderschar am engsten zusammen, weil wir zuerst vor allen anderen dagewesen waren und uns eine gemeinsame Welt erbaut hatten. Daß ich aber auch noch als Sechsjährige am liebsten mit ihm von einem Teller aß und in einem Bettchen schlief, wobei wir bis zum Einschlafen zusammen Verse verfertigten, weiß ich nicht mehr aus eigener Erinnerung, sondern aus Briefen der Mutter. Und daß an diesen Versen, wie sie schrieb, nichts

24

Gutes war als die Leichtigkeit des Reims, ist nicht zu verwundern. Unseren Spielen hatten sich bald zwei andere Brüder, Alfred und Erwin, gesellt, ohne daß sich mir der Zeitpunkt ihres ersten Erscheinens eingeprägt hätte. Mit Bewußtsein erlebte ich nur die Geburt des Jüngsten, der im Jahre 1860 zur Welt kam und nach Mamas Lieblingshelden Garibaldi genannt wurde. Im Familienkreise hieß er nie anders als Balde. Ich brachte ihm zunächst keine große Begeisterung entgegen, denn ich hatte aus unvorsichtigen Reden Erwachsener entnommen, daß seine bevorstehende Ankunft eine unliebsame Überraschung war, und das machte mich zunächst ein wenig zurückhaltend. Daß ich, statt wie bisher die wilden Spiele der Brüder im sommerlichen Garten zu teilen, jetzt Nachmittagelang sitzen und seinen Schlaf hüten sollte, stimmte mich auch nicht froher. Aber als ich eines Tages eine Fliege in den offenen Mund des Kindes kriechen sah und alle Mühe hatte, sie herauszubringen, ohne ihn zu wecken, da wurde mir seine ganze Hilflosigkeit klar; von Stunde an liebte ich ihn zärtlich und widmete ihm auch gerne meine Zeit.

Es mag in jenem Jahre oder auch etwas früher gewesen sein, daß ich zum erstenmal meine eigene Bekanntschaft machte. Im großen Zimmer in Obereßlingen waren zwischen den Fenstern zwei lange schmale Wandspiegel eingelassen, die auf einem niedrigen, rings umlaufenden Sockel ruhten. Eines Tages, ob es nun Wirkung der Beleuchtung oder sonst ein Zufall war, blieb ich plötzlich betroffen mitten im Zimmer stehen und starrte in einen dieser Spiegel, der mir mein eigenes Bild entgegenhielt. Ein leiser Schauder überlief mich, und ich dachte einen niegedachten Gedanken: Also das bin ich! Zwischen Scheu und Wißbegier trat ich ganz nahe hinzu und musterte das schmale, durchscheinende Kindergesicht, das fast nur aus Augen bestand, aus großen, erstaunten Augen, die mich rätselhaft und forschend anblickten, wie ich sie: Also das sind meine Augen, meine Stirn, mein Mund!

25

Mit diesem Gesicht, mit diesen Gliedern muß ich nun immer beisammen sein und alles mit ihnen gemeinsam erleben! — Dieser Frater Corpus, der „Bruder Leib", den ich da plötzlich vor mir sah, schien mir aber keineswegs mein Ich zu sein, sondern ein eben auf mich zugetretener Weggenosse, mit dem ich jetzt weiter zu pilgern hätte. Und es kam mir vor, als wäre eine Zeit gewesen, wo wir zwei uns noch gar nichts angingen. Bisher war mir nämlich meine Körperlichkeit nur bewußt geworden, wenn ich mir eine Beule an die Stirn rannte oder mit der großen Zehe gegen einen Stein stieß. Es war auch bloß ein kurzer Augenblick der Befremdung, in dem mich dieses unfaßbare Zweisein berührte. Die frühe Kindheit mag solchen halb metaphysischen Empfindungen zugänglicher sein als die reifgewordene Jugend, die im unbändigen Stolz ihrer physischen Kraft und Herrlichkeit vielmehr den Bruder Leib für den eigentlichen Menschen ansieht.

In die gleiche Zeit fiel eine andere erschütterndere Entdeckung. Ich sah eines Tages durchs Fenster eine Schar schwarzgekleideter Männer vorübergehen und einen mit schwarzem Tuch verhüllten Gegenstand tragen, der mir wie ein großer Koffer erschien. Der Anblick berührte mich peinlich, und Christine, unser neues Kindermädchen, das seit kurzem im Hause war, sagte auf meine Frage, das sei eine Leiche, mit der die Leute auf den Kirchhof gingen. — Was ist eine Leiche? fragte ich mit Widerwillen, denn ich hatte das Wort noch nie gehört, und es klang mir fremd und unheimlich. Sie antwortete, das sei ein toter Mensch. Ich wunderte mich, daß auch Menschen sterben sollten, denn ich hatte gemeint, das sei ein übler Zufall, der nur Vögel, Hunde, Katzen und solches Getier betreffe. Christine wollte mich auf andere Gedanken bringen, aber nun ließ ich nicht mehr los, sondern stürzte zur Mutter: Ist es wahr, daß Menschen sterben? — Wer hat dir das gesagt? — Die Christine. — Ich sah gleich, daß die Christine ein Verbot übertreten hatte. — Armes Kind,

26

sagte mein Mütterlein, du hätteft es noch lange nicht erfahren sollen. Aber jetzt ist es heraus. Ja, es ist wahr, die Menschen sterben. — Aber doch nicht alle, Mama? — Ja, Kind, alle. — Sie hielt mich im Arme, wie um mich zu schützen und zu trösten, ich war aber mit dem Gedanken noch lange nicht so weit. — Aber doch du nicht, Mama? — Ich auch, Kind. Alle. — Aber der Papa doch nicht? — Auch der Papa. — Also vielleicht auch ich? — Auch du, aber erst in langer, langer Zeit. Wir alle erst in langer Zeit. — Und man kann gar nichts dagegen tun? Es muß kommen? — Gar nichts, Kind, es muß kommen, aber jetzt noch lange nicht.

Das war mir durchaus kein Trost, die lange Zeit, von der sie sprach, war in diesem Augenblick schon vorüber. Ein schwarzer, furchtbarer Abgrund ging auf, der alles verschluckte. Ja, wenn es doch kommen mußte, dann lieber gleich, als diese lange dunkle Erwartung. Ein plötzlich eintretender Zufall schien mir lange nicht so schauerlich wie dieses unausweichliche „Später". Dennoch wirkte die Mitteilung nicht eigentlich überraschend. Es war mir, als hörte ich da etwas, das ich zuvor schon gewußt, aber wieder vergessen hätte. Ich dachte fortan oft über das Sterben nach, und die Unerbittlichkeit des Vorausbestimmten erfüllte mich mit immer neuem Grausen: Also einmal muß es sein, jeder Tag bringt mich dem letzten Ziele näher. Und wenn ich mich unter das Kleid der Mama verkröche, es würde mir doch nichts nützen. Und wenn ich sogar zum Papa ginge, auch er könnte mir nicht helfen. Niemand, niemand kann mir helfen, ganz allein stehe ich dem Furchtbaren gegenüber — dem Tod! Dabei war mir zumute, als befände ich mich in einem langen, engen Gang, wo kein Entrinnen, keine Umkehr möglich, und am Ende des Ganges, da warte es auf mich, das Rätselhafte, Unbegreifliche; ich aber müsse immer weiter, so gerne ich stehenbliebe, unaufhaltsam, Schritt für Schritt bis zum gefürchteten Ausgang. Natürlich wurde trotz dem unheimlichen „Später" fortgetollt, als wäre alles wie zuvor, und niemand erfuhr, was in dem kleinen Seelchen vorging. Aber mitten im Spielen schlug es zuweilen herein: Trotz alledem — es wird doch einmal ein Tag kommen, wo ich kalt und starr daliege, wo ich selber eine Leiche bin. Das Wort behielt mir auf lange hinaus etwas unsäglich Widriges und Abscheuliches, es haftete ihm schon ein Geruch wie von Verwesung an.

Auch das gehört für mich zu den Rätseln der Kinderseele, daß mir die Entdeckung des Todes als des allgemeinen Schicksals so neu und überwältigend war, während ich doch ganz frühe schon das mannigfachste Lesefutter, und gewiß nicht immer auf das dunkle Geheimnis hin gesichtet, in die Hände bekam. So las ich seit lange in einem Bande Pfennigmagazin, der in der Kinderstube lag, Geschichten und Abhandlungen über alle möglichen Dinge wahllos durcheinander; die Tatsache des Sterbenmüssens hatte ich schlechterdings übersehen. Wahrscheinlich ist der kindliche Geist nicht imstande, die Erscheinungen zu verknüpfen und zu verallgemeinern. Es gibt ja auch Negerstämme, die jeden Todesfall immer wieder als dämonischen Einzelvorgang betrachten, auf den sie mit Teufelsaustreibung antworten, damit er sich inskünftige nicht mehr wiederhole.

Im Lernen konnte unser gutes Mütterlein, das selber einen nie zu stillenden Wissenstrieb besaß, uns zwei Älteste nicht schnell genug vorwärts bringen. Einzig für das Rechnen, das ihr selber nicht allzu geläufig war, wurde ein junger Hilfslehrer aus Eßlingen angestellt, ein bäurischer Mensch, der den unachtsamen Alfred etwas derb mit dem schweren Taschenmesser auf die Fingerknöchel klopfte und sich sogar einmal gegen Edgars junge Majestät verging, so daß Mama ihn entrüstet wieder entließ. Davon hatte ich den Schaden, weil ich gerade im Bruchrechnen stehenblieb, das die Brüder später in der Schule fortsetzen konnten, während ich in der ganzen Arithmetik, für die ich zuerst eine gute Fassungskraft

28

gezeigt hatte, nicht mehr weiter unterrichtet wurde und somit in den Zahlen für immer schwach blieb. Alle anderen Fächer übernahm sie selber, und wir machten ihr das Lehren leicht. Sie besaß kein wirkliches Lehrtalent, weil alles Methodische ihrer Natur aufs tiefste widerstrebte, wie ich auch glaube, daß diese Apostelseele für keines der vielen irdischen Geschäfte, denen sie sich allen willig unterzog, so recht eigentlich geboren war. Ihr natürliches Amt war einzig, höheres Leben entzünden, wachhalten und verbreiten. Keine Mühe war ihr dafür zu groß: neben unserem Unterricht und den häuslichen Geschäften führte sie noch begabte Dorfmädchen ins Französische und in die Literatur ein. Schon hatte sie auch die Anfänge des Lateinischen in unsere Stunden aufgenommen. Ihre eigenen in der Jugend erworbenen Kenntnisse kamen ihr dabei zustatten, und wir holten sie allmählich munter ein. Über grammatische Schwierigkeiten halfen beiden Teilen die lustigen Reimregeln weg:

Was man nicht deklinieren kann,
Das sieht man als ein Neutrum an, usw.

So blieb das Lernen immer ein Spiel unter anderen Spielen. Wir übersetzten kleine Übungsstückchen aus dem „Middendorf", lasen eine Seite in L'Hommonds Viri Illustres und verfertigten sogar gereimte Knittelverschen in unserem Suppenlatein, alles mit dem gleichen Vergnügen, mit dem wir die uns überlassenen Rabatten anpflanzten, auf hohen Erntewagen fuhren, den ländlichen Pferden und Ochsen auf den Rücken kletterten, den Nachbarinnen beim Ausgraben der Kartoffeln halfen oder auf langen Spaziergängen, wobei man barfuß in kleinen Seen und Pfützen quatschen durfte, für Edgars Aquarium Salamander und Kaulquappen fingen. Das schönste aber war, im offenen Neckar zu baden, an seinen Weidenufern die ausgeworfenen Muschelschalen zu sammeln, in denen man sich die Farben anrieb, ober seine niedere Furt unter Josephinens Führung mit hochgeschürzten Kleidern zu durchwaten, um dann jenseits im Sirnauer Wäldchen sich auszutollen. Der eigentümliche Geruch des fließenden Süßwassers, der an den Neckarufern besonders stark war, hat sich mir aufs tiefste eingeprägt und erregt mir, wo ich ihm begegne, ein unbeschreibliches Jugend- und Heimatgefühl. In dem sonnbestrahlten, silbern rieselnden Neckar verehrte ich ein beseeltes höheres Wesen. Ich warf ihm ab und zu ein paar Blumen oder eine Handvoll glitzernder Perlen aus meiner Perlenschachtel hinein, und wenn ein Fisch aufhüpfte, schien mir das irgendwie ein gutes Zeichen. Er hatte aber auch noch ein anderes dämonisch wildes Gesicht, das ich schaudernd noch mehr liebte: dort an der nach Eßlingen führenden bedeckten Brücke, die wir das Wasserhaus nannten, verbreiterte sich sein Lauf für mein Auge ins Unermeßliche. Unter den Pfeilern schüttelte er wilde braune Locken, schnaubte und rüttelte an dem Bau, daß ich wie gebannt stand und kaum von der Brücke wegzubringen war. Am geheimnisvollsten aber erschien er mir in Eßlingen selber, wohin wir oft durch das alte Wolfstor pilgerten. Dort stand ich in dem befreundeten Haus die ganze Zeit am Fenster und sah auf die stille Flut hinunter, die die Rückseite des Gebäudes unmittelbar bespülte. Ich war dann, während die Mütter auf dem Sofa saßen und Kaffee tranken, in Venedig, sah schwarzgeschnäbelte Gondeln, die ich aus Abbildungen kannte, und Marmorpaläste in feierlicher Pracht.

In meiner Vorstellung ist es in Obereßlingen immer Sommer gewesen. Wie es möglich war, uns während der langen Wintermonate in den engen Räumen zu halten, ist mir nicht erinnerlich. Unsere Lebhaftigkeit mag die dichterischen Gebilde, mit denen sich unser Vater trug, schwer genug beeinträchtigt haben und war die Ursache, daß er den Tag über nur selten das Kinderzimmer betrat, ja nicht einmal die Mahlzeiten mit der Familie teilte. Deshalb tritt auch seine Gestalt

30

in meinen frühen Erinnerungen wenig hervor; sie wandelt nur manchmal ernst und hoheitsvoll über den Hintergrund.

O die Sommerseligkeit, als man selber noch nicht höher war als die reifen sonneduftenden Ähren, zwischen denen man sich durchwand, um die blauen Kornblumen und die flammend roten Mohnrosen herauszuholen. Wenn ich noch einmal nachempfinden könnte, was das Kinderohr bei den Schillerschen Versen:

> Windet zum Kranze die goldenen Ähren,
> Flechtet auch blaue Zyanen hinein —

an Fülle des Seins genoß! Die güldenen Halme, das satte Blau und Rot der Blumen sahen mich daraus noch schöner an, durch einen tiefen Goldton aus der Farbenschale der Poesie verklärt. Damals waren die Worte der Sprache keine rein geistige Sache, es haftete ihnen noch eine köstliche Stofflichkeit von den Dingen, die sie bezeichnen, an. Ich lebte und webte um jene Zeit in den Schillerschen Balladen. Die Götter Griechenlands, Die Klage der Ceres, Kassandra und vor allem Das Siegesfest waren mir die liebsten. Ihr glockenartiger Klang bezauberte mich, während ihre Gegenstände meine innere Welt bevölkerten. Selbst ein rein philosophisch gerichtetes Gedicht wie Das Ideal und das Leben war mir schon in meiner Frühzeit völlig geläufig und sogar ganz besonders teuer. Das Gedankliche darin, das ich noch nicht mitdenken konnte, empfand ich als ein dunkles prophetisches Raunen von höheren Dingen, und es wirkte poetisch, eben weil ich es nicht verstand. Zugleich hatte es auch eine erhebende Macht, wie ein unverstandenes, aber gläubig verehrtes Stück Sittengesetz. Ich hütete mich überhaupt, ein Gedicht zu zergliedern oder auch nur einem Worte nachzuforschen, dessen Sinn mir dunkel war. Denn das höhere Ahnen labte mich viel mehr als irgendeine tatsächliche Erkenntnis. Indem mir solche Verse im Heranwachsen immer gegenwärtig blieben, bemerkte ich es selber nicht, wie ich allmählich in das richtige Verständnis hinüberglitt. Ich glaube, daß unsere Mutter richtig geleitet war, als sie uns die Schillerschen Gedichte in einem so frühen Lebensalter in die Hände gab. Denn sie verbreiten neben einem reichen sachlichen Inhalt die hohe und reine Luft, worauf es doch für die Kindheit vor allem ankommt. Hernach mag sich das reifende künstlerische Bedürfnis seine Weide suchen, wo ihm am wohlsten ist. Daß meine erste Welt eine so schöne und weihevolle war, verdanke ich diesem Dichter vorzugsweise mit, obgleich er nicht ihr eigentlicher Schöpfer, sondern nur ihr Vermehrer und Erhalter gewesen ist. Die frühesten Eindrücke kamen mir aus den Homerischen Gesängen, die uns Mama, sobald wir nur geläufig lesen konnten, zunächst in prosaischer Bearbeitung, in die Hände gegeben hatte. Die griechische Götter- und Heldensage verband sich blitzschnell und unauflöslich mit unserer Vorstellung. Der Olymp mit allen seinen Insassen thronte leibhaftig in unserem Garten. Wir selber übten uns fleißig im Speerwerfen und Bogenschießen. In dem quatschigen gelben Obereßlinger Lehm bis an die Ellbogen wühlend, bauten wir die heilige Troja auf, schleppten aus dem Röhrenbrunnen zahllose Wassereimer herbei, um die Windungen des Skamanderbettes zu füllen. Dann verwandelten wir uns selbst in Helden und Götter, und um die Mauern Trojas wurde mit Macht gerungen. Ich trug wie die Brüder Helm und Schild und Lanze aus Pappdeckel und Goldpapier sowie ein mit dem Medusenhaupt geschmücktes Panzerhemd und warf den dicken Alfred, wenn er als Ares anstürmte, im Nahkampf nieder, wobei er vorschriftsmäßig brüllte „wie zehntausend Männer". Dieser schöne Knabe, der sich selber Butzel nannte, war nach der Schilderung meiner Mutter bis ins zweite Lebensjahr das putzigste und liebenswürdigste Kerlchen gewesen; nach einer Kinderkrankheit aber hatte ihn plötzlich eine nicht zu bändigende Wildheit und Unart befallen. Von Feld und

Wiesen brachte er aus dem Schatz der Bauernsprache nie gehörte schnöde Redensarten heim, die unseren Ohren ganz bar-
barisch klangen und bei benen man sich, da er sie nur verstümmelt
und dem Klang nach auffaßte, nicht einmal etwas benken konnte.

Zuweilen kam ein Kind aus befreundetem Hause mit
seinen Eltern von Stuttgart herüber und mengte sich zitternd
zwischen Lust und Grausen in unser wildes Spiel. Es war
ein zartes kleines, äußerst wohlerzogenes Mädchen, deffen
kühnster Traum war, einmal mit uns „breckeln" zu dürfen:
so nannte man das Schaffen in dem feuchten Lehm, wonach
man immer von Kopf zu Füßen frisch gewaschen werden
mußte. Daß wir die heilige Troja bauten, war ihr zwar noch
nicht aufgegangen, aber die Sache hatte auch so einen dämonischen Reiz. Bevor sie kam, unterzog Papa den rauhen Butzel
einer strengen Ermahnung, das kleine Mädchen ja nicht umzu-
werfen und ihr auch sonst keinen Schaden zu tun. Dies hinderte
den Wildfang nicht, sich mit schreckhafter Miene vor ihr aufzupflanzen und brei peinliche Fragen an sie zu stellen: Emy,
kannst du griechisch? (Er hielt nämlich die dialektfreiere Aussprache unseres Hauses dafür.) — Kannst du mit dem Fuß
an den Ohren kratzen? — Sie bebte, denn sie hatte beides
noch nicht versucht. Aber nun kam schnell die dritte Frage:
Kannst du grunzen wie ein Schwein? Dabei wartete er die
Antwort nicht ab, sondern gab alsbald selber den bezeichneten
Ton von sich und mit solcher Stärke, daß die arme Kleine
fast vor Schreck in die Bohnen fiel.

Bei solcher Gemütsart konnte ihm nichts besser passen
als den Ares zu spielen. Ein andermal aber mußte er Hektor
sein und sich von Edgar-Achilleus fällen lassen. Daß ihm bei
unseren Spielen jedesmal die Rolle eines Unterliegenden
zufiel, wurde mit ein Grund zu seiner immer wühlenden heimlichen Erbitterung gegen den älteren Bruder und die Schwester,
vor der ich mich im Heranwachsen hüten mußte, da er mich oft
unversehens mit seinem bicken Kopf anzurennen und umzu-

werfen suchte. Edgar, der Bastler, verfertigte einen richtigen antiken Kriegswagen, an dem er vorhatte, den Hektor zu schleifen, allein die zwei Räder wollten nie so recht rollen, da sie vom Drechsler als massive, in der Mitte durchbohrte Scheiben geliefert wurden. Dagegen überspannte er mit Erfolg alte Zigarrenschachteln mit Darmsaiten und verfertigte Leiern daraus, auf denen die junge Götterschar fleißig klimperte. Der vierjährige Erwin fiel aber zuweilen aus der Rolle, indem er kleine Stecklein vom Boden aufhob und in den Mund steckte, um zu paffen; das ärgerte die reiferen Götter, und wenn er sich gar nicht belehren lassen wollte, daß ein griechischer Gott keine Zigarren raucht, wurde er für eine Weile vom Spiel ausgeschlossen. Nie aber wären uns Götter und Helden so vertraut geworden, hätten wir nicht auch ihre leiblichen Züge aus den vielen in des Vaters Studierzimmer liegenden Stichen und aus Mamas Gipsgüssen gekannt. Ich zeichnete sie unermüdlich nach und erweckte dadurch in meinen Eltern die lange genährte Hoffnung, daß ich ein hervorragendes Talent für bildende Kunst besäße, was sich dann erst in dem jüngeren Erwin verwirklichen sollte. Als wir älter wurden, erhielten wir die Voßsche Iliasübersetzung, in deren markigem, altertümlichem Deutsch sich die homerischen Gestalten noch schöner verkörperten. Häufig entspann sich nun im Rate der Götter ein Streit, wer denn eigentlich edler sei, Hektor oder Achilleus, wobei Mama und Josephine dazu neigten, dem tapferen und unglücklichen Verteidiger von Herd und Heimat den Preis zu geben. Dies erregte meinen stärksten Widerspruch, denn die höhere Natur des zarten und furchtbaren Griechenhelden war mir unwiderstehlich aufgegangen; sein frühes vorbestimmtes Sterbenmüssen erfüllte mich mit unsäglicher Tragik, in der schon der Schmerz um das kurze Dasein alles Schönen lag. Wogegen mir der Untergang Hektors nicht ungerechter schien, als daß der Mond verbleichen muß, wenn die Sonne aufgeht.

34

In einem Winkel des Obstgartens hatten wir aus herumliegenden Steinbrocken den großen Himmlischen einen Altar errichtet, und ich nahm dieses Spiel im stillen ernst wie alle unsere Spiele. Mama hatte in der Jugend viel von religiösen Zweifeln gelitten, bis die angeborene philosophische Richtung über den gleichfalls vorhandenen mystischen Hang den Sieg davontrug. Besonders aus Anlaß der Konfirmation und der ersten Kommunion hatte sie schwere innere Kämpfe zu bestehen gehabt. Um unseren zarten Jahren ähnliche Qualen zu ersparen, war sie auf den Ausweg verfallen, uns die religiösen Begriffe gänzlich fernzuhalten, ebenso wie sie es mit dem Tode gemacht hatte. Aber die Empfindung eines Göttlichen liegt doch von Hause aus in der Seele, wenigstens lag sie in der meinigen. Also glaubte ich an die Götter Griechenlands. Ich schlich mich öfter in der Morgenstille zu unserem Steinaltar, um Opfer in Gestalt von Blumen oder Kornähren darzubringen und mich in die Betrachtung eines großen erhabenen Seins zu versenken. Natürlich nahm ich die junge Götterschar, deren Rollen wir selber spielten, nicht allzu ernsthaft, aber ihr Oberhaupt erweckte meine Ehrfurcht. Ein Weltenvater, Erschaffer und Erhalter alles Seins war mir schon von der Schichtung der Familie her eine natürliche und notwendige Vorstellung. Ihm galt meine Andacht. Meine persönlichen Angelegenheiten brachte ich nicht vor ihn, dafür stand er mir zu hoch. Diese trug ich ja nicht einmal zu meinem irdischen Vater, mit dem der Verkehr gleichfalls ein höherer, geistiger war; sie gingen einzig und allein die Mutter an. Diese stillen Erbauungsstunden waren mein tiefstes Geheimnis, im übrigen aber war unser Götterwesen ruchbar geworden, und im Dorfe hatte sich das Gerücht verbreitet, hinter unserer Gartenmauer würde Abgötterei getrieben. Ein elfjähriges Bauernmädchen aus dem Nachbarhaus, das uns die Milch brachte, fragte mich eines Tages, ob wir denn nie etwas von unserem Herrn Christus gehört hätten. Ich verneinte voller Wißbegier. Nun lud sie uns ein, uns nachmittags auf dem Mäuerlein, das unsere Gärten trennte, einzufinden; sie werde uns einen Korb voll ihrer feinsten Birnen, Gaishirtlein genannt, mitbringen unter dem Beding, daß wir aufmerksam anhören wollten, was sie uns zu erzählen habe; unserer Josephine dürften wir nichts davon sagen, weil sie eine Heidin sei wie wir. Sehr erwartungsvoll kamen wir zur Stelle, wo unser kleiner Apostel uns nun voll rührenden Eifers, aber mit sehr unzulänglichen Kräften zunächst in die Schöpfungsgeschichte einführte. Das vertrug sich noch so ziemlich mit unserer griechischen Vorstellung. Als sie dann aber auch die Mysterien der Menschwerdung und der Welterlösung erklären wollte, versagte ihr geistliches Rüstzeug. Wir konnten uns Göttliches nur im höchsten Glanze denken. — Warum, warum ließ er sich das alles gefallen? — Geohrfeigt, gepeitscht! Ein Gott! Warum holte er keinen Blitz vom Himmel? Unmöglich! Nein, dagegen empörte sich unser Gefühl.

Der gläubige Amerikaner Ralph Waldo Trim stellt in seinem „Neubau des Lebens" die Frage auf, was wohl ein natürlicher, sonst wohlgebildeter Mensch, der, wenn solches möglich, ganz ohne Kenntnis religiöser Lehrsätze aufgewachsen wäre, bei seiner ersten Berührung mit dem Christentum empfände. Und er kommt zu dem Schluß, daß der gemarterte, geschändete Heiland ihm nur das tiefste Befremden erregen könnte. Wir waren damals in diesem schier nicht auszudenkenden Fall, und die arme Rike kam arg ins Gedränge, als sie uns das Unfaßliche faßlich machen wollte. Sie schalt, wir schalten wieder, und es entspann sich eine richtige Disputation, die unser Vierjähriger durch die Frage unterbrach: Ja, weißt du denn nicht, daß wir die griechischen Götter sind? Da griff sie entsetzt nach ihrem leer geworbenen Korb und glitt die Mauer hinab, wir aber ließen uns von der anderen Seite erschöpft ins Gras fallen. Allein das Gehörte begann doch in mir zu wühlen, ich ging wie gewöhnlich zur Mutter und verlangte Rechenschaft über den gekreuzigten Gott. Sie antwortete, ich sei für solche Fragen noch zu jung, ich solle ruhig weiterspielen; wenn ich einmal älter sei, werde sie über das alles mit mir reden.

Ich möchte ja nun die Ansicht meiner Mutter über diese Erziehungsfrage nicht ohne weiteres gutheißen. Schon weil man einem Kinde das künftige Leben nicht leichter macht, wenn man es so streng von der Außenwelt absperrt, daß es nicht einmal die religiösen Vorstellungen seiner Zeitgenossen kennt. Aber e i n Gutes war doch dabei: daß mir später die unbegreifliche Gestalt des Menschensohnes so ursprünglich und unberührt von Phrase und Herkommen aus den Evangelien entgegentrat, wie ihn die frühen christlichen Jahrhunderte gekannt haben.

Die Rike aber hatte sich über uns im Dorfe beklagt, und eines Tages rückte die ländliche Jugend mit Stecken und Steinen bewaffnet vor unsere Gartentür und forderte unsere Heidenschaft zum Kampf. Wir sahen von der Gartenmauer, daß sie uns an Zahl und Körpergröße sehr überlegen waren. Dafür aber waren wir Götter und Helden, sie nur Bauernjungen. Schnell wurden die Rüstungen angelegt, und als wir hinter dem Pförtchen aufgestellt waren, drückte Edgar, der den Oberbefehl hatte, auf die Klinke, wir anderen stießen mit unseren goldenen Speeren die Tür vollends auf. Die Rotte stand einen Augenblick sprachlos vor so viel Goldpapier, und wir glaubten schon Sieger zu sein. Da prasselte ein Regen von Steinen und Kastanien auf uns, ein langer Lümmel ging mit einem großen Stecken auf unseren schmächtigen, aber tapferen Führer los; sowohl der dicke Ares wie Pallas Athene wollten ihm zu Hilfe kommen, da wurde letztere von hinten am Arm zurückgezogen, denn die gute Josephine war auf den Lärm herzugestürzt. Sie verscheuchte mit Drohungen die Gassenbengel und führte Götter und Helden ins Haus zurück.

Tante Berta und die Schwabenstreiche

In jenen Tagen gingen auch die guten Holden noch leibhaft auf Erden. Ich meine jenes jetzt untergegangene Geschlecht freiwilliger Helferinnen, das, als man von organisierter sozialer Arbeit noch nichts wußte, mit seiner Fürsorge jeden kinderreichen Haushalt umschwebte. Es waren einsame, vom Glück vergessene Frauen, die ihr Muttergefühl antrieb, fremde Kinder zu betreuen und in der Anhänglichkeit an fremde Familien Ersatz für die versagte eigene zu suchen. In Obereßlingen saßen ihrer gleich mehrere beisammen. Sie kamen, wenn eine Krankheit im Hause war, und pflegten; sie stellten sich bei der großen Monatwäsche ein und machten, indem sie sich der Kinder annahmen, häusliche Kräfte frei, sie halfen in den Weihnachtstagen beim Backen und beim „Dockeln" (Puppenkleidernähen). Die Welt wäre ein gut Teil unwohnlicher gewesen ohne ihre Nähe. Sie begehrten und erhielten auch wie die richtigen Feen keinen Dank, als daß sie das nächste Mal wiederkommen durften. Wir nannten sie Tanten und verehrten durch ihre häufig etwas fragwürdige Leiblichkeit hindurch die innere Feennatur.

Die edelste unter ihnen war die Besitzerin eines benachbarten Kramlädchens, unsere geliebte „Tante Berta", der ich schon in der Lebensgeschichte meines Vaters ein kleines Gedächtnismal gesetzt habe. Sie ist aus meinen Jugenderinnerungen schlechterdings nicht wegzudenken. Wie oft kam sie und holte uns Kinder zu langen Spaziergängen ab, um unsere getreue Josephine zu entlasten und meinem von ihr still verehrten Vater ein paar Stunden völliger Ungestörtheit zu verschaffen. Sie strickte von früh bis spät, im Stehen und Gehen, denn jeden Abend mußte ein Paar

38

Strümpfe fertig sein, womit sie ihren ganzen Bekanntenkreis beglückte. Sie sprach ein gebildetes, aber stark dialektisch gefärbtes Hochdeutsch, in dem sich viele altertümliche Wörter und Wendungen umtrieben, deren ich verschiedene später mit großem Vergnügen in Grimmelshausens Simplizissimus wiederfand. Für Stecknadeln gebrauchte sie stets das schöne, ausdrucksvolle Wort „Glufen", das ich ihr zwar nicht nachsagte, weil es mir seltsam veraltet und zugleich erniedrigt klang, das ich aber ungemein gerne hörte. Ich dachte dabei immer an eine schöne altertümliche Fibula, obwohl das Wort jede Art von Stecknadeln bezeichnete. Man müßte in unserer heutigen Sprachnot Preise auf die Wiedereinführung solcher alten schönen Worte setzen. Wer wagt es und bürgert das prächtige Wort Glufen statt der farblosen Stecknadeln aufs neue in unserer höheren Schrift- und Umgangssprache ein?

Auf unseren Spaziergängen erzählte uns Tante Berta uralte Geschichten und Anekdoten, die von Geschlecht zu Geschlecht gingen und vielleicht niemals aufgezeichnet worden sind. So von der Bauersfrau, die im Sterben lag, aber gern noch abgewartet hätte, wie der „Gockeler" (Turmhahn) der ausgebessert werden sollte, glücklich von dem hohen Kirchturm heruntergebracht würde. Als es gar zu lange dauerte, faßte sie sich in Ergebung und sagte nur noch: Deant mir's au nom verbiada (laßt mich's hinüber wissen), wenn wieder ebber (jemand) stirbt, wia's vollends gangen ischt. Oder von dem Gastwirt, der seine in den letzten Zügen liegende Frau pflegte, und als er durch das Klingeln der Gäste abgerufen wurde, ihr gemütlich die Hand gab mit den Worten: So, jetzt komm halt vollends gut 'nüber! Ferner von der Witwe des Musikanten, die der Leiche ihres Gatten folgte und plötzlich unter dem Wirtshaus, das der Schauplatz seiner künstlerischen Leistungen gewesen, in den lauten Klagegesang ausbrach: O, wie oft hast du da drinnen: Didelbum, Didelbum,

Dibeldum! (Dabei ging der Gesang in die Gebärde des Fiedelstreichens und Hüpfens über.)

In jener älteren Zeit, aus der ihre Geschichten stammten, scheint im Schwabenvolk überhaupt noch ein Nachklang der alten Totenklage erhalten gewesen zu sein, benn sie erzählte auch von einer Mutter, die ihrem Sohne ins Grab die fast homerische Klage nachrief: O du mei liebs Knechtle (für Kind), du Zuckerstengel, du siebenhemmeticher (der sieben Hemden besitzt), drei hosch g'het und viere hätt i dir no mache lau. Mit Vorliebe spielten ihre Geschichten auf dem Gottesacker, und sie liebte es, ihnen, auch wenn sie noch so schnurrig waren, etwas Schauriges beizumischen. Außerdem wußte sie aber auch eine Reihe richtiger Schwabenstreiche, von benen ich hier einige möglichst mit ihren Worten dingfest machen will, weil sie mir nirgends noch gedruckt begegnet sind:

Wie's gemacht wird

Herzog Karl von Württemberg war ein großer Jagdfreund, wie auch in „Schillers Heimatjahren" zu lesen ist, und das Landvolk litt unter seiner Regierung schwer vom Wildschaden, gegen den es sich nicht wehren durfte, benn es war streng verboten, Wild abzuschießen. Ein Bäuerlein aber, bem wiederholt seine Rüben- und Krautäcker abgefressen wurden, mußte sich zu helfen und legte in seinem Hof eine Hasenfalle an, die so kunstreich mit einer Glockenschnur verbunden war, daß, so oft einer vom Geschlecht Lampe sich fing, die Glocke von selbst das Zeichen gab. Dann ging das Bäuerlein hinaus und holte sich einen fetten Braten für die Küche. Der Mann aber hatte Feinde, und die verrieten dem Revierförster seine schöne Einrichtung.

Begibt sich der Revierförster zu dem Übeltäter: Hanspeter, ich habe gehört, daß du dir eine Hasenfalle angelegt hast. — Jawohl, Herr Revierförster, antwortet der Bauer

40

treuherzig. — Ja, weißt du nicht, daß du einen Diebstahl an unserem Herrn Herzog begehst und daß du in Strafe verfallen bist? — Ha, sell wär'! sagt der Hanspeter und versichert, daß er von keiner einschlägigen Verordnung wisse. Das scheint dem Förster sehr unglaubhaft und er setzt dem Erstaunten auseinander, daß Unkenntnis des Gesetzes auch gar nicht vor Strafe schütze. Während sie noch reden, klingelt es vom Hofe her und beide schauen auf.

Hören Sie's, Herr Revierförster? sagt der Hanspeter mit seinem dummschlausten Gesicht. Da sitzt schon wieder einer und zeigt sich an. Jetzt kommen Sie nur mit, dann sehen Sie gleich selber, wie's gemacht wird. Der Förster lacht sich ins Fäustchen, daß er nun beide zugleich in der Falle hat, den Hasen und den Bauern. Er folgt dem Mann in den Hof, verwundert über ein solches Maß von Dummheit. Dort zieht der Bauer Herrn Lampe bei den Löffeln aus der Falle, hält ihn vor sich und überschüttet ihn mit Schimpfreden: Meinst du, ich pflanz' meine Krautköpf' und meine Rüben für dich, du elender S..hund! Wart, ich will dir Respekt einbläuen, daß du das Wiederkommen vergißt! Dies sagend, gerbt er dem Hasen das Fell, schüttelt ihn dann noch einmal an den Löffeln und sagt: So, jetzt lauf heim, sag's bei'm Weib und deiner Freundschaft, was es da zu schmarotzen gibt. Damit läßt er ihn los, und mit einem Sprung ist der Hase verschwunden.

Sehen Sie, Herr Revierförster, sagt jetzt der Hanspeter profitlich, so wird's gemacht. Der kommt nimmer, und er sagt's auch den andern. Und der Herr Revierförster mußte mit langer Nase abziehen.

Herzog Ulrichs Löffel

Ein andermal führte sie uns noch tiefer in Württembergs Vergangenheit zurück.

Als der vertriebene Herzog Ulrich flüchtig und unerkannt sein Land durchirrte, hielt er sich eine Zeitlang in der Nähe seiner guten Stadt Tübingen auf. Dort geriet er einmal um die Mittagszeit in einen Weinberg, wo eben ein Tübinger Wingerter (Weingärtner) mit seinen Leuten sich eine Schüssel voll Erbsenbrei schmecken ließ. Der Herr, der sehr hungrig war, trat bescheiden hinzu und grüßte den Mann in gutem Gögendeutsch (Gög, Spitzname der Tübinger Weingärtner). Der gab ihm den Gruß zurück und fragte leutselig: Witt mithalten?, was der Herzog dankend annahm. Na, so lang zu. — Aber der Herzog sah sich fragend um: die beiden hatten Löffel, er hatte keinen. Da lacht ihn der Weingärtner aus, daß er nicht weiß, wie man einen Löffel macht, und sagt: Wart, i mach b'r ein! Schneidet also das „Knäusle" (Anschnitt) vom Brotlaib ab, höhlt es aus und gibt's 'em Herzog: So, dõ hoscht en Löffel. Der Herzog taucht den Löffel, der gut ausgibt, in die gemeinsame Schüssel und sättigt sich, ißt danach auch den Löffel auf. Währenddessen fragt und erfährt er allerlei, unter anderem auch den Namen seines Gastgebers und daß er z' Dibenga (Tübingen) in der Frosch- gass' wohnt.

Als nun später Ulrich in seine Herrschaft wieder eingesetzt war, da geschah es eines Abends, als er sich zu Tische begab, daß ihm der Löffel fehlte. Was der Mundschenk für einen Rüffel bekam, weiß ich nicht. Aber dem Herzog fiel plötzlich jener lange vergessene Mittag in dem Weinberg bei Tübingen ein, wo ihm gleichfalls der Löffel gefehlt hatte, und zugleich auch wieder Name und Wohnung des braven Weingärtners. Und er schickte des andern Tags einen Boten nach Tübingen in die Froschgass' mit dem Befehl, ihm den Mann herzu- bringen, wie er stehe und gehe. Als der fürstliche Wagen in der schmutzigen Froschgasse erschien, gab es dort einen mäch- tigen Schrecken, und die Frau des Weingärtners, als sie hörte, ihr Mann müsse zum Herzog, unverzüglich, wie er stehe und gehe, da rang sie die Hände und jammerte: O Ma', was hoscht du don? Zum Herzich muescht — 's gõht um dein Kopf.

Der Mann beteuerte, daß er von gar nichts wiſſe, und bat, man möchte ihm wenigſtens Zeit laſſen, daß er ſein beſſeres Häs (Gewand) anziehe, aber er wurde ohne weiteres in den Wagen geſetzt und rollte in heißer Angſt gen Stuttgart. Dort führte man ihn gleich vor den Herzog, der an der Tafel ſaß und der ihn auf dem leeren Stuhl an ſeiner Seite Platz nehmen und zugreifen hieß. Jener zauderte: alle waren mit Löffeln verſehen, nur er nicht. Warum ißt du nicht? fragte der Herzog ſtreng. Der Mann bekannte, was ihm fehlte.

Weißt du nicht, wie man einen Löffel macht? herrſchte der Herzog den Erſchrockenen an und machte dazu ganz beſondere Augen. So will ich dir's zeigen.

Bricht das Knäuschen vom Brot, höhlt es aus und reicht's ihm: So, jetzt lang zu und iß.

Der Mann konnte nichts ſagen als: Oh, Herr Herzich, ſend Ihr's g'wä?

Er wurde fürſtlich mit Speiſe und Trank bewirtet und dann in Gnaden zu ſeiner Frau entlaſſen, nachdem der Herzog zuvor noch ihm und ſeinen Nachkommen Steuerfreiheit zugeſagt hatte für alle Zeiten.

●

Unerſchöpflichen Stoff boten ihr die ſchwäbiſchen Landpfarrer, unter denen damals noch die Sonderlinge in Menge gediehen. Einem, der ein grundgelehrter Theologe und ein ſtiller Weiſer, dabei aber ſehr unpraktiſch war, wurde jede Nacht von ſeinen ſelbſtgezogenen Gurken und Rettichen im Pfarrgarten geſtohlen. Er fragte einen Kollegen, was er an ſeiner Stelle tun würde. Entweder die Diebe verklagen oder eine Falle aufſtellen, meinte dieſer. Der Pfarrer antwortete nach einigem Beſinnen: Ich will ſie lieber mit geiſtigen Waffen ſchlagen. Und er legte ein Blättchen zu den Gurken ins Beet:

> Wer Rettich ſtiehlt und Gurken,
> Den rechn' ich zu den Schurken.

Weil seine Frau ihn jedoch erinnerte, daß die Diebstähle des Nachts stattfänden und das Blättchen somit seinen Zweck verfehlen müßte, stellte der treffliche Mann im Vertrauen auf die Macht der Dichtkunst eine Laterne dazu, die hernach den Dieben das Geschäft erleichterte.

Auch manches Stücklein altschwäbischen Aberglaubens wurde uns durch Tante Berta überliefert, die zwar selber aufgeklärt war, aber die Liebe zum Volkstümlichen bewahrte. So die schöne Geschichte von dem Mann in Dußlingen, der mehr konnte als Brot essen. Wenn irgendwo in der Nähe ein schwerer Diebstahl vorgefallen war, so wandte man sich an ihn. Dann erschien er mit seinem Rädchen im Hause des Bestohlenen und setzte das Zauberrad — es war eines von der Art, wie es die Messerschleifer mit sich führen — in Bewegung. Und wie das Rädchen lief, so mußte der Dieb laufen, bald langsamer, bald schneller. Erst war die Geschwindigkeit beträchtlich, dann hieß es: Jetzt geht's den Berg hinauf, da wollen wir sachte tun, daß er nicht so arg schnaufen muß. So, jetzt ist er oben — nun sauste das Rädchen wieder los, und der Dieb sauste bergab, bis er im Tälchen war. — Halt, jetzt muß er über den Bach, der keinen Steg hat — das Rädchen deutete vorsichtig die Steine an, auf die er zu treten hatte, und ließ ihn dann wieder Galopp laufen. — Jetzt ist er schon in der Stadt — eben kommt er die Straße heruntergerannt — da ist er am Haus! — Man hörte draußen ein Aufschlagen, und das Rädchen stand still. Nach einer kleinen Pause ging der Zauberer hinaus und brachte den außen abgeworfenen Gegenstand.

Umzug nach Kirchheim

In unser letztes Obereßlinger Jahr fiel die Aufregung über einen unheimlichen Fund in der Nachbarschaft. In einem eben erst erworbenen Schuppen grub der neue Besitzer zwei menschliche Gerippe, ein großes und ein kleineres, aus der Erde. Alles eilte hin, sie zu sehen, wir Kinder natürlich auch. Sachverständige erklärten, daß die Knochen einem etwa vierzigjährigen Mann und einem dreizehn- bis vierzehn-jährigen Mädchen angehörten, und daß sie jahrzehntelang in der Erde gelegen hätten. Ältere Leute erinnerten sich auch eines Mannes, der vor vierzig oder mehr Jahren mit seinem Töchterchen aus Eßlingen verschwunden war und den man in Amerika geglaubt hatte. Der frühere Besitzer des Schup-pens, ein alter, reicher, als Menschenfeind verschriener Bauer, der sich lange Zeit gegen den Verkauf dieses vom Nachbar begehrten Grundstücks gesträubt haben sollte, wurde gleich nach der Entdeckung vom Schlage gerührt. Dunkle Ver-mutungen spannen sich um diese Begebenheiten, ohne Gestalt zu gewinnen, denn das Verbrechen war verjährt, somit wurde ihm nicht weiter nachgeforscht. Aber nun tauchten auf einmal andere unheimliche Geschichten auf, die uns Tante Berta und Josephine an den langen Abenden mit raunender Stimme erzählten. Ich begann in jedem fremdartig oder finster aus-sehenden Menschen, ob er nun schielte oder sonst fehlgeschaffen war, den geheimen Täter irgendeiner grauenvollen, unaufge-deckten Tat zu ahnen. Die guten Holden zeigten da ihr Doppel-gesicht der wohltätigen Fee und der düsteren Schicksalsschwester, indem sie immer mehr Grauen in meine Nächte trugen. Sogar die alte Mär vom Krokodil von Eßlingen erwachte wieder, das sich in einen Keller verirrt hatte und die zum Weinzapfen

hinuntergesandten Mägde rumpf und stumpf auffraß, ein leibhaftiger Nachkomme der alten Tatzelwürmer. Vielleicht lag es jetzt eben in dem unsrigen und sperrte den Rachen gegen Josephine auf, denn solche Ungetüme leben bekanntlich ewig. Mit der Vernunft machte ich mich zwar äußerlich über den Aberglauben lustig, aber die Unvernunft glaubte heimlich doch. Meine Schutzherrin Pallas Athene hatte mir leider nur ihre Tapferkeit, aber nichts von ihrer Weisheit einflößen können. Und auch die Tapferkeit verlieh sie mir nur für die kurzen Stunden, wo ich mit ihrem Wahrzeichen, Eulenhelm und Gorgonenschild, bewehrt im Garten tollte. So ab- geschlossen hatte man mich gehalten, daß ich nicht einmal ohne Furcht allein durch die Dorfgassen ging. Man konnte da einem langen, strohgelben Idioten begegnen, der zwar niemand ein Leides tat, der aber ein so seltsam leeres Gesicht hatte, daß es war, als ob ein seelenloser Gegenstand auf zwei Beinen daherkäme und einen anschaute gegen alles Natur- gesetz. Wenn ein solcher Blick mich traf, begann ich zu zittern und drückte mich scheu an die Wand oder lief wie ein Häslein.
— — Nun sehe ich mich selbst mit Mutter und Ge- schwistern zusamt Josephinen (der Vater war vorausgereist) in einen mit Kissen und anderem Bedarf gefüllten, geschlossenen Wagen verpackt, über ein flaches, hochgelegenes Wiesenland hinrollen, das sich für meine Augen in eine steppenhafte Un- endlichkeit verlor mit einem einsamen Schäfer nebst Herde und rotgestrichenem Pferchkarren als unvergeßlichem Beiwerk. Es war unser Auszug aus dem geliebten Obereßlingen, wo Freund Hopf sein Haus, den Schauplatz unseres Jugend- paradieses, verkauft hatte. Wie wir in Kirchheim u. Teck in einer öden Stadtwohnung landeten, wo wir Kinder wie ein- gesperrte Vögel im Käfig umherflatterten und unser Mütter- lein sich für uns und mit uns unglücklich fühlte, weiß ich mehr aus den Berichten anderer. Wohl erinnere ich mich, wie ich in der Dämmerstunde zuweilen ausbrach und zu

46

einem rauschenden Wehr hinrannte, um mich durch überlautes Schreien und Singen in wilden Rhythmen, die niemand hörte, von dem eingeschlossenen Drang zu entlasten. Das altertümliche, damals noch sehr stilvolle Stadtbild verhaftete sich, nicht mit klargesehenen Einzelheiten, aber als Stimmungszauber in meiner Seele und wurde später, als ich in der Fremde lebte, ein lieber Hintergrund meiner Heimatträume, in denen meist die beiden Flüßchen von Kirchheim, die Lauter und die Linbach, plätscherten. Die eine rauschte rasch und trübe daher, die andere aber rechtfertigte ihren Namen, denn sie war lind und rieselnd wie dieser, und in beiden konnte man baden.

Bald danach sehe ich uns wieder in einer ländlichen Wohnung vor der Stadt auf dem Wege nach der Teck, die mit ihren Albgeschwistern einladend niedersieht, inmitten eines von der Lauter durchflossenen Gartens mit Laube und Gartenhaus. Die Brüder gehen zur Schule, ich werde allein zu Hause unterrichtet, aber der Lerneifer hat merklich nachgelassen, weil der gewohnte Wettlauf mit Edgar abgestellt ist. Dieser wurde nun schon ein ganz gelehrtes kleines Haus und pflegte mich wegen meiner greulichen Fehler im lateinischen Argument weidlich auszulachen, aber er gab mir von seiner jungen Weisheit nichts ab. Mein gutes Mütterlein studierte seine lateinischen Schulhefte nach, um mir daraus vorwärts zu helfen. Mehr Freude machten mir die lebenden Sprachen, das Französische und das Italienische, das sie mir so nebenher beibrachte, ich weiß selbst nicht wie. Aber ich hatte gar keinen Ehrgeiz mehr und verträumte am liebsten meine Zeit im Garten. Eine zahme Elster war meine Spielkameradin, die mich überall hin begleitete und mir die Haarnadeln vom Kopfe und meine kleinen Schmucksachen vom Halse stahl. Gelesen wurde über die Maßen viel, mit ausgesprochenem Für und Wider, Eindrücke, für die das Kind natürlich keine Erklärung hatte, die sich aber beim späteren

Lesen immer wiederholten. So entzückte mich vor allem die
Turandot, diese reizende Vereinigung von großem Schiller-
schem Faltenwurf mit leichtbeweglicher italienischer Grazie.
Die Vorstellungswelten, die ich in den Büchern fand, waren
mir alle schon geläufig. Unsere Mutter lebte und webte in
Hellas und hatte daneben einen starken Zug zur romanischen
Kultur. Der Vater wies auf deutsches Volkstum hin und
huldigte auf Spaziergängen dem Genius loci, indem er von
den Sagen der Schwäbischen Alb erzählte. Da er aber meist
ebenso still und wortkarg wie die Mutter lebhaft und mit-
teilsam war, geriet das Deutschtum zunächst in Nachteil.
Nur mit den altgermanischen Göttern waren wir von kleinauf
vertraut und sie bildeten bei ihrer nahen Verwandtschaft
mit den griechischen eine tiefsinnige Ergänzung zu diesen.

Die Kirchheimer Zeit ist für meine Eltern wohl die schwerste
ihrer Ehe gewesen; die Lebensaussicht war eine Zeitlang nach
allen Seiten verbaut. Meine Mutter fühlte sich dort töblich
vereinsamt; sie vermißte nun auch die treue Hopfsche Familie,
bei der sie doch immer die ihr so nötige Ansprache gefunden
hatte. Sie arbeitete sich ab, um neben den häuslichen Geschäften die Höschen und Jäckchen ihrer vier Buben aus
alten Männerkleidern zurechtzuschneidern, eine Kunst, für die
das Freifräulein von Brunnow nicht erzogen war. Für
mich sorgten zarte Feenhände, daß ich fast immer nieblich
gekleidet ging und ihr auch von dieser Seite keine Mühe
machte. Des Abends las sie uns den Herodot vor; ihre
ungeheure Spannkraft schnellte gleich wieder auf, wenn sie
bei ihren Griechen war. Nebenher erschwang sie noch die Zeit,
sich mitten im Kinderlärm schriftstellerisch zu betätigen; sie
hatte keine Spur von literarischem Ehrgeiz und wollte nur
zum Erwerb ein kleines Scherflein beitragen. So entstand
ein Band Märchen, teils in Prosa, teils in Versen, der
einige Jahre später (1867) bei Schober in Stuttgart erschien.
Sie seien um einen Ton zu hoch gegriffen, sagte mein Vater,

48

der übrigens seinen Segen dazu gab, nachdem sie die Scheu, ihm ihre Sachen zu zeigen, überwunden hatte. Die Erzählungen in Versen gelangen ihr besser, weil ihr die metrische Sprache natürlicher und einfacher lag als der Prosaton. Da wir wie Geschwister zusammenlebten, ließ sie mich Neunjährige in eine auf Island spielende Geschichte auch ein paar gereimte Zeilen hineinpfuschen. Als das fertige Gedicht, das am Ende eine gewisse Hast verriet, meinem Vater vorgelegt wurde, schrieb er neckend im gleichen Versmaß darunter:

Und zappelnd und verzweifelnd eilen
Zum letzten Zug die letzten Zeilen.

So etwas kränkte sie nicht nur nicht, sondern sie freute sich, dem ernsten, stillen Mann, neben dem sie immer wie ein überlebendiges Kind erschien, einen Strahl seines alten Humors entlockt zu haben. Auch eine Erzählung aus dem Dreißigjährigen Krieg hatte sie damals unter der Feder, die später gleichfalls gedruckt wurde. Da die Verfasserin Menschen und Dinge wenig kannte, und mehr in der Idee als in der Anschauung lebte, blieben ihre Gestalten etwas abstrakt und farblos. Sie war sich darüber vollständig klar, ja sie unterschätzte ihre Begabung weit, da sie auch ihre Verse, zu denen ein inneres Bedürfnis sie von kleinauf trieb, nicht als wirkliche poetische Erzeugnisse, sondern nur als unentbehrliche innere Entlastung gelten ließ. Mein Vater äußerte sich damals in seiner bildlichen Redeweise zu mir über ihre dichterischen Versuche:

Ihre Muse ist ein ganz hübsches Kind, aber sie hat zerrissene Strümpfe an.

Als ich dieses Urteil einmal ganz spät am Ende ihrer Tage der inzwischen achtzigjährig Gewordenen, erzählte, antwortete sie lächelnd: Ich habe sie seitdem geflickt. Es hatte seine Richtigkeit. Ihre Gabe, sich poetisch auszudrücken, entwickelte sich mit den Jahren immer mehr, wie

überhaupt ihre ganze Persönlichkeit bestimmt war, erst im
höchsten Greisenalter, das bei ihr noch immer quellende Jugend
war, eine süße duftende Reife zu erlangen wie eine alleredelste
Weinsorte. Damals war sie noch brausender Most und gärte
mit ihren Kindern um die Wette.

Was übrigens die zerrissenen Strümpfe betrifft, so gab
es deren im Haus nur allzuviele; das mochte meinem Vater
das Bild nahegelegt haben. Wenn Mama und Josephine
sie nicht mehr bewältigen konnten, so wurde ein großer Pack
daraus gemacht und an das geliebte „Waldfegerlein" gesandt,
Rudolf Kauslers[1] Nichte, so genannt nach meines Vaters
gleichnamigem, ihr gewidmeten Gedicht. Sie war die Holdeste
von den guten Holden, die unsere Kindheit betreuen halfen,
auch äußerlich zart und leicht wie eine Elfe. Sie stopfte die
Strümpfe mit Hingebung und mit dem Maschenstich, wonach
sie wie neu wurden, und wenn der Pack zurückkam, fiel immer
etwas Beglückendes für uns Kleine mit heraus. Die Eltern
aber erquickten sich an ihren geistvollen und eigenartigen
Briefen, die ganz in der Stille blühten, doch mancher berühmten Briefsammlung nicht an künstlerischem Reiz nach-
standen.

Überhaupt, was gab es damals für Freundschaften auf
der Welt, und wie lebten sie sich in Briefen aus, verschwende-
risch und überschwenglich mit den inneren Gütern schaltend.
Um jedes edle Herz stand eine Schutzmauer von Liebe. Die
Erde mit all ihren Kümmernissen wäre ja gar nicht bewohnbar
gewesen ohne den Engel der Freundschaft, der zwischen den
Menschen hin und her ging. Man krittelte und zergliederte
auch noch gar nicht, sondern nahm sich gegenseitig so wie
man war schlechthin als Ganzes, und liebte sich ohne viel zu
tüfteln und zu deuten. Die psychologische Neugier, die nicht

---

[1] Jugendfreund meines Vaters und gleichfalls Dichter, von ihm
unter dem Namen Ruwald in der Novelle Das Wirtshaus gegenüber eingeführt. Damals Pfarrer in Klein-Eislingen.

50

ruhen kann, bis sie einen Charakter in seine Einzelheiten zerlegt hat, kam erst in der jüngeren Geschlechtsreihe auf, und man dünkte sich wunder wie klug, als man zu zerfasern begann. Es fragt sich aber sehr, ob nicht jene die Klügeren waren, die das Leben ganz unbefangen lebten und, vom bloßen Ahnungsvermögen geleitet, gewiß nicht öfter fehlgriffen als die Jungen mit ihrer Weisheit.

Wenn ich an Kirchheim denke, steigt noch ein blasses, aber unverwischbares Bild vor mir auf: eine grüne Festwiese mit Bänken und Tischen, an denen getafelt wurde, und einem sich drehenden Karussell, dem Höchsten von irdischer Seligkeit, was ich damals kannte! Dann ein langer Zug von kleinen weißgekleideten Mädchen, die meisten von meinem Alter, mit Kränzen um die Stirn, je zwei und zwei sich bei der Hand haltend, während von der Wiese her die Musik tönte. Ich war ebenfalls weiß und festlich gekleidet und trug den schönsten Kranz von Maienblumen im Haar, aber ich ging nicht mit im Zug, der aus den Schulkindern gebildet war, sondern stand abseits an der Hand der Mutter, um zuzusehen. Die Brüder waren eingereiht und schritten jeder mit seiner Klasse. An mir aber ging der Zug vorüber, der grünen Wiese, dem Paradiesgarten, dem Feste der ewigen Freude zu. Da überkam es mich plötzlich, was es heißt, „nicht dabei zu sein" Es war ein maßloser Schmerz wie ein erzwungener ewiger Verzicht auf alle Freuden dieser grünen Erde. Und Mama begriff ihr dummes kleines Mädel nicht, das nur mit Mühe unter Aufbietung allen Stolzes den Tränen wehrte. Kann aber ein Erwachsenes, auch das liebevollste, nachfühlen, was jenes Nichtdabeisein dem Kinde bedeutete?

Und nun läuten auf einmal in meiner Erinnerung Osterglocken. Aus München, wohin mein Vater sich auf ein paar Wochen zu seinem Freund Paul Heyse begeben hatte, kam die Heilsbotschaft, daß wir alle binnen kurzem nach der großen bayrischen Kunstresidenz übersiedeln würden, wo uns endlich ein freies, ein wahrhaft menschenwürdiges Leben erwartete. Dort würden die Eltern einen gleichgesinnten, fein gebildeten Freundeskreis finden, die Buben Mittel zum Studieren, ich die Gelegenheit, das Kunsttalent, das man mir zuschrieb, weil ich noch immer eifrig für mich zeichnete, auszubilden. Die Mutter ging in einem beständigen Glücksrausch umher. Aber das Verheißungsland versank, wie es aufgetaucht war; wie und warum, steht in meines Vaters Lebensgeschichte. Es war der höchste Wellenberg der Hoffnung, den unser Schifflein je erkletterte, und nun schoß es jäh in einen trostlosen Abgrund hinunter, in dem mein rasches Mütterlein schon den Untergang sah. Doch es tauchte wieder auf und schwamm einem nicht so verlockenden, aber sicheren Hafen zu, dem alten Tübingen, wo unser Vater vor Jahresschluß einen Bibliothekarsposten an der Universität antrat.

Das alte Tübingen

Den Ort, an den mich jetzt meine Erinnerung führt, würde man heute auf Erden vergeblich suchen. Zwar hat sich mein altes Tübingen äußerlich nicht allzuviel verändert. Seine Gestalt ist durch den hügeligen Boden, der es trägt, und durch die geschlossenen Linien des mittelalterlichen Städtebaus für alle Zeiten festgelegt. Noch immer spiegelt sich die hohe und steile Giebelreihe der Neckarfront mit dem aus der Asche von 1875 wiedererstandenen Hölderlinsturm in dem still ziehenden Fluß, und unverrückt steht auf der höchsten Hügelkuppe Schloß Hohentübingen mit seiner gestreckten Masse und den stumpfen Türmen, die noch die Spuren Turennes und Melacs am Leibe tragen. Und die beherrschende Stifts-kirche auf einem steilen, hochgemauerten Vorsprung reckt sich trotzig wie ein gewappneter Erzengel im Stadtinnern empor. Solche Züge sind unverwischbar. Aber was diesen Zügen in den sechziger und siebziger Jahren ihren ureigenen geistigen Ausdruck gab, die mittelalterliche Romantik, ist für immer daraus verschwunden. Das Studentenleben hat sich in die häßlichen neuzeitlichen Korporationshäuser auf den Anhöhen zurückgezogen, die für die weichen, niederen Hügel viel zu groß sind und laut aus der Harmonie des Ganzen herausfallen. Damals spielte sich dieses Leben noch in den krummen und steilen Straßen ab, wo das Treiben und Tollen niemals ruhte. Zwar seiner Lieblingsbeschäftigung, dem Trunk, lag der Musensohn, mit Ausnahme der beliebten „Naturkneipereien" auf dem Wöhrd oder dem Schänzle, auch damals im geschlossenen Raume ob, aber die Folgen tobten sich im Freien aus. Es sang und klang straßenauf und -ab, noch öfter brüllte und grölte es. Dann gab es die An-

rempelungen mit nachfolgender „Kontrabage" nach dem berühmten Muster: Geschah das mit Vorsatz? — Nein, mit
dem Absatz — und solche Scherze mehr. Ferner die Keilereien
zwischen Farben, die sich nicht leiden mochten, und endlich
die ganz großen Studentenschlachten, wo die gesamte Studentenschaft einmütig gegen die Obrigkeit oder das Philisterium oder was sonst in ihre Vorrechte eingegriffen hatte,
zu Felde zog.

Gleichfalls ein Augenblick vollkommener Eintracht war es,
wenn die Schwarzwaldflößer an Tübingen vorüberfuhren.
Sobald flußaufwärts die Spitze eines Floßes erschien, füllte
sich die Neckarbrücke und der alte Hirschauersteg mit Studenten,
die der Anblick wie mit Besessenheit ergriff. Und so lange
sich unten der vielgliedrige Wurm, von mächtigen Gestalten
in hohen Flößerstiefeln gesteuert, vorüberschob, brüllte es
oben von den Brücken und aus den Fenstern der Neckarhalde in langgezogenen Tönen: „Jockele, sp-e-e-err!"
und dann schneller: „Jockele, sperr, 's geit en Aileboga!"
(Ellbogen). Entferntere hingen, um nicht unbeteiligt zu
bleiben, gewaltige Schaftstiefel zu den Neckarfenstern heraus,
was die Flößer gleichfalls zu erbosen pflegte. Der Jockele
war für seine saftige Grobheit in Schwarzwälder Mundart
berühmt, zu meiner Zeit aber war er es schon müde geworden, auf den jahrhundertealten Ruf zu antworten.
Schweigend, in philosophischer Ruhe steuerten die Riesen
mit langen Stangen ihre Flöße zwischen den Pfeilern der
Neckarbrücke durch, noch eine lange Strecke verfolgt von dem
Gebrüll, in das auch die Gassenjugend einstimmte. Es soll
gleichwohl eine schmerzlich-heitere Abschiedsfeier gewesen sein,
als 1899 der letzte Jockele an Tübingen vorbei zu Tale fuhr.

Ein anderer löblicher Brauch war, des Nachts die
Laternen zu löschen oder zu zerschlagen oder das Brennholz,
die sogenannte „Scheiterbeug", die nach Urvätergewohnheit
vor den Häusern aufgestapelt lag, zu verschleppen. Kam der

54

Nachtwächter oder ein Polizeidiener hinzu, so gab es tausend Mittel, ihn an der Haftbarmachung der Schuldigen zu verhindern. Es war der Geist der süßen Zwecklosigkeit, der die Jugend von dazumal beseelte und ihr als höchster Lebenswert erschien. Immer blieb der Mann der Ordnung der Geprellte, und der Philister selbst, obgleich der Schabernack sich gegen ihn richtete, stand mit seiner geheimen Sympathie auf seiten der Studenten. Die Menschheit zerfiel damals in zwei Hauptgattungen, die zugleich ihre äußersten Pole darstellten: Student und Philister. Aber beide brauchten einander, waren in jahrhundertelangen Reibereien einer um des anderen willen da. Als eine der ältesten und kleinsten Universitäten, dazu ganz abseits der größeren Verkehrswege gelegen, hatte Tübingen noch gewisse studentische Überlieferungen, die weit ins Mittelalter zurückgingen; im Untergrund des studentischen Bewußtseins lebte noch ein Rest vom Geiste der Fahrenden, dem auch gelegentliches „Schießen" (Stehlen) zum Schaden der Philister nicht für unehrenhaft galt. So schwärmte eines Tages eine Schar Musensöhne über die Wiesen nach Lustnau aus und fand unterwegs in einem Wässerlein zwölf wohlgenährte Enten lustig schwimmend. Nur eine davon sah der Besitzer wieder. Sie trug einen Zettel am Hals mit den Worten:

> Wir armen zwölf Enten
> Sind gefallen unter die Studenten,
> Ich zwölfte komm zurück allein
> Und bring' von elf den Totenschein.

Die Geschichte stammt allerdings aus einer älteren Zeit, wäre aber in jenen Tagen noch ebensogut möglich gewesen. Auch hochverehrte Lehrer wurden nicht geschont. So hatte einmal der berühmte Kliniker Niemeier, einer der wenigen norddeutschen Professoren, die es in Tübingen zu großer Volkstümlichkeit brachten, in der Neujahrsnacht, wo der

Spuk am wildesten tobte, ein fettes Gänslein am Küchen-
fenster hängen, das beim morgigen Festschmaus prangen
sollte. Da wurde er in der Nacht herausgeschellt, und als
sein Kopf am Fenster erschien, rief eine näselnde Stimme
hinauf: Prosit Neujahr, Herr Professor, und geben Sie
acht auf Ihre Gans, daß sie nicht gestohlen wird. Der
Angerufene verstand und machte gute Miene. Prosit, Herr
Kepler, rief er zurück, ich habe Sie an der Stimme erkannt.
Lassen Sie sich die Gans gut schmecken, aber stören Sie die
Leute lieber nicht im Schlaf.

Dieser selbe Kepler, der auch in meinem Elternhaus verkehrte und später als Arzt nach Venedig ging, führte überhaupt ein bewegtes Leben. Er war der Held einer Anekdote,
die in Tübingen unvergeßlich bleibt. Als er einmal nahe
der Neckarbrücke mit ein paar Freunden im Freien badete,
erschien die Polizei, beschlagnahmte die Kleider und wollte
die Übeltäter verhaften. Diese entsprangen und rannten
splitternackt das Ufer entlang bis nach Kirchentellinsfurt,
wo sie endlich festgenommen wurden. Da es aber keinen
Paragraphen gegen das Nacktgehen gab, so verdonnerte
sie eine weise Behörde „wegen Vermummung bis zur Un-
kenntlichkeit".

Zum Charakterbild des alten Tübingen gehört aber
noch eine dritte dort lebende Menschengattung von ur-
tümlichster Beschaffenheit, die weder dem Studenten noch
dem Philister hold war, die man sich aber aus dem dortigen
Leben nicht wegdenken kann: nämlich die in den malerischen
Schmutzwinkeln der Unteren Stadt oder „Gögerei" wohnen-
den „Wingerter" (Weingärtner), auch „Gögen" oder
„Raupen" genannt. Woher diese beiden Bezeichnungen
kommen, weiß niemand, eine theologisch gefärbte Etymologie
will die Gögen auf das biblische Gog und Magog zurück-
führen. Was die Raupen betrifft, so soll der Name gar eine
Verketzerung des lateinischen Wortes Pauper sein, womit

56

man in der gelehrten Mufenftadt die am Freitagmorgen von Tür zu Tür fingenden Volksfchüler bezeichnet. Wie dem auch fei, beide Namen, Gögen wie Raupen, wurden von ihren Trägern ungern gehört und pflegten eine tätliche Abwehr nach fich zu ziehen. Die Gögen unterfchieden fich nach ihrer ganzen Wefensart, vor allem aber nach den eigentümlichen Kehl-lauten ihrer Ausfprache und einer gedehnten Betonung, die etwas Mürrifch-Verbiffenes an fich hatte, fo ftark von den übrigen Einwohnern, daß manche fie geradezu für Nach-kommen eines zugewanderten Fremdvolkes hielten und daß es zwifchen der oberen und der unteren Stadt wie ein un-fichtbarer Stachelzaun lag. Als tüchtige Taglöhner unent-behrlich, machten fich diefe Mitbürger durch ihre eingeborene tiefe Abneigung gegen die Höhergeftellten und ihren aus-geprägten Sinn für den eigenen Vorteil, mehr noch durch ihren wortkargen, aber äußerft fchlagenden Mutterwitz, der nicht immer von der reinlichften Art war, gefürchtet. Auf eine Gögenrede konnte niemand mehr einen Trumpf fetzen, außer ein anderer Gög. Unzählige Gögenworte und -witze waren und find in Tübingen im Schwang. Am berühmteften ift das einfilbige Zwiegefpräch zwifchen Vater und Sohn, wie fie zufammen die fteilen Weinberghalden des Ofter-berges hinanfteigen und dem Jungen ein herrenlofer Schub-karren auf einem Nachbargrundftück in die Augen fticht, auf den er den Vater durch einen ftummen Wink aufmerk-fam macht. Worauf der Alte nur die zwei lakonifchen Worte erwidert: Im Ra! (Im Herabfteigen!) Oder die jungen-fchnelle Frage des Berliner Studenten an den pfeifenrauchen-den Weingärtner: Kann ich von Ihnen Feuer haben, ja? Und die nachdrücklich-langfame Antwort des alten Gögen: Airfcht (erft), wenn i ja fag'.

Das Straßenbild von Tübingen beherrfchte der Couleur-ftudent, befonders der Angehörige der paukenden Korpo-rationen. Diefe ftanden bei den Ausritten und Aufzügen im studentischen Wichs, bei den Tanzvergnügungen, den glänzenden Fackelzügen und überhaupt im gesellschaftlichen und öffentlichen Leben obenan. Ihre Iliaden und Odysseen füllten die ungeschriebenen Annalen der Stadt. Jedes Kind wußte, was für Mensuren in laufender Woche ausgefochten wurden, welches Dorfwirtshaus, welches Gehölz dazu aus- ersehen war, wie viele Abfuhren es gab, mit wie viel Nadeln der jeweils Zerhackte vom Paukarzt genäht wurde. Wenn es den Paukanten gelang, den armen Pedell, der sie ab- zufassen hatte und der zu diesem Zweck den weiten Weg atemlos auf Schusters Rappen angaloppiert kam, durch ihre ausgestellten Fuchsenwachen irrezuführen und das unter- brochene Opferfest an einer anderen Stelle des Waldes fort- zusetzen, so war es ein Triumph der guten Sache, woran die ganze Stadt teilnahm. Unsterblich war die immer wieder auftauchende Geschichte von der abgehauenen Nasenspitze, die der Hund gefressen hatte. Die vererbten Feindseligkeiten oder vorübergehenden Spannungen zwischen gewissen Farben wurden mit der gleichen Wichtigkeit behandelt wie heute die Beziehungen der Großstaaten untereinander. Sogar die jungen Mädchen nahmen Partei, je nachdem ihre Brüder oder bevorzugten Verehrer der oder jener Couleur angehörten. Der historische Gegensatz zwischen Korps und Burschenschaften, der längst kein grundsätzlicher mehr war, aber noch als Ab- neigung fortbestand, mußte auch gesellschaftlich stets berück- sichtigt werden.

Getrunken wurde, wie ich niemals wieder habe trinken sehen. Größere Helden des Suffs finden sich auch im „Gösta Berling" nicht. Die Zahl der Schoppen, die für eine Fuchsen- taufe nötig sein sollte, wage ich nicht zu nennen; über die bei diesem Vorgang angewandten Zwangsmaßregeln gingen gruselige Gerüchte. Selbst bei Tanzvergnügungen konnte es vorkommen, daß ein Partner plötzlich nicht mehr salon- fähig war und daß aus den Reihen der Kommilitonen ein

Ersatzmann gestellt werden mußte. Schande war keine dabei, sie behaupteten ihr Ansehen auch noch in diesem Zustand. Nur wer sich im Schnaps berauschte, wie es den Norddeutschen bisweilen einfiel, statt im landesüblichen Gerstensaft oder Wein, der galt für wirklich lasterhaft.

Dabei sprach es doch für die Gutartigkeit dieser ausgelassenen Jugend, daß tätliche Ausschreitungen gegen die Nebenmenschen äußerst selten waren. Unser Haus am Marktplatz hatte nach damaliger Sitte keine Korridortüren auf den einzelnen Stockwerken, aber obwohl im Untergeschoß ein Studentencafé lag und die Haustür deshalb fast die ganze Nacht offen stand, fühlte man sich doch in seinem Zimmer völlig sicher. Nur eines Abends kam unsere schon betagte Josephine voller Unwillen aus ihrer Dachkammer zurückgestürzt, denn sie hatte in ihrem Bett einen unbekannten Schläfer gefunden. Es war ein Student, der in tiefer Verdunkelung die fremden Treppen als seine eigenen erstiegen und sich ohne weiteres zur Ruhe gelegt hatte. Meine Brüder, damals schon selber Studenten, hatten alle Not, den Unerweddlichen wieder die lange Treppe hinunter und ins Freie zu schaffen.

Abseits von dieser Burschenherrlichkeit trieben die „Stiftler" ihr halbklösterliches, eigenbrötlerisches Wesen. Es waren dies Stipendiaten, die, von klein auf zur theologischen Laufbahn bestimmt, erst in den niederen Seminarien, dann im Tübinger evangelischen Stift, einem ehemaligen Augustinerkloster, für ihren Beruf herangebildet wurden. Obgleich sie durch ihre Halbklausur und vielfache Beschränkungen, denen sie unterworfen waren, gesellschaftlich hinter den glücklicheren Stadtburschen zurückstanden, bildeten sie unter ihrem unscheinbaren und häufig ungeleckten Äußeren so etwas wie eine geistige Auslese des Landes und trugen viel zu der besonderen Physiognomie der Tübinger Universität bei. Kein Auswärtiger kann zur Kultur des Schwabenlandes und zu seinen großen Söhnen in ein näheres Verhältnis treten, wenn er sich nicht eingehend mit dem Geiste des Tübinger Stifts und seinen Einrichtungen vertraut gemacht hat. Aus dieser Anstalt ging ja bekanntlich die größte Zahl der führenden Geister Alt-Württembergs hervor. Und zwar pflegte entsprechend der Doppelbegabung des Stammes ein guter Jahrgang je einen Dichter und einen Philosophen gleichzeitig zu bringen: Hölderlin und Hegel, Mörike und Strauß, meinen Vater und Ed. Zeller. Gelegentlich wuchsen die großen Geister im Stift sogar büschelweise wie in der sogenannten „Geniepromotion", der auch Friedrich Vischer angehörte. Der Mehrzahl der Stiftler ging aber die einseitige Erziehung lebenslang nach. Mit einem äußerst prall gestopften Schulsack verbanden sie häufig die größte Unkenntnis des wirklichen Lebens und jenes linkische Ungeschick der äußeren Welt gegenüber, das man in Schwaben mit dem Wort „stiftlermäßig" bezeichnet. Bei den schematischeren Köpfen gesellte sich noch leicht eine geistige Selbstsicherheit hinzu, die alles, was nicht auf ihrem eigenen Boden gewachsen und ihnen darum fremdartig war, als minderwertig betrachtete. Mancher der Besten hielt es nicht bis zum Ende aus und entwand sich so oder so dem Zwange. Ehemalige Stiftler trugen deutsche Wissenschaft in alle Lande und waren als Lehrer wie als Erzieher gleich sehr gesucht. Die Daheimgebliebenen nahmen späterhin hervorragende Kirchen- und Schulämter ein, sie verewigten den Stiftlerschlag, indem sie ihn weiterzüchteten, und gaben dem ganzen schwäbischen Geist etwas von ihrem Gepräge ab. Durch sie vor allem kam in die hohe geistige Kultur des Schwabenlandes jene unausfüllbare Kluft zwischen der Weite und Tiefe des inneren Lebens und der äußeren Formlosigkeit, die nicht selten bis zur bewußten Verachtung des Schönen ging.

In dem ehrwürdigen Klosterbau an der oberen Neckarhalde mit seinen Kreuzgängen, Höfen und Gärtchen hauste

60

dieser besondere Menschenschlag beisammen. Dort studierten, aßen, schliefen sie, ständig überwacht, in Zimmern, die ihre altvererbten Namen und die überlieferten Erinnerungen an die früheren Bewohner festhielten. In meines Vaters Nachlaß fand ich eine von unbekannter Hand in Versen geschriebene Szenenfolge, die eine nächtliche Entweichung des sonst so fügsamen Mörike aus dem Stift unter dem Beistand dunkler Mächte dramatisch darstellt. Man pflegte sich, wenn man die Nacht außerhalb des Stiftes verbringen wollte, an einem langen Seil in den „Bärengraben" hinabzulassen, um auf der anderen Seite durch einen befreundeten Stadtburschen hochgezogen zu werden. Wurde die Abwesenheit entdeckt, so stand auf der unerlaubten „Abnoktation" eine Note. Eine gewisse Zahl solcher Noten bedingte die Ausschließung von der Anstalt. Zu meiner Zeit aber war die Verweltlichung schon so weit gediehen, daß die Stiftler sogar farbentragenden Verbindungen angehören konnten, soweit diese nicht dem verpönten Paukkomment huldigten. Auch waren sie auf allen Bällen unter den eifrigsten und bescheidensten, wenn schon nicht immer unter den gewandtesten Tänzern.

Noch einen Schritt weiter abseits vom studentischen Treiben standen die Zöglinge des katholischen Seminars, die Konviktoren, auch „Haierle" (Herrlein) genannt, meist Bauernsöhne aus dem schwäbischen Oberland, die schon durch ihr langes schwarzes Gewand, aber mehr noch durch ihre oberschwäbische Mundart und ihr ganzes weltfremdes Auftreten von der übrigen akademischen Jugend abstachen. Auch aus dieser Anstalt sind bedeutende Persönlichkeiten hervorgegangen. Wenig ließ es sich das Konvikt, das ehemalige Collegium illustre, das diese friedfertigsten aller Musensöhne beherbergt, damals träumen, daß es einmal im zwanzigsten Jahrhundert französischen Fliegerbomben zur Zielscheibe dienen würde.

Neben dem „Stift" und mit ihm verbunden lag die „Hölle", das einstige Wohnhaus des „Höllen-Baur", jenes berühmten, um seiner Bibelkritik willen viel angefochtenen Theologen. Er hatte zu den Lehrern meines Vaters gehört, war aber um die Zeit, von der hier die Rede ist, schon gestorben. Der Spitzname enthielt keine Spitze gegen seinen Träger. Die Professoren waren der Mehrzahl nach mit solchen versehen, und manche weitgefeierte Leuchte der Wissenschaft ging in der kleinen Stadt unter irgendeiner närrischen, zuweilen auch wirklich witzigen Bezeichnung einher. Was gab es aber auch für Originale unter diesen Professoren! Grundgelehrte Herren, jedoch im Äußeren nicht selten sehr vernachlässigt und mit den seltsamsten Gewohnheiten behaftet. Zu diesen fragwürdigen Gestalten gehörte der Germanist Holland, der Herausgeber von Uhlands Nachlaß, der auch über italienische Sprache und Literatur las. Bekannt war die Ermahnung, mit der er seine Schüler zu entlassen pflegte, sie möchten vor allem danach trachten, ins Konversationslexikon zu kommen, benn wer es dahin gebracht habe, der sei geborgen und brauche nichts mehr zu studieren. Er hatte häufig nur einen Hörer im Kolleg, der zu höflich war, ihn mit den vier Wänden allein zu lassen. Diesen ließ er einmal in die Heimlichkeiten seines Junggesellenhaushalts blicken. Wissen Sie, Herr M..., sagte er zu ihm, die Wäscherinnen sind so unsauber (er drückte sich drastischer aus), man kann ihnen die Wäsche nicht anvertrauen. Ich schlafe deshalb seit zehn Jahren auf dem Schwäbischen Merkur. Als dieser Dante- und Boccaccioausleger uns in viel späteren Jahren einmal in der Heimat Dantes und Boccaccios besuchte, da war Holland in Not, benn das Italienisch, das er jahrzehntelang an der württembergischen Alma mater gelehrt hatte, wurde an Ort und Stelle von niemand verstanden.

62

Noch viel wunderlicher klangen aber die Anekdoten, die von verschwundenen Generationen übrig waren. Ein älterer Landgeistlicher, Verwandter meines Vaters, der ein hinreißendes mimisches Talent besaß, pflegte uns Kindern solche Geschichten aus seiner eigenen Studienzeit zu Dutzenden zu erzählen und vorzuspielen. In welche verschollene Biedermeierwelt sah man hinein, wenn man hörte, daß ein Professor der Philosophie seinen psychologischen Vortrag mit näselndem Ton und in mühsamem Hochdeutsch, durch das der Dialekt schimmerte, also zu beginnen pflegte: Jengleng, wenn dich die Liebe plagt, so klage es: (Hier wurden die Finger in Bewegung gesetzt.) a) den Sternen. So deren keine da sind, b) den Wiesen. So auch deren keine gefonden werden, c) den Waldbächen. Denn das Rieseln ond Rauschen der Waldbäche lendert ond mendert den physischen ond psychischen Schmerz einer moralisch niedergedrückten Seele.

Auch in der jungen Generation schossen die Sonderlinge ins Kraut, obgleich sie nun doch schon einen viel weltmännischeren Anstrich bekamen. Wer erinnert sich nicht aus den siebziger Jahren an die Gestalt des Dr. Euting, der als jüngster Kollege meines Vaters an der Universitätsbibliothek amtete und sich später von Straßburg aus als Orientreisender einen Namen machte? Er war weit unter Rekrutenmaß, hatte aber sehr breite Schultern und einen sportlich entwickelten Körper, der sich in den straffen, schnellenden Bewegungen verriet. Euting war damals schon im Orient gewesen und gehabte sich seitdem als Türke. Seine Beweglichkeit, seine schwarzen, umherspringenden Augen, ein seltsam gerunzeltes, aber doch junges Gesicht, das aussah wie von heißer Sonne gedörrt, gaben ihm ein völlig fremdartiges Ansehen. Den gewesenen Stiftler merkte man ihm nicht mehr an, er lehrte jetzt semitische Sprachen, besonders das Arabische. Als außerordentlich mutiger Mensch, der er war, hauste er mutterseelenallein in dem unheimlichen „Haspelturm" hinter dem Schlosse. Da bei Einbruch der Dunkelheit die nach dem Schloßhof führende Pforte geschlossen wurde, war er bei Nacht in seinem Turm von allen Lebenden geschieden. Er hatte es durchgesetzt, in diesem ehemaligen Gefängnis der zum Tode Verurteilten, dessen durch keine Treppe erreichbares Verließ noch Menschenknochen bergen sollte, sich ein paar Zimmer einrichten zu lassen, denen er durch orientalische Teppiche und Decken ein einigermaßen wohnliches Ansehen gab. Dort saß er mit untergeschlagenen Beinen, den roten Fes auf dem Kopf, am Boden, aus mächtiger Wasserpfeife rauchend, und bewirtete seine Besucher und Besucherinnen mit selbstgebrautem türkischem Kaffee in winzigen Schälchen, alles echt und stilgerecht. Dabei erzählte er von Wüstenritten, Haremsbesuchen und dergleichen. Er war ein lebhafter Verehrer der Damenwelt, doch war ihm seine Kleinheit beim weiblichen Geschlechte hinderlich, mehr noch sein bekannter Ausspruch, daß er hoffe, dermaleinst mit zwölf jungen Eutings über die Neckarbrücke zu spazieren, alle vom gleichen Wuchs und gleicher Schneidigkeit wie er. Ihm war es gegeben, seine Eigenheiten noch über den Tod hinaus fortzusetzen. Er baute sich zu Lebzeiten mitten unter den freien Schwarzwaldtannen des Ruhsteins sein Grab und bestimmte, daß einmal im Jahr, an seinem Geburtstag, jeder Besucher an dieser Stätte mit einer Tasse Kaffee gelabt werden sollte. Erst die Kaffeeknappheit des Weltkriegs hat diesen schönen Brauch in Abgang gebracht. Doch wir müssen dieses späte Bild verwischen, um wieder zu den Sonderlingen des alten Tübingen zurückzukehren.

Da war unter anderen der Ewige Student, ein Mensch, der bis zu seinem Tode auf der Universität verblieb und der mit der Zeit mehr als vierzig Semester auf den Rücken bekam. Er hatte sehr ansehnliche Stipendien, die ihm so lange ausbezahlt wurden, als er studierte; diesen zuliebe

64

studierte er immer weiter, Chemie und Naturwissenschaften, ohne je ein Examen zu machen. Mit der Zeit hatte er es doch zu ganz tüchtigen Kenntnissen gebracht, die ihm gestatteten, andere Studenten aufs Examen vorzubereiten. Als diese dann mit der Zeit Professoren wurden, hörte er selber wieder bei ihnen Kolleg. Mein Bruder Alfred fragte ihn als Student einmal, wie er doch nur bei seinen eigenen ehemaligen Schülern im Hörsaal sitzen und so eifrig nachschreiben möge. O, antwortete er, da ist jedes Wort Gold, es kommt ja alles von mir selber.

Von einem anderen Mediziner wurde erzählt, daß er als verbummelter Student mit sehr geringen Kenntnissen nach Amerika durchgebrannt sei und sich während des Sezessionskrieges den Nordstaaten als Arzt zur Verfügung gestellt habe. Dort stieg er bis zum Generalarzt auf. Aber nach Friedensschluß wurde ihm doch wegen seiner Stellung bange, er kehrte mit dem erworbenen Titel nach Tübingen zurück, hörte wieder Kolleg, und die Professoren, denen sein Auftreten Eindruck machte, ließen ihn denn auch glimpflich im Examen durchschlüpfen.

Unter den Kleinbürgern gab es ebenfalls ganz merkwürdige Gestalten, die von der Jugend mit Vorliebe aufgesucht wurden und die sich die studentische Gesellschaft zur besonderen Ehre schätzten. Eine der bekanntesten war der alte Hormung, ein uralter Veteran von 1813. Er saß jeden Abend im Wirtshaus und spielte Karten; dabei war er als sehr geizig bekannt. Edgar setzte sich in seiner Studentenzeit gern zu ihm und malte ihm, während er spielte, einen Kreuzer auf den Tisch. Da er nicht mehr gut sah und gern mogelte, griff er danach: Der ist auch noch mein! und wollte ihn einstreichen. Das nächstemal wurde der Kreuzer an eine andere Stelle gemalt, und er griff abermals danach. Auf den alten Hormung wurden in Tübingen die bekannten Napoleonanekdoten aus der Schlacht von Leipzig über tragen. Eine aber hörte mein Bruder aus seinem eigenen Munde: Ein französischer Sergeant hatte als Vorgesetzter den Mann viel drangsaliert. Als sie nun eines Tages Seite an Seite über einen Graben setzen, fällt der Franzose und ruft um Hilfe. Der Hornung aber reitet weiter, indem er mit Nachdruck spricht: Wer reit't, der reit't, und wer leit, der leit (liegt).

Die ganze bunte Tübinger Romantik gehörte nun aber einzig und allein dem Studenten. Daneben lebte und webte Tür an Tür das engste Spießbürgertum. Die Geselligkeit war durch strengen Kastengeist geregelt und entbehrte der Anmut. Die Frau als gesellschaftliche Macht versagte ganz. Man sah aller Enden hübsche junge Mädchen, aber äußerst selten eine hübsche junge Frau. Sobald sich die damaligen Schwäbinnen verheirateten, hielten sie nichts mehr auf ihre Person. Nach Pflege des Geistes und Körpers zu streben, galt für „Emanzipiertheit" und Eitelkeit und war überdies ein Zeichen mangelnder Hausfrauentugend. Es konnte vorkommen, daß der Mann hohe akademische Würden innehatte und daß die Frau Magddienste verrichtete. Nicht aus Not, sondern weil sie keine höheren Ziele kannte. So vermochte der ganze Lebensstil sich nicht zu erheben. Auch der Student lernte nur die Reize des Studentenlebens, nicht die einer höheren Geselligkeit kennen. Und wie phantastisch er's getrieben haben mochte, am Schluß der Universitätsjahre mußte auch er unterducken, sich der lähmenden Enge einreihen, wenn er im Lande sein Auskommen finden wollte. Darum klang auch so wehmütig der Sang der Abziehenden: Muß selber nun Philister sein, ade!

Um die aus den Tübinger Verhältnissen hervorgehende Einseitigkeit oder Verwilderung zu bekämpfen, war Friedrich Vischer, solange er in Tübingen lebte und lehrte, bemüht, die Verlegung der Universität in die Landeshauptstadt durchzusetzen. Damit wäre freilich zugleich aller Reiz

66

der Überlieferung aus dem studentischen Leben geschwunden. Er fand aber mit diesem Lieblingsgedanken keinen Anklang und konnte nur für seine eigene Person die Wahl treffen, indem er endgültig das Stuttgarter Polytechnikum dem Tübinger Lehrstuhl vorzog und so die Universität eines ihrer größten Namen beraubte.

Wieviel man gegen das alte Tübingen auf dem Herzen haben mochte, die reizvolle, wunderliche Stadt mit dem kühnen Profil und der entzückenden Lage hat es noch allen angetan, die dort gewesen. Und so oft ich späterhin aus Italien wiederkehrte, ganz durchtränkt von der Schönheit des Südens, wenn ich wieder einmal auf dem „Schänzle" stand und die Blicke von der lachenden Neckarseite mit der fernen Alb in das schwermütige Ammertal wandern ließ, wo, wie einmal eine gefühlvolle Tübingerin zu Friedrich Vischer sagte, „das Herz seinen verlorenen Schmerz wiederfindet", immer habe ich den Zauber meiner Jugendstadt aufs neue verspürt.

Die Heidenkinder

Innerhalb des Tübinger Spießbürgertums stand nun unser Haus wie eine einsame Insel. Schon beim Eintritt hatte unsere Mutter die üblichen Antrittsbesuche unterlassen. Mein Vater war eigens ein paar Wochen früher eingerückt und hatte alles, was die Etikette vorschreibt, erledigt, um ihr diese Prüfung nicht aufzuerlegen, denn er sah voraus, daß sie sich in ihrer freien, der Zeit vorangeeilten Weltanschauung ebenso abgestoßen fühlen würde wie in ihrer aristokratischen Empfindungsweise, die mit der ultraradikalen Gesinnung ganz gut zusammenging. Er wußte auch, daß die Abstoßung gegenseitig gewesen wäre, denn es gab damals in Tübingen nur wenig Frauen, die das Zeug hatten, eine so ungewöhnliche Natur wie meine Mutter zu verstehen. Außerdem war bei ihrem ganz auf die Familie beschränkten Dasein ihre Garderobe nicht im besten Stand, und jede Ausgabe für sich selber ging ihr lebenslang gegen das Gewissen. Außer mit der Witwe Uhland und mit den Töchtern des alten Dichters Karl Mayer, der ihr feuriger Verehrer war, wollte sie überhaupt keinen Frauenumgang. Es läßt sich denken, welchen Anstoß wir Kinder, auf die bisher fast nichts als die Natur und der Geist der Eltern eingewirkt hatten, jetzt in der Tübinger Umwelt erregten. Die „Heidenkinder" nannten sie uns auch dort. Meine Brüder wurden oftmals auf dem Schulwege von anderen Jungen tätlich angegriffen, und es entspann sich dann eine gewaltige Schlägerei; die Heiden standen zusammen und wehrten sich mannhaft, wodurch sie ihren Widersachern allmählich die Lust zu solchen Unternehmungen verleideten. Mir aber, die ich allein und unbeschützt war, erregte es ein schmerzliches Erstaunen,

68

wenn mir mein ungewöhnlicher Rufname in einer häßlichen
Verkeßerung nachgeschrien wurde, oder wenn gar ein Stein
aus dem Hinterhalt geflogen kam. Ich ging daher als Kind
nur sehr ungern durch die Straßen und trieb mich lieber in
der Nähe unserer damaligen, außerhalb der Stadt gelegenen
Wohnung an den Steinlachufern oder auf dem großen Turn-
und Schießplaß umher, in einsame Phantasien versponnen.
Für alle Zeit bleibt mir ein Sonntag in die Seele geschrieben,
an dem ich ganz allein eine Forschungsreise in die Gögerei
unternahm. Man hatte mir mein schönstes weißes Mull-
kleid mit blauer Gürtelschleife angetan, in das lange offene
Haar, auf dessen Goldfarbe die Mutter so stolz war, hatte
sie mir ein blauseidenes Band geschlungen, und so zog ich
unternehmend meines Weges. Als ich nun von der Langen
Gaß' in das seitliche Gewinkel eindrang, flog mir ein kleines
Gögenkind mit Jubelgeschrei entgegen und wollte in meine
Arme stürzen, denn es sah mich augenscheinlich in meinem
Puß für einen Weihnachtsengel an. Da kam eine ältere
Schwester aus dem Haus gerannt und riß entseßt die Kleine
von mir weg. Erst als sie sich hinter einem niederen Zaun
geborgen sah, drehte sie sich noch einmal um und sagte,
mit dem Ausdruck tiefsten Grauens auf mich weisend: So
sehen die Heiden aus!

Dies waren die Anfänge von dem zwölfjährigen Kriege
Philistäas gegen ein kleines Mädchen. Und ich mußte gute
Miene zum bösen Spiel machen, sonst hätte Mama mich noch
gescholten oder ausgelacht. Sie hatte selbst in ihrer Jugend
sich über alle Meinungen und Vorurteile der Menschen weg-
geseßt, um nach ihren selbsterwählten Grundsäßen zu leben;
ihre Tochter sollte nicht schwächer sein als sie. Allein ihr war
es hingegangen: sie war die in ihrem Dorfe verehrte Baronesse
gewesen, die auch in ihren Kreisen als die erste herrschte.
Selbst als sie im Jahre 48 zwischen sich und den Stand, in
dem sie geboren war, das Tischtuch zerschnitt, trugen ihr die

Jugendfreunde und Verehrer ihre Abkehr nicht nach, sondern wahrten ihr, ob sie wollte oder nicht, eine ritterliche Anhänglichkeit; die Thumbs und Rantzaus und wie sie hießen, suchten sie immer wieder auf und ließen ihren Radikalismus ruhig über sich ergehen. Auch ihre entfernteren Verwandten — die nahen waren schon alle tot — hatten nicht mit ihr gebrochen, sondern sie mit ihnen, weil einer davon, ein junger Leutnant, bei Niederwerfung des badischen Aufstands im feudalen Übermut einen gefangenen Freischärler an sein Pferd gebunden hatte. Sie genoß auch in Tübingen um ihrer unerhörten tatkräftigen Güte willen bald allgemeine Verehrung. Als sie einmal bei einem gefürchteten jüdischen Geldverleiher zur Unterstützung eines in Not geratenen Studenten die nötige Summe in bar erhob, weil die von ihr und Ottilie Wildermut gesammelten Gelder nicht schnell genug fließen wollten, da nahm der angebliche Shylock von der Erstaunten weder Schein noch Zinsen und bat sie, sich in ähnlichen Fällen nur immer wieder an ihn zu wenden. Ich weiß nicht, ob es aus bloßer Hochachtung für ihre Person geschah oder ob er wußte, daß sie in ihrer Ritterlichkeit stets bereit war, gegen die an den jüdischen Mitbürgern verübte Unbill mit all ihrem Feuer zu Felde zu ziehen. Sie besaß eine ungeheure Macht über die Gemüter, wie es nur einem Menschen gegeben ist, der gar nichts für sich selber bedarf. Denn er allein ist der ganz Starke; die Genießenden und Bedürfenden sind immer die Schwächeren.

Aber das kleine Mädchen, das an ihrer Seite aufwuchs, genoß nicht dieselben Vorteile. Ich hatte keinen Umgang als die Brüder, zur Schule wurde ich nicht geschickt, und bei Maienfesten hatte ich wie in Kirchheim das Zusehen. Dabei erfüllte mich doch der glühende Wunsch, auch einmal dabei zu sein, dazu zu gehören. Nur einmal unter den Schulkindern mitspielen zu dürfen, es hätte mich selig gemacht! Aber wenn ich je mit anderen Mädchen zusammengebracht

70

wurde, so merkte ich bald, daß ich ihnen unheimlich war,
und auch ich wußte nichts mit ihnen anzufangen, denn statt
mich „dabei sein" zu lassen, umstanden sie mich neugierig
und forschten mich aus: ob es wahr sei, daß ich das Lateinische
triebe und daß ich Goethe gelesen hätte. Bei der ersten und
einzigen Kindergesellschaft, die ich mitmachte, bedrängten sie
mich, ihnen ein Gedicht aufzusagen. Schnell überschlug ich
im Geiste, was ich auswendig wußte, aber weder Die Götter
Griechenlands, noch Der Gott und die Bajadere, noch sonst
einer meiner Lieblinge wollte sich für den Anlaß schicken.
Von den himmelblauen und rosenroten Backfischgedichtchen,
mit denen damals die weibliche Jugend aufgepäppelt wurde,
führte keine Brücke zu meinen Dichtern hinüber. Ich flehte,
mir die Pein zu erlassen, versicherte, kein einziges Gedicht
zu kennen und sagte der Poesie das Schlimmste nach. Umsonst, meine Quälgeister ließen nicht locker. Da sagte ich
ihnen, heimlich knirschend, den ersten Vers von „Schleswig-
Holstein, meerumschlungen" auf, einem Lied, das damals
durch alle Gassen lief, aber schon ganz abgenützt war,
machte dann Schluß und erklärte meinen Vorrat für erschöpft. Von da an begehrte ich niemals wieder nach einer
Kindergesellschaft.

Zu den aus meiner Erziehung fließenden Bedrängnissen,
die mir den Umgang erschwerten, gesellten sich noch solche
in meiner eigenen Brust. Dazu gehörte ganz besonders das
Wörtchen Sie. Ich weiß nicht, ob es jemals anderen ähnlich ergangen ist, ich konnte das Wörtlein nicht aussprechen.
Meinem natürlichen Sprachgefühl widerstrebte es aufs
heftigste, eine anwesende Einzelperson als eine abwesende
Mehrzahl zu behandeln. Die nahen Freunde der Eltern
verkehrten wie Blutsverwandte im Hause, da verstand es
sich von selbst, daß man ihnen das Du zurückgab. Aber
jetzt wuchs man heran und fand sich unter lauter Fremden,
wo sich das alte homerische Du nicht mehr schicken sollte.

Und mit dem Sie war es doch so eine vertrackte Sache. Ich bekrittelte den Zopf ja nicht bei den Erwachsenen, mochten sie es nach ihrer Etikette halten, aber ich als Kind glaubte mich berechtigt, so lange wie möglich jeder Unnatur ferne zu bleiben. Es schien mir, als ginge ich auf Stelzen, wenn ich Sie sagen sollte, ich vermied es, Respektspersonen überhaupt anzureden und drückte mich auf lauter Umwegen um das Sie herum, bis der Kampf dadurch entschieden ward, daß die Menschen mich selber mit Sie anzureden begannen, was bei meiner täuschenden Körpergröße viel zu früh geschah. Da war mir zumute, als sei mir das Tor des Kinderparadieses schmerzhaft auf die Ferse gefallen.

Dieser kindlichen Nöte erinnerte ich mich unlängst, als mir die Schrift Fr. Böckelmanns: „Ein Fleck im Gewande der deutschen Sprache" zugeschickt wurde. Was da über die Wiedereinführung des alten edlen Ihr gesagt ist, von dem Goethe sich so schwer trennte, in das er in seinen späteren Jahren gerne zurückfiel, das alles möchte ich wörtlich unter-schreiben. Ich muß jedoch zu den von dem Verfasser gerügten Schäden des Sie noch einen nennen. Es übt im Umgang, verglichen mit dem Vous und You, eine erkältende, ent-fremdende Wirkung, vor der die ganze Sprache zu erstarren scheint. Ich konnte es späterhin im Auslande nicht fertig bringen, mit Französisch oder Englisch redenden Freunden, wenn sie mir einmal nähergetreten waren, meine eigene Muttersprache zu sprechen, auch wenn ich darum gebeten wurde, denn ich hatte das peinliche Gefühl, mit dem gespreizten Sie auf einmal eine Scheidewand aufzurichten. Die ganze sprachliche Einstellung sträubte sich, aus einem freundschaftlichen Vous in das starre, unpersönliche Sie überzugehen. Das Sie erschwert auch den Ausländern die deutsche Satzbildung (Skandinavier schreiben in deutschen Briefen meistens „Sie hat") und ist dadurch der Ausbreitung unserer Sprache hinderlich.

72

Auch in Tübingen fuhr Mama fort, mich selber zu unterrichten, doch handelte sich's dabei mehr um die lebendige Anregung als um eigentliche Übermittlung des Lehrstoffs, und
es blieben viele Lücken, die ich später allein ausfüllen mußte.
Für den schlechten Ausfall des Arguments entschädigte ich
sie dadurch, daß ich den Guten Kameraden von A bis Z in
lateinische Verse brachte, wobei allerdings an einer gar zu
wackligen Stelle der Papa eine Zeile einflickte, die sich ausnahm wie ein Lappen feines Tuch auf einem verschlissenen
Kittel. Aber das gute, leicht befriedigte Mütterchen war
hoch erbaut und sang fortan das Uhlandsche Lied am liebsten
in meiner Lesart: Habebam commilitonem etc. Daß ich
für die lateinische Grammatik noch immer keine Begeisterung
zeigte, schrieb sie der Unvollkommenheit ihrer eigenen Kenntnisse zu und sah sich nun nach einem Lehrer für mich um,
den sie in Gestalt eines blutjungen katholischen Theologen
aus dem Konvikt gefunden zu haben glaubte. Allein dieser
hielt mich meiner Größe nach für erwachsen, behandelte mich
barsch, um sich der fremdartigen Schülerin gegenüber eine
Haltung zu geben und verbot mir sogar, ihn anzublicken.
Gleich nach der ersten Stunde erklärte er meiner Mutter,
daß das Lehramt bei einem jungen Fräulein mit seinem
künftigen Beruf unvereinbar sei, und kündigte den Unterricht
auf. Aber das ist ja gar kein Fräulein, sagte meine Mutter
verblüfft, das ist ein Kind von elf Jahren. Allein er blieb
bei seiner Weigerung, und damit fiel das Latein für längere
Zeit ganz zu Boden. Die Anfänge der neueren Sprachen
brachte sie mir auf dem lebendigen Wege bei, auf dem sie
selbst sie von ihren ausländischen Gouvernanten empfangen
hatte, während meinen Brüdern auf der Schule auch das
Französische und das Englische zu toten Sprachen gemacht
wurde. Dies war der einzige Punkt, auf dem meine so sehr
erschwerte Ausbildung sich den Brüdern gegenüber im Vorteil befand.

Da mein Tag durch keinen festen Plan gebunden war, schwelgte und praßte ich in einer Fülle von Zeit, von der der erwachsene Mensch sich keine Vorstellung mehr machen kann. Zu allem, was mir einfiel, hatte ich die Muße. Meine liebste, heimlichste Beschäftigung war, in ein mir von der Mama zu diesem Zwecke schon in Kirchheim geschenktes Büchlein eigene Verse zu schreiben. Denn seit sie mir jenes Mal erlaubt hatte, an einer ihrer metrischen Arbeiten teilzunehmen, war in mir der Trieb zu ähnlichen Versuchen erwacht. Mit dem ersten machte ich freilich eine erschütternde Erfahrung, denn der Geist war zur Unzeit über mich gekommen, als ich gerade an einem lateinischen Übungsstück aus dem Mibbendorf saß, worin ein Begebnis aus dem Leben Alexanders erzählt war. Da ergab der erste Satz ganz von selbst ein gereimtes, wenn auch äußerst prosaisches Zeilenpaar, und um mich von der Langeweile der Grammatik zu erholen, fuhr ich fort und brachte das ganze Stück in ähnlich hölzerne Verse. Damit weihte ich voller Freude mein neues Büchelchen ein. Aber alsbald wurde mir dieses von den Brüdern entrissen, und die trockene Ernsthaftigkeit des Erzeugnisses erregte ein nicht endendes Gelächter. Weil der lateinische Text mit sine dubio begann, hatte auch ich meinen Gesang mit Ohne Zweifel angehoben, was von unwiderstehlicher Wirkung war. Alle lernten ihn auswendig, um mich zu peinigen, und sobald nur jemand fortan die Worte „ohne Zweifel" aussprach, wurde ich rot und blaß aus Furcht, daß Alfred sie als Stichwort aufnehmen und sogleich die ganze Litanei abschnurren werbe. Trotz diesem schrecklichen Fiasko setzte ich aber meine Versuche fort, indem ich mich nun zu einem höheren Flug nach dem Muster Schillerscher Balladen erhob. Die Muse besuchte mich nur des Nachts, wenn alles still im Bette lag. Dann wachte ich unter schaurig süßem Herzklopfen, bis auch der letzte widerstrebende Reim sich einfügte, und wenn am Morgen noch alle Verse beisammen waren, daß ich in irgendeinem sicheren

74

Versteck das Ganze meinem Büchlein einverleiben konnte, so genoß ich die vollkommenste irdische Glückseligkeit. Aber nicht auf lange, denn bei unserem engen Zusammenwohnen ließ sich der Schatz nicht für die Dauer verbergen. Die Gedichte wurden hinter meinem Rücken herumgezeigt, Erwachsene redeten mich darauf an und versetzten das kleine Seelchen in bittere Pein, denn das Lob, das mir unangebrachterweise gespendet wurde, vermochte mich nicht über die gewaltsame Entweihung zu trösten.

Ein Fluchtversuch

Als einziges Mädchen zwischen vier Brüdern hatte ich trotz dem Vorzug, den ich beim Vater genoß, einen schweren Stand, denn ich war so zwischen die wilde Schar hineingeschneit, daß ich weder auf das Ansehen einer ältesten noch auf die Begünstigung einer jüngsten Schwester Anspruch hatte. Edgar war wegen seiner ehemals zarten Gesundheit an viele Rücksichten gewöhnt worden und nahm jetzt durch das Recht der Erstgeburt und seine hervorragende geistige Begabung eine Sonderstellung ein, die er als ein Naturrecht behauptete. Aber der derbe, urgesunde Alfred erkannte sein Übergewicht nicht an, für ihn galt nur das Recht des Stärkeren, und das neigte sich auf seine Seite. Daher brandete um den gebietenden Erstgeborenen ein beständiger Aufruhr, von dem alle Geschwister mitzuleiden hatten, und es wiederholte sich im kleinen das Drama, das ein ganzes Volk erschüttert, wenn zwei gleich kraftvolle, aber ungleich geartete Stämme im Hochgefühl ihrer Sonderart um die Vormacht ringen. Meine Mutter konnte die gewaltsamen Geister nicht bändigen, und den Vater, der drei Viertel des Tages auf der Schloßbibliothek mit amtlichen und literarischen Arbeiten beschäftigt war, verschonte man, wenn er spät nach Hause kam, so viel wie möglich mit der Chronik des Bruderzwistes.

Ich habe das spätere Leben dieser beiden Brüder, ihr segensreiches ärztliches Wirken in Italien und ihr treues Zusammenstehen bis zu ihrem vorzeitigen Tode anderwärts erzählt,[1]) und in meiner Hermann-Kurz-Biographie ist auch ihr frühes Knabenbildnis zusammenfassend gezeichnet, so daß

---

[1]) Florentinische Erinnerungen.

mir hier nur wenig nachzuholen bleibt. Wenn sie nun auf diesen Blättern manchmal weniger liebenswürdig erscheinen werden, als in den ihnen eigens gewidmeten Aufzeichnungen, so erklärt sich das von selbst aus ihrer damaligen Unreife und aus der Beleuchtung des häuslichen Alltags. Besonders Alfred, der kleine, trotzige „Butzel", hatte eine harte Schale abzulegen, ehe seine frühere Wildheit sich als die unwiderstehliche Lebensfülle kundtat, die ihm später alle Herzen gewinnen sollte. Damals hielt er mit seinen Entwicklungskrämpfen das ganze Haus in Atem. Seine Rauheit stach dermaßen von Edgars vornehmem Anstand und des jüngeren Erwin zierlicher Geschmeidigkeit ab, daß Mama entsetzt klagte, in diesem Sohne seien alle Reutlinger Zinn- und Glockengießer wieder lebendig geworden. Aber mein Vater sagte lächelnd: Laßt ihr Aristokraten mir meine Vorfahren und meinen Butzel ungeschoren. Der wird noch der Beste von allen, wenn er einmal seine Hörner abgelaufen hat.

Gegen das weibliche Geschlecht hatte der Trotzkopf einen dämonischen Haß, den er schon als kleines Kind an den Dienstmädchen und den weiblichen Gästen des Hauses zu betätigen suchte. In der Schule wurde er in dieser Gesinnung noch bestärkt, denn die Mädchen standen da in tiefer Mißachtung, und wenn ein „Bub" mit einem „Mädle" ging, so sangen ihm die Kameraden seinen Namen in einem Spottvers nach:

N. N. möcht' ich gar nicht heißen,
N. N. ist ein wüster Name,
N. N. hat sich küssen lassen
Von den Mädeln auf der Gassen.

Wenn dem wilden Alfred ein solcher Schimpf zugestoßen wäre, er hätte sich vor beleidigtem Ehrgefühl zu Tode getränkt. Ich war natürlich die nächste, die seinen von ihm selber unverstandenen dumpfen Groll zu spüren bekam. Trotz seiner unendlichen Gutherzigkeit hatte ich mich jahrelang vor

77

ihm zu hüten; es war ihm ein stetes Bedürfnis, mich irgendwie zu peinigen. Auf der Straße kannte er mich überhaupt nicht, denn er hielt es unter seiner Knabenwürde, eine Schwester zu besitzen. Nicht einmal mit seiner Mutter, die er doch leidenschaftlich liebte, ließ er sich gern öffentlich sehen, es schien ihm ein Makel, vom Weibe geboren zu sein. Dabei wußte ich wohl, daß er für jedes der Seinigen augenblicklich sein Leben gegeben hätte. An einem Wintertage jedoch — es war in meinem zehnten Jahre — geschah etwas Ungeheuerliches, das mich an ihm und an der ganzen Menschheit irremachte. Ich hatte mir einmal ein Herz gefaßt und war trotz meiner Furcht vor der bösen Straßenjugend am Vormittag, als eben die Schulen zu Ende gingen, allein das Mühlgäßchen hinaufgewandert, das damals, zwischen die hohe Stadtmauer und die brausende Ammer eingezwängt, bedeutend enger und steiler war als heute. Aber an der steilsten Steigung kam mir ein Trupp Schuljungen entgegen, die bei meinem Anblick ein Indianergeheul ausstießen und mich mit Schneeklumpen überschütteten, worein zum Teil sogar Steine geballt waren. Im Nu war mein neues braunes Kastormäntelchen über und über weiß bestäubt, und nirgends ein Entrinnen aus diesem langen, schlauchartigen Engpaß. Und nun erkannte ich mitten unter der Meute meinen Alfred, der tat, als hätte er mich nie gesehen und, statt mir zu Hilfe zu kommen, sich bückte, um mich gleichfalls mit Schneeballen zu bewerfen. So mag es Cäsar zumute gewesen sein, als er seinen Brutus unter den Mördern sah. In der höchsten Not kam ein breiter Bierwagen den engen Steilpaß herabgerasselt und drängte die bösen Buben gegen die Mauer, daß ich unterdessen Zeit zur Flucht gewann. Ich sprach kein Wort über den Vorfall, denn ich hatte allen Grund, häusliche Katastrophen zu vermeiden — es gab deren genug ohne mein Zutun —, aber es wollte mir fast das Herz abdrücken, daß eine solche Treulosigkeit möglich war. Nicht nur, daß ich mich auf der Straße von

78

lauter Feindseligkeit umgeben sah, deren Ursache mir dunkel blieb, nun gesellte sich auch noch der eigene Bruder, der mich hätte schützen sollen, zu meinen Widersachern! Es war einfach eine Tragödie. Hätte ich mich dem Vater anvertraut, so würde er mir mit seiner Einsicht und Milde den großen Schmerz ausgeredet und den Sünder mit einer Verwarnung entlassen haben. Aber ich verachtete die Angeber und ging lieber in stummer Verwerfung an dem Missetäter vorüber. Ich wußte nicht und erfuhr es erst in seinen Mannesjahren von ihm selbst, daß der arme Junge lange Zeit das Gefühl einer schweren Verschuldung herumtrug, deren er sich tödlich schämte und die er doch bei der nächsten Gelegenheit abermals auf sich geladen hätte. Für einen Bruder, so bekannte er mir, hätte er sich gleich in Stücke hauen lassen, auch wenn er im übrigen mit ihm in Fehde stand, aber sich zu einer Schwester bekennen, nachdem er stets ihr Dasein vor den Kameraden abgeleugnet hatte, das ging über seine Kraft. Und das böse Gewissen machte, daß er sich nur immer mehr im Trotz gegen mich versteifte.

Edgar, der Älteste, hatte keine Spur von Geschlechts-hochmut, er war vielmehr stolz auf den Besitz der Schwester, und was andere Jungen etwa meinten und redeten, kümmerte ihn wenig. Aber er machte es mir auf seine Weise ebenso schwer. Er geriet in den schmerzlichsten Zorn, wenn ich anders wollte als er, und ohne sich davon Rechenschaft zu geben, suchte er mir in allem sein Urteil und seinen Geschmack aufzuzwingen. Wenn ich mich wehrte, war er tief unglücklich und empfand es als einen Verrat an dem gemeinsamen Kinderland, durch das wir Hand in Hand in inniger Eintracht gegangen waren. Wir litten dann beide und vermochten die Kluft nicht zu füllen. Es gab aber auch ganz dunkle Tage, wo sich alle gemeinsam gegen mich wandten und wo selbst unser kleiner Balde, der Nestling, sein Blondköpfchen zwischen den Gitterstäben des Bettchens vorstreckte, um mit lallender

Kinderstimme zu sagen: Ein Mädle, pfui! Ich tät' mich
schämen, wenn ich ein Mädle wär'. Ging ich aus einer ge-
schwisterlichen Auseinandersetzung zerzaust hervor, so wurde
ich meist noch von der Mutter gescholten, die, rasch, wie sie
war, nicht so genau zusah, auf welcher Seite sich das größere
Unrecht befand. Sie pflegte dann nur zu sagen, daß ich als
Mädchen durch Sanftmut die Gewalttätigkeit der Brüder
entwaffnen müßte, wobei sie aber nicht mit der menschlichen
Natur rechnete. Denn wenn ich mich nach diesem Rat einrichten wollte, war ich der wilden Schar erst recht ausgeliefert
und kam in die Lage, mich mit doppeltem Nachdruck wehren
zu müssen. Selig die Friedfertigen, aber nur, wenn alle
Nachbarn ringsum die gleiche Gesinnung hegen.

Allmählich bildete sich in mir die Überzeugung aus, daß
ich ein unglückliches Kind sei und daß ich am besten täte, aus-
zuwandern. Der jüngere Erwin, wegen seiner lichten Haare
und seiner sonnigen Gemütsart das Goldele genannt, befand
sich im gleichen Falle, auch er hielt sich für ein unglückliches
Kind, denn er hatte dem hochmögenden Ältesten unlängst
auf mütterlichen Befehl ein empfangenes Gastgeschenk überlassen müssen, das er nicht verschmerzen konnte. Wir zwei
Gekränkte besprachen uns miteinander und stellten fest, daß
wir die Parias im Hause wären, weil wir als die ungefährlich-
sten (der Allerjüngste genoß das Vorrecht seines zarten Alters)
bei jeder Streitfrage unrecht bekamen. Und wir beschlossen,
das undankbare Elternhaus zu verlassen, um auswärts unser
Heil zu suchen. Beide besaßen wir kleine Sparbüchsen, in die
bald von den Eltern, bald von Verwandten und Freunden
ein kleiner Spargroschen für unsere kindlichen Bedürfnisse
gelegt wurde. Als ich zwölf ganze Gulden beisammen hatte
und Erwin, der seine Kasse zuweilen angriff, sechs bis sieben,
schien uns dieser Betrag ausreichend, um damit den Weg in
die weite Welt zu nehmen, die schöne weite Welt, in die alle
Märchen hinauswiesen und nach der ich schon damals ein

80

brennendes Verlangen trug. An einem Sonntagvormittag, tief im Winter, brachen wir auf. Ich zog dem siebenjährigen Bruder noch zuvor sorglich die Pelzfäustlinge über, dann wanderten wir zusammen über das nahe Bahngeleise in die wundervoll schimmernde Schneelandschaft hinaus. Es war ein köstlicher Tag, die kalte Sonnenluft schnitt mir in die Backen, daß sie brannten, ich fühlte mich wohlgeborgen in dem hübschen braunen Kastormantel, und der Schnee knarrte so angenehm unter meinen Stiefelchen. Ein Stück von Hause nahm ich in der Person des Bruders mit, also war auch gegen das Heimweh vorgesorgt. Mochten sie nun daheim zusehen, wie sie es aushielten ohne uns zwei Verkannte. Wir ließen das Waldhörnle, wo wir sonst mit den Eltern eingekehrt waren, links liegen und schritten flott gegen Sebastiansweiler los, das die Grenze des uns bekannten Erdteils war. Sebastiansweiler, der Name hatte mir's angetan, obschon oder weil ich sonst von dem Ort rein gar nichts wußte. So zog es mich ganz von selbst in dieser Richtung. Jenseits Sebastiansweiler begann dann erst die eigentliche weite Welt, das große Unerforschte. Wir waren schon am Blästbad vorüber, da schrieb das Schicksal uns ein warnendes Menetekel an den Weg. Mitten im Schnee der Straße lag eine große schöne Elster vor meinen Füßen, die kraftlos die Flügel bewegte, erstarrt vor Kälte, wie mir schien. Ich hob sie auf und suchte sie unter dem Mantel zu erwärmen und ihr Lebenshauch einzublasen. Umsonst, sie wurde nur immer „maudriger“, also nahm ich an, daß sie verhungert sei. Die stumme Symbolik dieser Erscheinung ging mir zwar nicht auf, aber ich wußte, daß es nirgends auf der Welt Wärme und Atzung gab als am heimischen Herde, den wir verlassen hatten. Vergessen war mit einem Male alles, was uns kränkte, vergessen die Lockung der schönen weiten Welt jenseits Sebastiansweiler; wir dachten nur noch an die Rettung des gefiederten Schützlings. Vielleicht war aber uns beiden der

Anlaß, unſer Abenteuer zu beenden, auch unbewußt willkommen, denn die Seele hat ihre Heimlichkeiten, von benen
ſie ſelbſt nichts weiß. Wir machten in ſtummem Einver-
ſtändnis Kehrt und liefen, was wir konnten, den weiten Weg
zurück nach Hauſe. Es war noch immer Vormittag, als
wir ankamen, und keine Seele hatte ſich noch um unſer
Verſchwinden Sorge gemacht. Aber ſobald Edgar der unter-
deſſen verendeten Elſter anſichtig warb, die ich noch immer
an die Bruſt gedrückt hielt in der Hoffnung, ſie am Ofen
wieder aufleben zu ſehen, da nahm er mir den toten Vogel,
um ihn ohne weiteres zu ſezieren. Ich widerſetzte mich, denn
ich wollte die arme Elſter, wenn ſie nicht mehr zum Leben gebracht werben konnte, mit ihrem ſchillernden Gefieder ehrlich
begraben. Sie wurbe mir jedoch abgeſprochen und dem
Seziermeſſer überwieſen. Edgar war von klein auf gewöhnt,
was in ſeine Hanb kam, zu zerlegen und auf ſeine innere
Beſchaffenheit hin zu unterſuchen, doch hatte ſich dieſer Hang
bisher auf Erzeugniſſe der Mechanik beſchränkt, neuerdings
regte ſich aber der künftige Anatom in ihm, und er begann
nun auch zu meinem unausſprechlichen Widerwillen tote
Tiere zu zerſchneiden. Die gute Fina beeilte ſich mit einer
Ergebenheit, die ich verwerflich fanb, ihrem jungen Herrn
und Gebieter ein ausgedientes Hackbrett und ein ebenſolches
Vorlegmeſſer zu bringen, und ich ſah mit Entſetzen, wie das
ſchöne Tier zerſäbelt wurde und wie das Blut über die
feinen harten Knabenfinger lief. Er holte Herz und Lunge
und Leber heraus und betrachtete ſie aufmerkſam, während
ich mich vor Abſcheu weinend im hinterſten Winkel der ge-
meinſamen Stube verkroch. Ich konnte gar nicht glauben,
baß dieſe blutigen Hände noch die meines Bruders ſeien, in
benen die meinigen ſonſt ſo traulich gelegen hatten. Aber ich
wollte nicht mehr fort, die Wärme des Elternhauſes umfing
mich nach der Eisesluft, in der heimatloſe Vögel ſtarben, mit
unſäglichem Wohlbehagen, und ich fühlte mich wieder in die

82

leidenschaftliche Liebeskraft eingeschlossen, mit der meine
Mutter alle ihre Küchlein umhegte. Allmählich dämmerte mir
auch auf, welchen Schrecken ich den zärtlichsten Eltern hatte
bereiten wollen und wie gut es mein Schutzgeist mit mir
meinte, als er mich durch die sterbende Elster so sänftlich zur
Umkehr mahnte. Das nur drei Stunden entfernte Sebastiansweiler aber habe ich während meines ganzen Tübinger Aufenthalts niemals mit Augen gesehen, daher es noch heute
im Lichte der schönsten Romantik ohne jeden Zug ernüch-
ternder Wirklichkeit vor meiner Seele steht.

Von Ihr. Nachklänge des „tollen" Jahres. Das rote Album

Bevor ich weitergehe, muß ich hier einige Worte über
die ureigene Persönlichkeit meiner Mutter voraus-
schicken, weil ohne einen Blick auf ihr Gesamtbild die einzelnen
Züge ihres Wesens, wie sie bruchstückartig aus diesen Blättern
hervortreten, nimmermehr richtig verstanden werden könnten.
Sie wiederzugeben ganz so, wie sie war, ist ein Wagnis.
Kein Bild ist leichter zu verzeichnen als das ihre. So aus-
geprägt sind ihre Züge, so urpersönlich — ein einziger zu
stark gezogener Strich, eine vergröbernde Linie, und das
Edelste und Seltenste, was es gab, kann zum Zerrbild werden.
Und nicht nur die Hand, die das Bild zeichnet, muß ganz
leicht und sicher sein, es kommt auch auf das Auge an, das
es auffassen soll. Wer gewohnt ist, in Schablonen zu denken,
findet für das nur einmal Vorhandene keinen Platz in
seiner Vorstellung. Es gab Philisterseelen, die in diesem
unbegreiflichen Wesen nichts sahen, als ein wunderliches
kleines Frauchen, das wenig auf seinen Anzug hielt und
keine „gute Hausfrau" war. Für mich und alle, die sie wahrhaft kannten, ist sie immer das außerordentlichste menschliche
Ereignis gewesen.

Wir waren so fest verwachsen, daß mein Gedächtnis ihre
eigene Kindheit mit umschließt, als ob ich sie selbst erlebt
hätte. Ich sehe sie, wie sie als Oberstentöchterchen in Lud-
wigsburg aus ihrem großen Garten, der an das Militär-
gefängnis stieß, das schönste Obst ihrer Bäume durch die
vergitterten Fenster heimlich den Sträflingen zuwarf, voll
frühzeitiger Empörung, daß es Menschen gab, die man der
Freiheit beraubte. Wie die Gefangenen erfinderisch lange

84

Schnüre herabließen, woran die Kleine ganze Würste, Kuchen-
stücke und was sie Gutes in Küche und Keller finden konnte,
festband und so die erste rebellische Freude genoß, Gedrückten
beizustehen. Ein andermal schwebt sie mir vor, wie sie ihre
Ferientage bei dem „Tantele" zubringen durfte, der einzigen
bürgerlichen Verwandten, die sie besaß und in deren Hause
ihr am wohlsten war, weil es da ganz einfach zuging und sie
tun und lassen durfte, was sie wollte. Ihr erstes war dann,
alle Hüllen von sich zu werfen und ihr Sommerkleidchen auf
den bloßen Leib anzuziehen, was ja viel kühler war, denn sie
sah nicht ein, warum der Mensch so viele Umstände mit
seinen Kleidern macht. In seligem Mutwillen zog sie die
langen, ungeknüpften „Kreuzbänder" ihrer Schuhe durch
den Straßenkot, glücklich, daß keine Gouvernante da war,
sie zur Ordnung zu rufen, und daß kein Bedienter, der
hinter ihr ging, sie an die Ungleichheit menschlicher Lose
erinnerte. In diesen kleinen Zügen waren schon die Grund-
linien ihres Wesens angedeutet: ihr tätiges Mitgefühl für
die Bedrängten und Schwachen, der angeborene kommunistische Zug und der Rousseausche Drang nach Rückkehr zur allereinfachsten Natur. Wie sie dann im Jahre 1848
mit ihrer bevorrechteten Kaste brach, um auf die Seite des
Volkes zu treten, habe ich in meiner Hermann-Kurz-Biographie erzählt.

Die unbegreiflichsten Gegensätze waren in diesem Menschen-
bilde zu einer so einfachen und bruchlosen Ganzheit zu-
sammengeschweißt, daß man sich in aller Welt vergeblich
nach einer ähnlichen Erscheinung umsehen würde. Von
sehr altem Adel, mit allen Vorteilen einer verfeinerten Erziehung ausgestattet und doch so ursprünglich in dunkler
Triebhaftigkeit! Diese Triebhaftigkeit aber gänzlich ab-
gewandt vom Ich, was doch der Natur des Trieblebens
zu widersprechen scheint! Was andere sich als sittlichen Sieg
abringen müssen, der selbstlose Entschluß, das war bei

ihr das Angeborene und kam jederzeit als Naturgewalt aus ihrem Innern. Wenn ich mich umsehe, wem ich sie vergleichen könnte, so finde ich nur eine Gestalt, die ihr ähnelt, den Poverello von Assisi, der wie sie im Elemente des Liebesfeuers lebte und die freiwillige Armut zu seiner Braut gewählt hatte. Sein Sonnenhymnus hätte ganz ebenso jauchzend aus ihrer Seele brechen können. Auch in dem starken tierischen Magnetismus, der von ihr ausströmte, muß ihr der heilige Franziskus geglichen haben, denn um beide drängte sich die Kreatur liebe- und hilfesuchend. Kinder und Tiere waren nicht aus meines Mütterleins Nähe zu bringen. Auch das Irrationale und Plötzliche, das zum Wesen der Heiligen mit gehört, war ihr in oft erschreckendem Maße eigen.

Eine unerhört glückliche Körperbeschaffenheit kam ihren inneren Anlagen zu Hilfe. Sie hatte nahezu gar keine Bedürfnisse; Hitze und Kälte, Hunger und Durst wie auch der Mangel an Schlaf drangen ihr kaum ins Bewußtsein. Sie aß kein Fleisch, außer in den sehr seltenen Fällen eines plötzlichen Nachlasses, und auch dann nur einen Bissen, denn das Schlachten der Tiere gehörte zu den Dingen, die ihr die schöne Gotteserde verdüsterten. Mitunter lebte sie lange Zeit überhaupt nur von ein wenig Milch mit Weißbrot. Ihr kleiner, immer in Bewegung befindlicher Körper kannte keine Müdigkeit noch Erschlaffung. Fünf Kinder hatte sie an der Brust genährt, alle weit über die übliche Zeit hinaus, und ihre Kraft war dadurch nicht im mindesten geschwächt. Es gab Zeiten übermenschlicher Leistung in ihrem Leben, als sie ihren todkranken Jüngsten in seinen wiederkehrenden Leidenskrisen pflegte, Zeiten, wo sie des Nachts nicht aus den Kleidern kam, ihm heitere Märchen und Geschichten erzählte, auch frei erfand, mit der Todesnot im Herzen, und doch am Tage ganz frisch wieder ins Geschirr ihrer häuslichen Pflichten ging. Was auch die vielgequälte Seele leiden mochte, der Körper nahm keinen Teil daran, er blieb schlechterdings unverwüstlich.

Dabei hatte sie die Gabe, an jedem Orte, zu jeder Zeit und in jeder Stellung rasch ein wenig im voraus schlafen zu können; waren es auch nur Minuten, so erwachte sie doch immer neugestärkt. Sie rollte sich dabei ganz in sich zusammen und brauchte nicht mehr Raum als ein fünfjähriges Kind. Aber sie schlief dann stets mit Willen; vom Schlummer überwältigt habe ich sie nie gesehen. Ruhe und Gemächlichkeit widerstrebten ihrer Natur, beim ersten Morgenschein fuhr sie aus dem Bette und ging gleich an irgendeine Beschäftigung oder, wenn wir auf dem Lande lebten, hinaus ins Freie, denn der Sonnenaufgang war ihre Andachtsstunde. Bequem auf einem Stuhl zu sitzen, war ihr unerträglich. Sie saß immer irgendwo schwebend auf einer Kante wie ein eben herzugeflogener Vogel. Am liebsten aber kauerte sie, klein und leicht wie sie war, auf einem Schemel oder am Boden.

Ihr Gesicht hatte, ohne schön zu sein, etwas unruhig Fesselndes bei überstarkem Glanz der Augen, wozu auch das schimmernde Weiße viel beitrug. Aber erst im höheren Alter bekamen ihre Züge die ergreifende Harmonie und großartige Einfachheit, in der sich dann ihr gereiftes Wesen wunderbar ausdrückte. Durch die Schnelligkeit ihres Ganges fiel sie noch als Achtzigerin auf, dabei waren ihre Hände immer ein wenig voraus, wie im steten Begriff zu helfen und zu geben. Alles ging ihr zu langsam, beim Anziehen fuhr sie noch im höchsten Alter immer mit beiden Armen zugleich ins Kleid. All diese äußere Hast war aber frei von Nervosität und Zerfahrenheit. Man konnte sie bei der ungeheuren Raschheit ihres Wesens einem jener hinjagenden Wirbelwinde vergleichen, in deren Innerem eine vollkommene Windstille herrscht. Ihre Gelassenheit war so groß, daß sie ihre unzähligen Briefe immer im Tohuwabohu der Kinderstube schrieb. Auch wenn andere währenddessen mit ihr sprachen, ließ sie sich nicht aus ihrem Gedankengang bringen. Sie brauchte zum Schreiben nur eine Tischecke und eine von den Kindern geliehene Feder. Denn sie besaß gar nichts Eigenes, nicht einmal Schreibzeug. Und die Ströme Wassers, mit denen sie uns täglich abflößte — ein in bürgerlichen Häusern damals noch wenig gepflegter Brauch — waren die einzige Erinnerung an die aristokratische Lebenshaltung ihres Elternhauses, die sie mit in die Ehe herübernahm.

Ihre Unempfindlichkeit gegen Geräusch hatte die Folge, daß sie von mir denselben Gleichmut verlangte, und das war mir eine große Pein. Nicht nur meine Lernaufgaben, sondern auch meine Übersetzungen, die schon in den Druck gingen, mußte ich unter ganz ähnlichen Bedingungen an einer Tischecke zuwege bringen, mit einer Feder, deren Alleinbesitz mir nicht zustand. So oft ich mich mit Schreibgerät versorgte, immer verschwand es in der Schultasche der Brüder, die ihrerseits auch nicht besser gestellt waren, denn jegliches Ding ging von Hand zu Hand, und ein jeder suchte immerzu das seinige oder was er dafür hielt; mit Ausnahme des Erstgeborenen, dessen kleine Habe unantastbar war. Wären die Kinder nicht alle gut geartet gewesen, so hätte es beständigen Streit um das Mein und Dein geben müssen; so gab es nur ein beständiges ärgerliches Suchen und Fragen bei großem Zeitverlust. Und ähnlich ging es mit allen anderen beweglichen Gegenständen auch. Am meisten war mein armes Mütterlein selbst geplagt, denn das Objekt, das sich von ihr allzutief verachtet fühlte, verfolgte sie mit unersättlicher Rachgier, so daß sie selbst, die gute Josephine und ich, die wir ihr beistanden, viel Kraft in diesem sieglosen Kriege verschwendeten. Aber eine andere Hausordnung einzuführen, bei der jegliches Ding an seinem Platz geblieben wäre, widerstrebte ihr durchaus.

Ich erinnere mich, daß um jene Zeit in einer Kammer mehrere ganz gewaltige Ballen feinster, handgewebter Leinwand lagen; sie stammten noch von meiner Großmutter Brunnow, die sie jahraus, jahrein für den Brautschatz ihrer Marie hatte weben lassen. Die schönen Tafeldamaste und

88

Bettlinnen wurden ebenso wie das kostbare Kristall vorzugsweise zu Geschenken verwendet, wenn etwa eine der jüngeren
Freundinnen sich verlobte, oder zu Vergütungen für geleistete
Dienste. Nun war es unter den Geschwistern ganz üblich,
daß, wenn einer des Morgens sein Handtuch nicht fand,
weil der andere es benützt und in den Winkel geworfen hatte,
der Geschädigte, statt um ein neues zu bitten, einfach zur
Schere griff, um sich von dem Leinwandballen ein beliebiges
Stück abzuschneiden, das er ohne Umstände in Gebrauch
nahm. Mein Mütterlein verwehrte es nicht, sie half wohl
selber mit, wenn gerade der Schlüssel zum Wäscheschrank
verlegt war. Als ich ihr nun eines Tages den Vorschlag machte,
mich die abgeschnittenen Stücke einsäumen zu lassen, wie ich
es anderwärts gesehen hatte, weil es dann hübscher aussehen
und länger halten würde, ließ sie mich ärgerlich an, ich solle
mein Herz nicht an solchen Kleinkram hängen, sondern froh
sein, daß ich mich geistig beschäftigen dürfe. Zugeben muß
ich heute, daß die Handtücher jetzt doch zerrissen wären und
daß die geistigen Werte, die sie uns gab, festen Bestand hatten.
Aber damals machte es mich oft traurig, daß sich gar kein
Austrag zwischen den höheren Aufgaben und der Welt des
Irdischen finden ließ. Und wenn ich gar einmal, von einem
Besuch bei auswärtigen Freunden heimkommend, eine dort
gefundene Ordnung oder Verbesserung im eigenen Hause
einführen wollte, so konnte sie ernstlich böse werden und mir
drohen, sie würde mich niemals wieder in fremde Häuser gehen
lassen. Sie pflegte dann in ihrer drastischen Weise zu klagen,
daß ich meine Gaben nur hätte, um dümmer zu sein als das
dümmste Frauenzimmer. In solchen Fällen stieß ich sogar
auf den Widerstand Josephinens, die in ihrem eigenen Tun
noch immer so pünktlich und geordnet war, wie sie es im
Brunnowschen Hause gelernt hatte, die aber mit solcher
Leidenschaft an ihrer Herrin hing, daß sie nur mit ihren
Augen sehen konnte. Ganz mit mir zufrieden wurde mein

gutes Mütterlein erst, wenn ich endlich, nach vergeblicher
Bemühung, Ordnung zu stiften, entmutigt die Arme finken
ließ. Dann saß man wieder inmitten des häuslichen Durch-
einanders, das einen nichts mehr anging, weltentrückt wie
die indischen Weisen unter ihrem Urwaldbaum, und sie redete
zu mir über das Woher und Wohin, vor allem über das
Warum des Lebens. Denn in dieses zuckende, rastlose Flämm-
chen war ein ganz stiller, einsamer Denker eingeschlossen, der
immerzu über die letzten Geheimnisse grübeln mußte. Die
materialistische Weltauffassung, die damals der Philosophie
den Boden wegnahm, befriedigte sie im Innern keineswegs.
Das Rätsel des Todes machte ihr lebenslang zu schaffen.
Sie prüfte unablässig alles Für und Wider der Gründe für
ein Fortleben. Natürlich kam sie niemals zu einem Schluß,
und es hing ganz von ihrer augenblicklichen inneren Verfassung
ab, ob sie mehr dem Ja oder dem Nein zuneigte. Daß sie
glühend das Ja ersehnte, um ihre Liebe noch über das Erden-
leben hinaus zu betätigen, war für sie doch kein Grund, ihr
Denken nach ihren Wünschen einzustellen. Sie erzählte mir
oft, daß sie sich einmal mit einer Bekannten, Frau H. aus
Eßlingen, das Wort gegeben hatte, welche vor der anderen
stürbe, die wolle der Überlebenden ein Zeichen geben. Frau H.
starb, und in einer der nächsten Nächte sah meine Mutter sie
am Ende eines langen Ganges vorübergehen und ihr zunicken.
Sie verstand gleich, was das Nicken bedeute, aber beim
Erwachen erwachte auch der Zweifel. Weshalb sollte mir
Frau H. erscheinen, sagte sie, und meine Mutter nicht, die
mich so unendlich geliebt hat? Denn auch ihre Mutter hatte
ihr ein solches Versprechen gegeben, und sie hatte nach ihrem
Tode bestimmt auf eine Erscheinung gewartet. Als sie in der
Nacht an ihrem Bette plötzlich ein Licht aufblitzen sah, dachte
sie: das ist sie! Und lag mit klopfendem Herzen regungslos,
um das Licht nicht zu verscheuchen, das immer um sie blieb
und bald da, bald dort erschien. Aber am Morgen sah sie

90

einen toten Leuchtkäfer auf dem Gesimse liegen und wartete fortan nicht mehr. Seit dieser Enttäuschung lehnte sie alle Mystik entschieden ab, wiewohl ein mystischer Zug unter dem Grunde ihres Bewußtseins lag. Sie hatte auch prophetische Träume, die sich seltsamerweise meist auf Nebensächliches bezogen, wie verlegte Gegenstände, deren Versteck ihr der Traum zeigte. Bisweilen hatten aber diese Träume auch bedeutenderen Inhalt, und einen davon werde ich an einer späteren Stelle erzählen. Es gab übrigens noch einen anderen geheimnisvollen Punkt in ihrem Seelenleben, über den sie sich nur selten und mit größter Zurückhaltung äußerte. Sie sagte mir nämlich wiederholt auf ganz verschiedenen Altersstufen, daß sie ein Dämonium wie das des Sokrates habe, das mitunter sehr nachdrücklich und stets in abmahnender oder mißbilligender Weise zu ihr spreche. Mehr erfuhr ich nicht und fragte auch nicht weiter, um eine solche Gabe, die bei ihrem Ungestüm gewiß wohltätig war, nicht durch Beschreien zu stören. Ich weiß aber, daß sie sich auch zu anderen andeutungsweise über die Sache geäußert hat.

Ich hatte damals für ihre immer wiederkehrende Faustische Klage, „daß wir nichts wissen können", wenig Sinn. Die Tatsache unseres Hierseins war mir noch so neu und merkwürdig, daß ich nicht nach dem Woher und Wohin und am allerwenigsten nach dem Warum fragte. Dagegen liebte ich es, ihre Philosophie durch ganz spitzfindige Fragen zu bedrängen, wie diese: Gesetzt, Papa hätte eine andere Frau genommen und besäße von ihr eine Tochter, du aber hättest einen anderen Mann und gleichfalls eine Tochter von ihm, welche von den beiden Töchtern wäre dann ich?" — Närrchen, dann wärest du eben überhaupt nicht vorhanden. — Das war mir nicht vorstellbar. — Vielleicht wäre ich zweimal da, jedesmal mit einer falschen Hälfte verbunden? — Aber, Kind, du redest ja den reinen Unsinn. — Oder wären die zwei vielleicht meine Schwestern? — Das wollte sie eher gelten lassen. —

Aber, Mama, wenn ich gar nicht bin, wie kann ich dann
Schwestern haben?! — Die philosophische Untersuchung
endigte zuletzt, wie philosophische Untersuchungen immer
enden sollten, mit einem Lachen.

Gänzlich unberührt vom häuslichen Wirrwarr lag des
Vaters Studierzimmer. Dort waltete ich in seiner Abwesenheit ganz allein als Hüterin des Tempelfriedens. Schon in
seinen frühen Ehejahren hatte er sich's ausbedungen, daß
keine Hand in häuslicher Absicht sein Schreibpult berühre
(er arbeitete immer stehend), bis seine Tochter daran herauf-
gewachsen sei. Sobald meine Größe es erlaubte, trat ich
mein tägliches Amt an, das Pult zu säubern und die Studier-
lampe in Ordnung zu halten. Es war dies so ziemlich die
einzige häusliche Verrichtung, zu der ich überhaupt zugelassen
wurde. Die wenigen Male, die ich sie gedankenlos versäumte,
blieben mir schwer auf der Seele, denn daß er beim Nach-
hausekommen schweigend und ohne ein Wort des Vorwurfs nach
dem Petroleumkännchen griff, hinterließ mir einen viel
tieferen Eindruck, als es der schärffte Tabel vermocht hätte.

Wer nun aber aus der Gleichgültigkeit meiner Mutter
gegen die äußeren Lebensbedingungen schließen wollte, sie sei
meinem Vater auch eine schlechte Geldverwalterin gewesen,
der würde gröblich irren. Sie verstand sich auf das Einteilen
und Sparen in einer Weise, die auch noch im Weltkrieg vor-
bildlich wäre. Fast ohne Mittel fünf Kinder aufzuziehen,
zu ernähren, zu kleiden, war oft eine nahezu unlösbare
Aufgabe; sie hat sie dennoch gelöst, still, selbstverständlich,
in höchster Würde, und, was mehr ist: in unerschöpflicher
Freudigkeit. Das Glück, an seiner Seite zu leben, vergütete
ihr jede Beschwerde. Ich erinnere mich nicht, daß es uns
Kindern je am Nötigen gefehlt hätte. Auch kleine Freuden
und Erholungen wurden uns nie versagt; wer zu kurz kam,
war immer nur sie selbst. Daneben hatte sie die offenste Hand
für alle Bedürftigen; sie wartete nie ab, daß ein Armer

92

fie auf der Straße ansprach, sondern schlich ihm nach, bis sie ihm unbeobachtet geben konnte. Der jetzige Besitzer der Gmelinschen Apotheke in Tübingen erzählte mir, daß er oft als Kind am väterlichen Ladentisch mitangesehen habe, wie sie sich leise an irgendeine arme Frau herandrängte, um ihr verstohlen ein Geldstück in die Hand zu stecken, was niemand wahrnahm als der Dreikäsehoch, der die Welt von unten sah. Und sie hatte wahrlich nichts übrig, jede Gabe mußte durch vermehrtes Sparen ausgeglichen werden. Auch war sie immerzu häuslich tätig. Während sie dem einen Knaben die Hose flickte, nahm sie mit dem anderen seine Schulaufgaben durch, und wenn es nottat, griff sie im Haushalt auch beim Gröbsten zu, denn sie hielt dafür, daß keine Art von Arbeit schände. Nur die Hände ihrer Tochter sollten kein gemeines Geschäft verrichten; hier hatte der Demokratismus eine Lücke. Nicht einmal einen Kochlöffel zu berühren war mir erlaubt, so sehr ich bat, mich in der Küche mitbetätigen zu dürfen, denn ich trug immer eine ungestillte Sehnsucht nach der Beschäftigung mit stofflichen Dingen in mir herum.

Am hellsten glänzten die Wirtschaftskünste meiner Mutter, wenn plötzlich unerwartete Gäste erschienen, was bei der noch allgemein verbreiteten altschwäbischen Gastlichkeit leicht geschah. Unser Raum war so beschränkt, daß kaum die Familie selber Platz hatte, von Gastzimmer mit Gastbett keine Rede. Aber im Nu war ein Lager bereit, der Tisch wurde gedeckt, Josephine buk und brotzelte in der Küche, und es herrschte eitel Freude im Hause. Wie gut es den Gästen gefiel, bewiesen sie dadurch, daß sie häufig wochenlang blieben. Dies ging zumeist auf meine Kosten, denn ich mußte, da die Knaben nicht in der Ordnung gestört werden durften, alsdann mein Bett mit allen Bequemlichkeiten opfern. Mitunter fand ich nicht einmal mehr auf einem Kanapee Zuflucht, sondern mußte mich mit zusammengestellten Stühlen begnügen, die, wenn man sich bewegte, auseinanderfuhren und die daraufgelegten

Kissen zu Boden gleiten ließen. Es kam selten vor, daß ich einmal längere Zeit im ungestörten Besitze meines Bettes blieb. Darüber durfte kein Wort verloren werden, Mama gab ja auch das ihrige her. Freilich war auch der Gewinn auf meiner Seite, denn die Besuche, besonders die von weither zugereisten, brachten neues Leben und Weltweite mit, wonach ich dürstete. In solchen Zeiten hatte dann das Lernen und alle geregelte Tätigkeit ein Ende: der Brauch verlangte, daß wenigstens die weiblichen Glieder des Hauses sich völlig den Gästen widmeten.

Unter den kometenartigen Erscheinungen, die vorübergehend in unserem Hause auftauchten, strahlte besonders Frau Hedwig Wilhelmi, eine Freundin meiner beiden Eltern, die in Granada lebte. Sie war eine blendende, geistig angeregte Persönlichkeit von sehr freiem und rauschendem Auftreten, leidenschaftlich der materialistischen Richtung eines Vogt und Büchner ergeben, daneben auch literarisch angehaucht, kurz, nach ihrem ganzen Wesen eine in der damaligen Frauenwelt unerhörte Ausnahme. In ihren späteren Lebensjahren machte sie sich in Deutschland und Amerika durch sozialistische Propaganda bekannt, stieß mit den Ausnahmegesetzen zusammen und erlitt Gefängnis, Verfolgung und Ungemach aller Art, wodurch ihr Wesen herber und ihre Haltung schroffer wurde. Aber gern rufe ich mir ihr Bild zurück, wie sie in meine Kindheit trat, die bewegliche Gestalt, den feinen, etwas hart geschnittenen Kopf mit den sprechenden Augen, von kurzen braunen Locken kühn umflattert, die unvermeidliche Zigarre zwischen den Zähnen. Das Rauchen war an einer Frau damals noch etwas sehr Auffallendes, doch es ging ihr so hin, weil man in Deutschland glaubte, sie habe das in Spanien gelernt, die Spanier dagegen es für einen deutschen Brauch hielten. Ich kann sie mir gar nicht anders vorstellen, als in einem Kreise von Herren sitzend, deren sie immer eine Anzahl um sich haben mußte, rauchend, trinkend, disputierend.

94

Bei ihrem ersten Besuch in Tübingen, bald nach unserem Einzug, brachte sie auch ihr etwa sechsjähriges Töchterchen Berta mit, einen bildschönen, ganz andalusisch aussehenden Krauskopf mit Quecksilber in den Adern. Wie die dunkeläugige Kleine im spanischen Zigeuneranzug ihren Fandango tanzte und kastagnettenklappernd durch die Zimmer raste, glaubte man sich unmittelbar in den Süden versetzt. Als die spanischen Gäste zum erstenmal im Hause schliefen, wartete ihrer eine Überraschung, an die man sich später oft mit Heiterkeit erinnerte. Mitten in der Nacht fuhr Hedwig laut schreiend aus dem Bette, weil sich etwas Eiskaltes, Glattes unter der Decke um ihre Glieder gewunden hatte. Es waren Edgars Ringelnattern, die sich auch an dem festlichen Ereignis beteiligen wollten und auf unerklärliche Weise aus ihrem Behältnis entwichen waren, um den Gast nächtlicherweile zu umstricken. Doch Hedwig war eine starkgeistige Frau und gab sich nach Feststellung der Tatsache schnell zufrieden; sie hatte in ihrem Leben gefährlichere Abenteuer bestanden als dieses. Ich hörte immer selig zu, wenn sie von ihren kühnen Ritten in der Sierra Nevada oder von stürmischen Meerfahrten im Golf von Biscaya erzählte, denn das waren Dinge, die ich auch für mich selber ersehnte.

Hedwig war sich einer besonderen Macht über junge Menschenherzen bewußt und übte sie auch gern an Kindern. Wir hingen alle mit leidenschaftlicher Bewunderung an ihr. Ich war stolz, wenn ich an ihrer Seite ausgehen durfte, denn wer hatte einen so schönen Gast wie wir! Es gefiel mir unendlich, daß sie sich im Gegensatz zu den schwäbischen Frauen so jugendlich und elegant kleidete. Jene schlangen, sobald sie verheiratet waren, ein grobfädiges schwarzseidenes Netz um die Haare, trugen um die Schultern einen ins Dreieck gelegten Schal und gaben damit zu verstehen, daß sie fortan auf jeden Männerblick verzichteten. Hedwig brachte jedesmal einen Koffer voll Pariser Kleider mit. Ihr damaliges

Bild schwebt mir mit einer Riesenkrinoline vor, in grasgrünem Kleid vom neuesten Schnitt nebst Pariser Hütchen, worauf ein grüner Papagei thronte, von einem langen, ebenso grünen Kreppschleier umflattert. Ein kleines grünseidenes Knickschirmchen gab dieser Schöpfung in Grün die letzte Weihe. Ob die grüne Pracht mir heute noch ebensogut gefallen würde, weiß ich nicht, damals schien sie mir der Gipfel des Geschmacks und der Schönheit, und ich wünschte mir lebhaft, dermaleinst, wenn ich groß sein würde, einen ebenso langen und ebenso grünen Schleier auf dem Hute zu tragen.

Als die spanischen Gäste wieder abgereist waren, kamen Hedwigs Briefe, kleine Manuskripte, an Mama. Die Post traf gewöhnlich des Morgens ein, um die Stunde, wo ich auf einem der gelbdamastenen Empirehockerchen saß und Mama mir die Haare kämmte, deren Länge und Fülle ihr täglich viel Zeit wegnahm und von dem Kinde selber nicht bewältigt werden konnte. Also ließ sie sich von mir während dieses Geschäftes die eingelaufenen Briefe vorlesen. Das waren natürlich für mich sehr spannende Augenblicke. Mein Mütterlein war die treueste, zuverlässigste Freundin ihrer Freundinnen. Alle Verwicklungen fanden bei ihr Verständnis und Teilnahme — unsere Josephine pflegte sie schon in ihren Mädchenjahren Frau Minnetrost zu nennen, nach der Fee in Fouqués Zauberring — und nie kam ein Wort von dem, was sie wußte, gegen andere aus ihrem Munde. Nur vor mir hielt sie nicht leicht etwas geheim. Ich war ihre Vertraute und kleine Sekretärin, ihr anderes Ich. Sie konnte meiner Verschwiegenheit und Zurückhaltung gewiß sein; wie ich hernach das Vernommene meiner Innenwelt eingliederte, war meine Sache. Meine Mutter hatte ein rührendes, selbstverständliches Vertrauen, daß nichts diese Kindesseele zu schädigen vermöge. Man nahm sich damals überhaupt Kindern gegenüber viel weniger in acht; trotzdem, oder vielleicht gerade deshalb, blieben die Kinder länger in der Unschuld. Ich habe mich auch

96

überzeugt, daß eine junge Seele aus dem Leben wie aus
Büchern doch nur aufnimmt, was ihr verwandt ist; das Un-
gleichartige bleibt wie ein Fremdkörper liegen. Nur verlernte
ich frühzeitig die Neugier und jedes Verwundern über
Menschliches, Allzumenschliches, denn es war alles schon dagewesen. Die Briefe Hedwigs lasen sich wie kleine Romane
in Fortsetzungen. So erinnere ich mich, einmal lange Zeit
die Geschicke eines gewissen Pablo — ich lernte ihn nur mit
dem Vornamen kennen — mit brennender Neugier verfolgt
zu haben, eines reichen spanischen Lebemannes, der, nachdem
er eine Reihe von Ehen im Stil des Don Juan Tenorio zer-
rüttet hatte, spät noch ein schönes, sehr geliebtes Mädchen
heimführte, um sich dann am eigenen Herde von ihr sagen zu
lassen, sie werde ihm niemals angehören, weil sie einen anderen
liebe, was er als Sühne für seine früheren Verschuldungen
hinnehmen mußte. Eigentlich war jedoch die Stunde des
Kämmens zugleich die des Unterrichts, zu dem die Briefe
nur ein schmackhaftes Beigericht bildeten. Mama hatte frühzeitig begonnen, mich in fremde Literaturen einzuführen,
aber nicht an der Hand eines Lehrbuchs — eine Literatur-
geschichte gab es im ganzen Hause nicht —, sondern indem
sie französische und italienische Dichter mit mir in der Ursprache
las. Von den Franzosen genoß Voltaire ihre große Vorliebe,
er gehörte zu ihrem täglichen Umgang, denn der Geist der
französischen Aufklärung war ja der Mutterboden der Revo-
lutionsideale. Kritisch waren wir alle beide nicht, so genossen
wir zunächst die Voltaireschen Dramen der Reihe nach.
Wir freuten uns, die geliebten Züge der griechischen Mythe
hier wiederzufinden und nahmen den schematischen Aufbau,
die schattenhaften Gestalten und die gestelzten Alexandriner
als das Gegebene in den Kauf. Nachdem die Tragödien
Voltaires erledigt waren, ging es unter beiderseitigem Er-
götzen an seine Romane. Wiederum ein etwas fragwürdiger
Lesestoff für eine Zwölfjährige, der mit anderen Fragwürdig-

leiten so hinuntergeschlungen wurde. Als ich einmal erwachsen
den Candide wieder las, besann ich mich vergeblich, wie
sich wohl damals die Abenteuer der Mademoiselle Cunégonde
und die Betrachtungen des Doktors Pangloß in meinem
Kinderkopfe dargestellt haben mögen. Wodurch hatte es
dieser Schriftsteller, der dem großen Friedrich der schönste
Geist aller Zeiten deuchte, auch meiner Mutter so sehr angetan?
Sie muß wohl in der erhabenen Einfalt seines Candide,
seines Ingénu ein Stück von sich selber wiedergefunden haben.
Daß die Anstößigkeiten nicht plump und deutlich im Raume
stehen, sondern nur als sprachliche Schöpfungen vorhanden
sind, nahm ihnen für sie alles Bedenkliche. Sie gab sich aber
von ihrem literarischen Geschmack keine Rechenschaft, sie
folgte nur ihrer angeborenen feinen Witterung. Voltaires
unerreichter Prosastil, die geniale Art, wie er das Zeitwort
verwendet, diesen springenden Muskel der Sprache, der so
viel sinnfälliges Leben gibt, die feine Komik seiner homerischen
Wiederholungen und der drollige Gebrauch, den er von der
französischen Vorliebe für die Antithese macht, das alles
genoß ich dann doch erst in späteren Jahren beim Wiederlesen
mit vollem Bewußtsein. Man beschäftigte sich übrigens nicht
allein mit französischer Literatur, auch die Komödien Gol-
donis wurden auf diese Weise durchgenommen, die freilich
beim Lesen nicht zu ihrem Rechte kommen. Ein andermal
verlegten wir uns auf Huttens Epistolae virorum obscuro-
rum, denn von irgendeinem geregelten Lehrplan war gar
keine Rede. Während ich las, bearbeitete Mama mit einem
großzahnigen Striegel meine Mähne, wobei sie mit ihrem
gewohnten Ungestüm verfuhr und mir manchen Schmerzens-
schrei entlockte. Wenn zufällig mein Vater ins Zimmer trat,
so suchte er ihr klarzumachen, wie man den Schopf mit der
einen Hand fassen und mit der anderen schonend den Kamm
durchziehen müsse. Aber die Ungeduld lief immer gleich
wieder mit ihr davon.

Zur Begütigung erlaubte sie mir zuweilen, ihre schöne messingbeschlagene Schatulle herbeizuholen und in den alten Liebesbriefen zu wühlen, die ihr in Jugendtagen geschrieben worden waren. Da erbauten mich vor allem die Episteln eines 48er Flüchtlings Namens Elias, dessen leidenschaftliche Überspanntheit ganz nahe an Geistesstörung grenzte. Einmal schrieb er, wenn sie je der Sache der Freiheit untreu würde, um einen Standesgenossen zu heiraten, so würde er das Exil brechen, um sie mit eigener Hand zu erdolchen. Dieser arme Elias mit dem so gut zu dem Namen passenden Prophetenton wurde zu einer heiteren Märchengestalt meiner Jugend, und oft schilderte ich ihn meiner Mutter, wie er auf feurigem Wagen rotdurchleuchtet und flammenhaarig daherkam, um sie zu holen. Einer seiner letzten Briefe schloß mit den Worten: Legt's Haupt heldenhaft hin, Ehre gibt's nur drüben überm Tode. Hinweg den Blick! Wenn ich diese Stelle mit possenhaftem Pathos vorlas, so riß mich mein Mütterlein wohl entrüstet am Zopf, den sie eben flocht, aber sie konnte sich doch nicht erwehren, mitzulachen.

Besagte Schatulle verbarg außer den Briefen noch andere Kostbarkeiten, wovon uns Kindern keine so merkwürdig war wie das Rote Album, der tollste Nachklang des Jahres 1848. Ludwig Bamberger weist in seiner Einleitung zu der Reimchronik des Pfaffen Maurizius darauf hin, daß das „tolle Jahr" sich in der überlebenden Vorstellung als ein Zeitpunkt lustigen Wahns festgesetzt habe und daß diese falsche Auffassung aus dem geraden Gegenteil einer heiteren Täuschung, aus der hoffnungslosen Selbstironie der besten und tapfersten Achtundvierziger entsprungen sei. Von diesem Galgenhumor der Revolution gab es vielleicht kein schlagenderes Beweisstück als das Rote Album meiner Mutter. Mit seinem grellroten Einband und noch röteren Inhalt, mit roter Tinte auf rotes Papier beschrieben, war es der „Bürgerin Brunnow" im Jahre 1849 als ein Angebinde der Demokratie überreicht

worden. Die verschiedenen Handschriften und die zum Teil
ganz unorthographische Schreibweise sollten den Eindruck
erwecken, als ob Parteigenossen von allen Bildungsstufen
sich an der Widmung beteiligt hätten. In Wahrheit hatte
das Büchlein nur einen Verfasser, den begabten Philologen
Adolf Bacmeister, denselben, dem einst mein fünfjähriges
Herz gehört hatte. Er war einer von den tiefgründigen
Schwabensöhnen, die anderwärts als Zierde eines Stammes
geehrt würden, für die aber das enge Heimatland keine Verwendung fand. Seine achtundvierziger Vergangenheit verschloß ihm die akademische Laufbahn, zu der er geboren war,
und er konnte lange Zeit nicht einmal die bescheidenste An-
stellung im Schulfach finden. Nahe an den Dreißigen erhielt
er endlich das armselige Amt eines „Kollaborators" (vom
Volke Kohlenbrater benannt) in einer Kleinstadt, schleppte
sich dann zehn Jahre lang mit einem Präzeptorat, bis ihn
ein Ruf an die Augsburger Allgemeine Zeitung aus der
Acht erlöste. Durch seine Übersetzungen mittelhochdeutscher
Dichtungen und seine Allemannischen Wanderungen, eine
geistreiche Studie über die Herkunft deutscher Ortsnamen,
hat er sich auch literarisch bekannt gemacht.

In dem Roten Album nun war die phantastische Zeitstimmung mit den Einzelheiten und den Anspielungen, die
damals jedermann verstand, in Vers und Prosa niederge-
schlagen. Da tönte die alte, in unseren Jugendtagen schon verschollene Weise:

> Wenn die Fürsten fragen:
> Lebt der Hecker noch?
> Sollt ihr ihnen sagen:
> Hecker, der lebt hoch!
> Aber nicht am Galgen,
> Nicht an einem Strick,
> Sondern an der Spitze
> Deutscher Republik.

Ein Proletarier schrieb:

Weil das Freilein es gewollen hapent, daß ich in den Alpus schreiben soll, so will ich es eben dun:

> I ka' keine Versle mache,
> I verstand et selle Sache,
> Drum ruf i mit wildem Blick:
> Hurra hoch die Rebolik.

Ein Pennäler, der als „Ulbimus in der 2ten Glaß" zeichnet, verewigte sich durch den kurzen Spruch:

> Hecker, Struwe, Ziz und Blum,
> Kommt und bringt die Breißen um!

Die Verse gegen die Reaktion, das Gottesgnadentum, die Kirche usw. sind zum großen Teil so stark gebeizt, daß sie auch heute nicht veröffentlicht werden könnten. Übrigens wird auch die eigene Partei nicht geschont in jenem Hang zur Selbstverspottung, den Bamberger hervorhebt. Da spricht ein Tübinger Referendar vom Balkon der Aula herab zu der Volksversammlung: Aus jedem Tropfen Blute Robert Blums muß ein Märtyrer für die Freiheit erstehen. Ich bin ein solcher Tropf. Seid ihr auch solche Tropfen? (Schwäbisch für Tröpfe gebraucht.) Chor der Bürger und Studenten: Ja!

Auch vor der Empfängerin selbst macht der tolle Humor nicht halt. In mannigfaltigen Zeichnungen wird sie dargestellt, bald in rasendem Tanz um den Freiheitsbaum, bald als Amazone in Wehr und Waffen, bald im blutroten Rock, von den Truthähnen des Dorfes verfolgt. In einem Roman Die Königin und der Ipsergeselle erscheint sie als Hauptperson, und in der blutrünstigen Tragödie Der Tyrann stirbt sie als freiheitliebende Prinzessin Billburalia an der Seite des geliebten Handwerksburschen auf der Barrikade.

Das Rote Album war vor allem das Entzücken meiner Brüder, die es auswendig wußten und stets im Munde führten. Edgar verfaßte noch in Mannesjahren, als wir in Florenz lebten, einmal zu Mamas Geburtstag ein Seitenstück dazu, das zwar an Geist und komischer Kraft das erste bei weitem übertraf, aber gleichwohl keinen solchen Erfolg mehr erzielen konnte, weil es nur persönliches Erzeugnis und nicht, wie jenes, der Ausdruck einer Zeitstimmung war.

1866

Wenn die alten Achtundvierziger zusammenkamen, so lag eine Verklärung auf ihren Gesichtern, sie sagten: Weißt du noch — der Völkerfrühling! Und zauberten durch ihre bloßen Mienen für die Nachgeborenen das Bild einer kurzen, unbeschreiblich schönen Zeit herauf, wo das Glück leibhaft auf Erden gewandelt und wo alle Menschen Brüder gewesen. Bis die Reaktion mit eisigem Hauch vom Nord all diese Wunderblüten geknickt und den Völkermai in Eis und Schnee begraben hatte. Unsere realistischere Josephine erzählte freilich auch Anekdoten aus dem Völkerfrühling, die zeigten, daß der Freiheitskampf nicht von allen Seiten gleich ideal aufgefaßt wurde, wie das Stücklein von jener Nachbarsfrau, die jubelnd sagte: Teile wellet se, teile! — und ihrem ausziehenden Freischärler nachrief: Daß du mir ja eine neue Matratze mitbringst! — Meine Eltern gehörten beide zu den alten Achtundvierzigern. Doch ging mein gemäßigter, politisch viel tiefer blickender Vater darin lange nicht so weit wie meine Mutter. Besonders teilte er ihr Vertrauen auf ein selbstlos für anderer Völker Freiheit eintretendes Frankreich durchaus nicht. Hatte er doch in seinem schönen „Vaterlandsgedicht" von 1848 die Stelle:

> Dem Erwecker in dem Westen
> Bleibe hold, er will nicht mehr,

nachträglich verändert in das warnende:

> Dem Erwecker in dem Westen
> Gib das Seine, gib nicht mehr.

Auch zeugt die im Freundeskreis oft erzählte Anekdote, daß er einmal seinen unbotmäßigen Söhnen zurief: Ihr ver-

dient es, preußisch zu werden! doch mehr von seinem heimlichen
Humor und von der väterlichen Nachsicht als von der Schärfe
seiner politischen Ansichten. Bei meiner Mutter dagegen ging
immer alles aus dem Vollen, da gab es keine Abstufungen,
keine Zweifel, sie mußte lieben oder hassen. Als der sechs-
undsechziger Krieg heranrückte, wurde sie von einem wahren
Verzweiflungssturm erfaßt und ihre Erregung zitterte in
unseren Kinderherzen nach. Da sie des Italienischen mächtig
war, schrieb sie einen Brief an Garibaldi, worin sie ihn be-
schwor, diesem „freiheits- und brudermörderischen" Kampfe
fernzubleiben. Sie glaubte in ihrem Kindergemüt ernstlich,
weltpolitische Entschließungen hingen von Prinzipien ab.
Andere waren noch naiver. Ein Gymnasialprofessor schrieb
an Bismarck und gab ihm politische Ratschläge nach Platon
und Thucydides. Daß Bismarck nicht auf seine Darlegungen
eingegangen, beklagte er noch später seinen Schülern gegenüber als großen Fehler. Aber dicht neben dem Komischen
lag die Tragik. Auf dem Bläsiberg, einem Gut in der Nähe
von Tübingen, das Professor Weber, der Lehrer der Land-
wirtschaft an der Hochschule, Gatte der nachmals als Frauen-
rechtlerin stark hervorgetretenen Mathilde Weber, bewirt-
schaftete, hielt sich seit kurzem ein junger, aus England ge-
kommener Praktikant Namens Ferdinand Cohen auf. Er
schrieb sich aber Blind mit dem Namen seines Stiefvaters,
des in London als Flüchtling lebenden bekannten Achtund-
vierzigers. Meine Mutter hatte ihn bei einem Besuch auf dem
Bläsiberg kennen gelernt. Sie schilderte ihn als einen stillen,
wohlerzogenen, aber sehr verschlossenen Menschen. Frau
Weber bemutterte ihn liebevoll. Eines Tages war er ganz
plötzlich verschwunden mit Hinterlassung eines Briefes, in
dem er Abschied auf immer nahm. Und gleich darauf brachten
die Zeitungen die Nachricht, daß ein Ferdinand Blind-Cohen
in Berlin am hellen Tage auf Bismarck geschossen und, da er
ihn verfehlte, sich selbst entleibt habe. Tief war der Eindruck

104

des Attentats in allen Kreisen. Die einen hielten den Täter für einen erhabenen Märtyrer, dessen Manen poetische Totenopfer dargebracht wurden, die anderen fluchten ihm als einem verbrecherischen Auswürfling. Heute würde man sagen: ein Fanatiker mit getrübtem Urteil und reinem Glauben. Er hatte durch den Tod des einen Mannes den Krieg noch aufzuhalten gehofft. Darf man es Zufall nennen, was die Kugel des gewandten Schützen ablenkte? Hätte er getroffen, so gäbe es heute kein Deutsches Reich. Ich besitze noch eine Photographie von ihm aus dem Nachlaß meiner Mutter, die mir immer etwas Unheimliches hatte: ein eleganter, englisch gekleideter junger Mann, rittlings auf dem Stuhl sitzend, mit düster fanatischen Augen, in benen eben der Entschluß zu seiner irren Tat zu reifen scheint.

Als der Krieg ausbrach, schmiedeten sogar wir Kinder antipreußische Gedichte. Einen echten Preußen aus Preußenland hatten wir zwar noch nicht gesehen, aber wir nahmen an, daß ihm zu einem Unhold wenig fehlen könne. Da kam eines Tages gerade um die Mittagszeit vom Hechingischen her ein Leiterwagen vor unserem Hause angerasselt, der ganz mit schwarz-weißen Fähnchen umsteckt und von preußischem Militär besetzt war. Ich sah diese Fähnchen für ein sehr großes Unglück, für eine unmittelbare Bedrohung unserer Freiheit an. Es schien mir Pflicht, wenigstens einen Versuch zur Rettung meiner Heimat zu wagen. Wenn es mir gelänge, eines der Fähnchen, vielleicht das äußerste an der uns zugewandten Ecke, herabzuholen, dann hätte ich, wenn nicht der Freiheit eine Gasse, so doch wenigstens der Unterdrückung eine Ecke abgebrochen. Während ich aber auf den Augenblick zur Ausführung meines Vorhabens lauerte, wurde ich zu Tisch gerufen, und jetzt war es zunächst nicht möglich, sich heimlich zu entfernen. Als ich wieder ans Fenster springen konnte, fuhr eben der Wagen in rasselndem Trab mit all seinen Fähnchen davon. Ich starrte ihm unter gemischten Gefühlen nach: es

war nun doch nicht so übel, daß ich nicht in die Lage
kam, gegen die preußische Heeresmacht vorzugehen. Der
Wagen rasselte über die Neckarbrücke in die Stadt hinein
und auf der Lustnauer Straße wieder zur Stadt hinaus,
und siehe, es blieb alles wie zuvor! Die Studenten sangen
die alten Lieder und tranken so viel Bier wie je, niemand
war versklavt worden, noch war irgendeiner Seele von
den Preußen sonst ein Leid geschehen. Die Erinnerung an
den geplanten Fähnchenraub läßt es mir ganz verständlich
erscheinen, daß so oft im Kriege Kinder durch leidenschaftliche Reden Erwachsener zu einer unsinnigen Tat ver-
anlaßt werden, die hernach vielleicht ein ganzes Haus in
Gefahr bringt.

Im folgenden Jahre lernte ich dann einen wirklichen
Preußen kennen, und dazu einen der allermerkwürdigsten
Menschen, die mir je begegnet sind. Es war der Schriftsteller
und Populärphilosoph Dr. Albert Dulk aus Königsberg. Sein
Leben ist ein Roman, den man nicht schreiben kann, weil er als
Erfindung viel zu unwahrscheinlich wäre. Er hatte längere
Zeit ganz einsam im steinigen Arabien gelebt, um dem Geist
des Urchristentums näherzukommen und die landschaftlichen
Eindrücke für sein Hauptwerk Der Irrgang des Lebens Jesu
zu gewinnen. Kühne Abenteuerlust und suchende Philosophie
lagen in ihm beisammen. Als außerordentlicher Schwimmer
und überhaupt körperlich hervorragend begünstigter Mensch
hatte er den Bodensee durchschwommen und ähnlicher Stücke
mehr geleistet. Jetzt lebte er in Stuttgart mit seinen drei
Frauen, die er gleichzeitig besaß und mit denen er im übrigen
ein ganz normales Familienleben führte. Er hatte sich im
engsten Kreis einen kleinen freireligiösen Anhang gegründet,
für den er in seinem Hause das Priesteramt versah. So hatte
er sich auch nach selbstgeschaffenem Ritus mit seinen zwei
späteren Frauen selber getraut. Er konnte diese dreifache Ehe
in Stuttgart ganz öffentlich und unangefochten durchführen,

106

denn es wohnte damals in dem kleinen Schwabenland die weitherzigste Romantik Tür an Tür mit dem beschränktesten Spießertum. Trotz der ungewöhnlichen Familienverhältnisse herrschte reger geselliger Verkehr im Dulkschen Hause, und es war keineswegs Bohème, was dort ein- und ausging; Künstlerschaft, Schriftsteller, Politiker ließen sich durch die dortige Eigenart nicht abschrecken. Noch weit mehr aber zeugt es von der zwingenden Persönlichkeit dieses Mannes, daß er die drei Frauen, die gleiche Rechte und gleiche Anrede genossen, in Liebe und Eintracht zusammenhielt, soweit in menschlichen Verhältnissen dauernde Liebe und Eintracht möglich sind. Sie gingen immer völlig gleich gekleidet, vertrugen sich schwesterlich und hingen mit schwärmerischer Verehrung an dem Manne. Mit der Zeit verschob sich das häusliche Gleichgewicht ein wenig zugunsten der Zuletztgekommenen, deren Ehe kinderlos blieb und die darum ihre ganze Zeit der dienenden Liebe widmen konnte. Diese Liebe war eine Art Gottesdienst in immerwährender stiller Verzückung. Frau Else durfte ihn auch auf seinen nächtlichen Spaziergängen durch die nicht allzu sicheren Wälder Stuttgarts begleiten. Nachdem sie ihm monatelang auf den unheimlichen Nachtgängen, die er noch dazu unbewaffnet machte, aus der Ferne nachgeschlichen war, um im Falle der Not beizuspringen oder sein Los zu teilen, wurde sie, als er die treue Gefolgschaft entdeckte, zu seiner Kameradin erhöht und genoß nun in diesen stillen Nachtstunden das seltene Glück, ihn ungeteilt zu besitzen. Dulk hatte eine Anzahl Dramen geschrieben, die in der Öffentlichkeit wenig Glück machten. Am bekanntesten wurde Jesus der Christ, seine feurigste und packendste Schöpfung, worin die Vermählung des Übersinnlichen mit dem Rationalismus versucht ist und Joseph von Arimathia im Lichte einer halbmystischen Vaterschaft erscheint. In der Auffassung Judas Ischariots als des feurigen jüdischen Patrioten, der in Christus den irdischen Erlöser sucht und sich enttäuscht

107

von ihm abkehrt, ist er anderen Dichtern, darunter auch
Heyse, vorangegangen.

Jetzt kam Dulk nach Tübingen, um meinem Vater, den
er bis dahin nicht gekannt hatte, ein neuverfaßtes Lustspiel
vorzulesen. Er brachte eine seiner Frauen und seine Tochter
Anna mit, die meine Altersgenossin war und sich schnell an
mich anschloß. Dulk war ein hochgewachsener schöner Mann
mit schwarzem Haar und Bart bei blauen Augen und klar-
geschnittenen Zügen. Auffallend wirkten in der süddeutschen
Luft sein scharfer ostpreußischer Akzent und die straffen norddeutschen Bewegungen. Auch sein ganzes Wesen war norddeutsch ernsthaft und immerzu feierlich pathetisch; der
Schwabenhumor blieb ihm und er dem Schwabenhumor
unverständlich. So hatte auch seine Anknüpfung mit meinem
Vater kein ersprießliches Ergebnis. Es war damals im
Schwabenlande üblich, daß die Männer alle ihre besonderen
Angelegenheiten beim Glase abmachten, darum „strebten“
auch die beiden an jenem warmen Sommernachmittag nach
einem kleinen Wirtsgärtlein in dem nahegelegenen Dorfe
Derendingen. Allein mein Vater konnte der erzwungenen
Laune des Dulkschen Stückes keinen Geschmack abgewinnen
und kam ziemlich angegriffen von der Sitzung nach Hause.
Auf die Frage des Verfassers, was er davon halte, hatte
er geantwortet: Ich weiß nicht, was ich dazu sagen soll.
Entweder hat das Stück keinen Humor oder ich habe
keinen. Jener aber verstand die Meinung nicht und sagte
beim Nachhausekommen zu meiner Mutter: Ich kann nicht
herausbringen, was Ihr Gemahl von dem Stücke hält,
suchen Sie es doch zu ergründen. — Es fehlte seiner immer-
wachen Geistigkeit an dem ergänzenden Gegenstück der Naturhaftigkeit, aus welcher gegensätzlichen Verbindung erst der
Humor entspringt; der reine Geistesmensch hat keinen und der
reine Naturmensch ebensowenig. Dulks Dichtungsart hatte
durchgängig etwas prinzipienmäßig Gedankliches, denn seine

108

Begabung war nicht trieb-, sondern willenhaft. Er gehörte zu den stärksten Willensmenschen, die mir begegnet sind. Dieser starke Wille, auf das gerichtet, was eigentlich außerhalb der Willenssphäre liegt, machte ihn den Schwaben, denen die Poesie ein inneres Blühen des Menschen, fast mehr nur einen Zustand als eine Tätigkeit bedeutete, einigermaßen unheimlich, und er blieb immer ein Fremder unter ihnen, obwohl er württembergischer Staatsbürger geworden war.

Die zarte, hochaufgeschossene Anna durfte ein paar Tage bei mir bleiben, woraus sich eine dauernde Freundschaft entspann. Sie wurde jedes Jahr auf ein paar Wochen unser Gast, und auch ich durfte sie in Stuttgart besuchen. Einmal — es war während des 70er Krieges — wohnte ich auch einer Sonntagsfeier im Dulkschen Hause bei, die mit wechselnden Gesängen und Anrufungen an die Weltseele einen ganz lithurgischen Charakter hatte.

Die Geburt der Tragödie

Wenn ich mein Lebensbuch zurückblättere, so kann ich seltsamerweise keine inneren Wandlungen finden, vielmehr scheint es mir, als hätte ich von der Stunde meiner Geburt an immer im gleichen geistigen Luftkreis gelebt. Diesen Umstand weiß ich mir nur aus unserer häuslichen Verfassung zu erklären. Eine abgesonderte Kinderstube hatte es bei uns nicht gegeben, wir waren zwischen den Füßen der Großen und unter ihren Gesprächen herangewachsen, ohne mit Bewußtsein aufzumerken. Später schien es mir dann, als käme ich überall in bekannte Gegenden, die ich mir jetzt nur etwas genauer anzuschauen brauchte. Ebenso stand mir die elterliche Bücherei unbeschränkt zu Gebote. Niemand fragte, was ich las. Die Eltern dachten jedenfalls, da man uns so frühe das Reich des Höchsten und Schönsten im Schrifttum aller Zeiten erschlossen hatte, da Goethe und Schiller, die Griechen, Shakespeare und Cervantes immer auf unserem Wege lagen, so sei eine eigentliche Leitung durch die Bücherwelt überflüssig. Aber sie hatten nicht an den kindlichen Fürwitz gedacht. In meines Vaters Bücherschrank befanden sich neben der Sagenkunde, die mein ganzes Entzücken war, auch mittelalterliche Werke astrologischen und nekromantischen Inhalts, alte schweinslederne Scharteken, von denen er gewiß nicht dachte, daß sie Kindern gefährlich werden könnten. Gerade diese holte sich der kleine Büchermarder heraus, um sie unbeobachtet zu verschlingen. Und die reine Luft unserer griechischen Götter- und Heroenwelt wurde durch das scheußlichste Brockengesindel verseucht. Zwar bei Tage war ich starkgeistig und lachte mit den Brüdern über das Gespensterwesen, aber sobald die Sonne zu sinken begann, besonders an Winterabenden, wurde mir beklemmt zumute, denn nun wuchs es unheimlich aus der Dämmerung heraus und streckte hundert Arme nach mir. In Gegenwart der Erwachsenen war ja zunächst noch Schutz, und besonders in die warme Nähe der mütterlichen Röcke wagte sich nichts Gespenstisches heran, aber des Nachts im Bett, sobald die Lichter gelöscht waren, gehörte die Welt den Dämonen. Es gab dann fürchterliche Dinge, die keinen Namen hatten. Aus den aufgehängten Kleidern kamen sie gekrochen, die Blumen der Tapete, die in geheimnisvollem Zusammenhang mit der Unterwelt standen, ließen sie aus ihren Kelchen schlüpfen, und das Handtuch war mit ihnen im Bunde, denn es lieh ihnen die Körperlichkeit und den weißlichen Schein, um mich zu schrecken. Den ganzen Raum rings um das Bett nahm das Zwischenreich ein, dagegen gab es keinen Schutz, nur im Bette selber war Sicherheit. Aber eine unter der Decke vorstehende Zehenspitze wäre den Geistern unrettbar verfallen. Also mußte man sich eng zusammenziehen, um jedes Glied des Leibes vor ihnen zu schützen, bis ein erbarmender Schlummer das wildpochende Kinderherz beschwichtigte. Dann aber kamen die Träume und machten die Angstgedanken zu wirklichen Geschehnissen. In dieser qualvollen Gespensterfurcht scheint die bedauernswerte Kindheit, wenn sie nicht gut überwacht wird, die dumpfe Frühzeit des Menschengeschlechts wiederholen zu müssen. Aber kaum daß der liebe Morgen mir den Spuk verjagte, so ergab ich mich im Schutz der Sonne aufs neue dem Giftgenuß.

In Scheibles „Kloster" hatten wir die Anleitung zu weißer und schwarzer Magie gefunden, den Schlüssel Salomonis und Fausts Höllenzwang. Wir studierten und rätselten an dem Schemhamphorasch und dem geheimnisvollen Abrakadabra herum, das wir auf großen Papierbogen kunstgerecht abwandelten. Wenn wir uns aber unbeobachtet wußten, so versuchten wir uns am Höllenzwang. Wir malten alsdann mit Kreide einen Zauberkreis auf den Fußboden, füllten ihn mit den vorgeschriebenen Zeichen und Zahlen aus, stellten uns eng zusammengedrängt hinein, wobei streng zu beachten war, daß auch kein Zipfel eines Kleidungsstückes über den magischen Kreis hervorstehe, weil das sehr gefährlich gewesen wäre, und befahlen den höllischen Herrschaften zu erscheinen. Daß sie nicht gehorchten, war mir sehr angenehm; ich hätte auch nicht gewußt, was von ihnen verlangen, denn ich trug weder nach Schätzen noch nach übermenschlichem Wissen ein sonderliches Begehr. Aber des Nachts in meinen Träumen erschienen sie doch und nahmen mir den Frieden. Wie die andern sich zu den inneren Folgen unserer Höllenkünste stellten, weiß ich nicht. Von Edgar kann ich annehmen, daß er seine Überlegenheit wahrte, denn er verstand es, durch Willenskraft trotz starker Phantasieanlage alle abergläubischen Regungen niederzuzwingen, wie ich ihn überhaupt bei seiner zarten Körperbeschaffenheit niemals und vor keiner Sache in Furcht gesehen habe. Wie gern hätte ich es ihm darin gleichgetan! Im Scheible waren die alten Puppenspiele von Faust und die Geschichte seines Famulus Christoph Wagner abgedruckt, worin der letztere nach seines Meisters Höllenfahrt sich selber auf die Zauberei verlegt und nach Ablauf der bedungenen Zeit von seinem höllischen Diener, dem Auerhahn, zerrissen und in den Schwefelpfuhl abgeführt wird. Auf dem Stich, der diese greuliche Begebenheit darstellte, waren die Gebeine des unseligen Famulus zu sehen, wie sie der böse Geist herumgestreut hat, schauerlicherweise abgenagt wie Küchenknochen. Diese Abbildung grub sich mir mit unverlöschlichen Zügen ins Herz, und sobald ich nachts die Augen schloß, stand sie vor mir, daß mich das Grauen übermannte. Ich glaubte zwar kein Wort von der ganzen grauslichen Geschichte und sah auch das Bild bei Tage mit überlegenem Lächeln an, aber im Dunkeln wurde ich wehrlos. Erst als ich Goethes Faust kennen lernte, schoben sich die reinen Gestalten der Dichtung vor jene Spuk- und Zerrbilder, die durch sie entkräftet und

112

gebannt wurden. Die Angstträume aber dauerten meine ganze Jugend hindurch in veränderter Gestalt fort und steigerten sich mitunter bis zur Halluzination. Das Schlimmste war, so oft die Liebsten und Nächsten durch irgendein rätselhaftes eigenes Verschulden im Traume verlieren zu müssen. Erst wenn die Sonne wieder Macht bekam, auch solang sie sich noch unter dem Horizont befand, fiel der Alpdruck ab. Welche Erlösung, wenn dann noch in der Dämmerung von der Küche her, wo die treue Josephine waltete, ein unterdrücktes Geräusch vernehmbar ward und mit einem Male sich der Geruch frisch gemahlener Kaffeebohnen durch das Haus verbreitete. Gottlob, die Lieben lebten noch, es gab noch einen Morgenkaffee auf der Welt, und die sorgende Liebe wachte auch heute. Ich möchte doch die Seligkeit meiner ersten Jugend nicht zurückhaben, wenn ich all die Angst, das Schuldgefühl, die bösen Träume und was sonst die junge Seele bedrängte, wieder in Kauf nehmen müßte.

Unterdessen hatte auch das Lesegift, womit ich mich durchtränkte, allmählich aus sich selbst ein heilsames Gegengift erzeugt: ich begann selber zu schreiben, was die Ängste wundersam beschwichtigte. Der derbe, volkstümliche Stil des Faustschen Puppenspiels hatte mir's angetan und drängte mich, ein Drama in der gleichen Stilart zu verfassen. Ich wählte mir einen Helden aus der vaterländischen Geschichte, Herzog Ulrich von Württemberg, nicht als hochherzigen Verbannten, wie ihn Hauff verherrlicht hat, sondern vor seinem Sturz in der Tyrannenlaune. Woher ich das geschichtliche Rüstzeug erhielt, weiß ich nicht mehr, vermutlich beschaffte es der gute Papa aus der ihm unterstellten Universitätsbibliothek. Ulrichs Ehezwist mit der zungenschnellen Sabine von Bayern und die Liebe zu der schönen, sanften Ursula Thumbin, der Gemahlin seines Stallmeisters Hans von Hutten, gab die Fabel des Stückes ab. Daß ein später Nachfahr des Thumbschen Geschlechtes, der Baron Alfred Thumb, ein Jugendfreund und ehemaliger Verehrer meiner Mutter, nach dem mein Bruder Alfred benannt war, uns häufig besuchte und uns auf sein Schlößchen in Unterboihingen einlud, hatte auf meine Muse begeisternd miteingewirkt. Natürlich durfte der von der Fama umhergetragene Fußfall des stolzen Herzogs vor seinem Vasallen, den er vergeblich mit ausgebreiteten Armen anflehte, zu gestatten, „daß er seine eheliche Hausfrau liebhaben möge, denn er könn' und wöll' und mög's nit lassen", in meinem Stück nicht fehlen. Ich ließ sogar in meiner Einfalt den Landesvater einen Frauentausch vorschlagen, der von dem Hutten mit Hohn zurückgewiesen wird.

Und da nun dieser, nachdem er den kitzligen Vorgang stadtkundig gemacht, so unvorsichtig ist, dem tiefgekränkten Gebieter ungewappnet zur Jagd im Schönbuch zu folgen, überfällt und erschlägt ihn der Furchtbare im einsamen Forst und hängt höchsteigenhändig den Toten an eine Eiche, wie in der Geschichte Württembergs mit kleinen Abweichungen zu lesen. Am Schluß mußte noch Ulrich von Hutten als Vetter des Erschlagenen und als Genius einer neuen Zeit auftreten und dem Despoten seinen feierlichen Bannfluch zuschleudern: Tu Suevici nominis macula! usw., was sich in dem Humanistenlatein sehr stilgemäß ausnahm. Die Handlung ging Schlag auf Schlag und war durch eine ungemein drastische Sprache noch mehr belebt; Herzog und Stallmeister bewarfen sich mit Hohnreden wie die homerischen Helden. So kam es, daß das Stück bei den sonst sehr kritischen Brüdern eine günstige Aufnahme fand, und da man in den Weihnachtsferien war, wo sie Zeit hatten, sich mit meiner Muse zu beschäftigen, wurde beschlossen, es aufzuführen. Die gute Fina beschaffte einen Vorhang, durch den man einen Bühnenraum vom Wohnzimmer abteilen konnte, der Weihnachtsbaum mußte symbolisch den ganzen Schönbuch vorstellen und war zugleich bestimmt, als Eiche den gehenkten Ritter zu tragen. Damit es nicht an einem Waldhintergrund fehle, malte ich

114

noch mit grüner Farbe einen Laubbaum von unbekannter Familienzugehörigkeit auf die Rückwand unseres Kleiderschranks. Es waren köstliche Tage der gespanntesten Erwartung. Aber schon bei der Probe ereignete sich ein störender Zwischenfall. Edgar hatte den Herzog übernommen, ich spielte den gehenkten Ritter, und in der ersten Szene ging alles leidlich, als aber der bewußte Fußfall an die Reihe kommen sollte, weigerte sich der Darsteller des Ulrich und fand die vorgeschriebene Handlung unter seiner Würde. Wer ihn damals kannte, den seltsamen, jedem Gefühlsausbruck widerstrebenden, gänzlich spröden Knaben, der mußte einsehen, daß er nicht zum Schauspieler geboren war und daß man ihm nicht zumuten durfte, vor der Schwester zu knien, auch nicht, wenn sie in Rittertracht steckte. Merkwürdig war nur, daß er sich nicht schon beim Lesen verwahrt hatte. Leider war die Verfasserin dieser Einsicht noch nicht fähig; vom Feuer ihrer Schmiede glühend, wollte sie die Änderungen, die er vorschlug, nicht zugestehen, sie schienen ihr nicht nur gegen die geschichtliche Echtheit, sondern auch gegen die Psychologie zu streiten, denn wenn der Herzog keinen Fußfall getan hatte, so brauchte er auch keine Selbsterniedrigung an dem Vasallen zu rächen, dieser konnte keinen Vertrauensbruch begangen haben, und damit fiel zugleich sein verhängnisvoller Leichtsinn weg, dem beleidigten Herrn allein ins Gehölze zu folgen. Da ich nicht nachgeben zu können glaubte, bat er sich aus, wenigstens jetzt in der Probe verschont zu bleiben; hernach bei der Aufführung wolle er schon alles recht machen.

Der große Tag kam heran, vor dem Vorhang saßen erwartungsvoll die Zuhörer, darunter mit bedenklicher Miene sogar das sonst bei unseren Spielen selten anwesende Familienhaupt, augenscheinlich mit einer bangen Ahnung kämpfend. Nicht ohne Grund, denn als der Vorhang aufgehen sollte, erhob sich hinter der Szene ein Wortwechsel, der nicht zum Stück gehörte und der bald in Weinen und Schluchzen über-

ging. Edgar hatte mir nämlich vor dem Heraustreten zu-
geflüstert: Daß du's weißt: ich tue den Fußfall doch nicht.
Ich war in Verzweiflung; ich flehte ihn an, mein Stück nicht
durch seine Halsstarrigkeit zu Fall zu bringen, ich wollte ja
gern zehn Fußfälle vor ihm tun für diesen einen; umsonst,
er blieb bei seiner Weigerung. Die Aufführung mußte ab-
gesagt werden; die Kulissen wurden weggeräumt, und die Eltern
hatten alle Mühe, zwei fassungslose Kinder zu trösten, indem
der Vater sein schluchzendes Töchterlein, die Mutter den
tief erschütterten Sohn in die Arme nahm.

Aber die tragische Muse, die nun einmal herabgestiegen
war, ließ sich so leicht nicht wieder verscheuchen, sie nahm
vielmehr einen höheren Schwung, indem sie die Prosarede
und den Stil des Kasperltheaters aufgab, um sich den klassischen Stoffen und dem heroischen Jambus zuzuwenden. Zunächst machte ich Mama die Freude, Voltaires „Merope",
die ihr unter seinen Dramen am besten gefiel, zu ihrem Geburtstag in deutsche Blankverse zu übersetzen. Als ich mit der
Arbeit fertig war, gab mir die dabei erworbene metrische
Gelenkigkeit die Lust zu einem eigenen Versuche ein, denn
warum sollte immer Mr. de Voltaire zwischen mir und meinen
Helden stehen? Dem ersten Messenischen Krieg, der gerade
in der Geschichtsstunde an der Reihe war, entnahm ich meinen
Stoff: Die Tochter des Aristodemus. Freilich ein etwas
heikler Gegenstand für ein zwölfjähriges Mädchen. Aber ich
führte das Stück durch alle fünf Akte hindurch glücklich zum
Schluß, wobei ich über den verfänglichen Punkt glatt hinweg-
kam, vermutlich hatte ich ihn selber nicht ganz verstanden.

Mama, die ich zur Vertrauten machte, jubelte über diese
Leistung. Mein messenischer Patriotismus und der gegen
Sparta gerichtete Groll, in dem sie so etwas wie eine antipreußische Spitze zu fühlen glaubte, entzückten sie. Aber nun
war es mit meinem Seelenfrieden vorbei. Temperamentvoll,
wie sie in allem war, bemächtigte sie sich meines Schatzes und

116

ließ ihn von Hand zu Hand gehen, ohne nach meiner Empfindung zu fragen. Ich besaß keine verschließbare Lade, in die
ich ihn hätte retten können, wie der glücklichere Edgar, an
dessen heimlich geschmiedeten Versen sich niemand vergriff.
Es ging mir mit der Tragödie wie mit den Gedichten. In
welche Schublade ich das Heft verstecken mochte, es wurde
immer wieder ausgegraben, und der geschmeichelte Mutterstolz,
die Neckereien der Brüder, die neugierigen Fragen fremder
Besucher schufen mir mein eigenes Machwerk zum Plage-
dämon um. Denn, ob Lob oder Tadel, man konnte mich nicht
tiefer kränken, als indem man überhaupt von seinem Dasein
wußte. Und keine Seele betrat das Haus, die nicht davon
erfuhr. Ich stand wie in einem Regenguß, der mich bis auf
die Haut durchnäßte. Es gab dann Tränen und Vorwürfe,
die nicht das geringste fruchteten. Nur der Vater verstand
mich, er fuhr mir lächelnd mit der Hand über die Stirn und
sagte nichts; wie war ich ihm für sein Zartgefühl dankbar!
Noch nach Jahresfrist — man weiß, was die Länge eines
Kinderjahres besagen will — war die unglückliche Messenierin
nicht vergessen. Ich erinnere mich eines Vormittags, wo ein
fremdes Ehepaar nach meinen Eltern fragte. Gleich darauf
kam mein Mütterlein hergeflogen (ihr Gehen war immer
wie ein Fliegen) und rief triumphierend zur Tür herein: Moritz
Hartmann ist da! Wir hatten diesen Namen oft von ihr
gehört als den eines Dichters und Freiheitsmannes, dem sie
in ihrem Herzen einen Altar errichtet hatte. Die Reimchronik des Pfaffen Maurizius führte sie häufig im Munde.
Auch von der sprichwörtlichen Liebenswürdigkeit des österreichischen Poeten war schon die Rede gewesen. Alle teilten
ihre Freude, daß er so unerwartet nach Tübingen gekommen
war. Nur mir mit meiner griechischen Tragödie auf dem
Gewissen schwante Arges. Und richtig war noch keine Viertelstunde vergangen, so wurde ich ins Besuchszimmer gerufen.
Da stand der berühmte Gast schon im Aufbruch vor dem

117

Kanapee, ein Mann von wenig ansehnlichem Wuchs — an der Seite meines hochgewachsenen Vaters erschien er fast klein —, aber edelgeschnittenem Gesicht mit schwarzem Bart und Haar; neben ihm eine lächelnde Frau, deren Erscheinung einen Eindruck von stiller Harmonie und Güte hinterließ. Und richtig galt sein erstes Begrüßungswort meinem Trauerspiel. Er hatte aber nichts von der schulmeisterlichen oder ironischen Überlegenheit, mit der sonst Erwachsene in solchen Fällen Kinder behandeln; nur ein ganz kleiner Schalk ging durch seine Miene, als er fragte:

Was ist denn der Titel des Stücks? Darf ich raten? Es heißt gewiß: Der gemordete Backfisch.

Mein Mütterlein, das die Antwort nie abwarten konnte, rief schnell dazwischen: Es heißt Die Tochter des Aristodemus.

Da ging ein liebenswürdiges Lächeln über das Gesicht des Dichters, daß ich mit einem Ruck um Jahre gescheiter ward und ohne allen Unmut sagen konnte: Sie haben es getroffen, es ist wirklich der gemordete Backfisch.

Dagegen griff es meiner Mutter ans Herz, daß ihr Parteifreund Ludwig Pfau mir beim Lesen meiner Versuche kopfschüttelnd das Schicksal der Wunderkinder prophezeite, die ihre verfrühten tauben Blüten mit lebenslänglicher Unfruchtbarkeit büßen. Er war wohl der einzige Mensch, der meine Mutter auf die Gefahr aufmerksam machte, in der sich die Kinder des Genies befinden, wenn sie gleichsam im Mitbesitz der väterlichen Gaben aufwachsen und ihnen von Eltern und nachsichtigen Hausfreunden eine Anerkennung vorgeschossen wird, die sie hernach nicht aus eigener Kraft abverdienen können. Solche psychologisch wohlbegründeten Bedenken taten ihr weh und wollten ja auch wirklich auf unser Haus nicht passen, wo die erste Voraussetzung dazu fehlte: der väterliche Erfolg, die weiche Luft äußerer Ehren und Vorteile, worin die Ansprüche wachsen und die Selbständigkeit verkümmert. Uns Kindern war im Gegenteil das Leben außer-

118

ordentlich schwierig gemacht. Wir sahen des Vaters Größe unverstanden oder halbvergessen und litten selbst für die Ideale unserer Eltern, ehe wir diese Ideale verstehen konnten. Und da nicht nur die äußeren Verhältnisse an uns hämmerten, sondern sich die Geschwister auch noch gegenseitig diesen Dienst erwiesen, wurde die mütterliche Verwöhnung reichlich aufgewogen.

Als ich sah, daß meine Heimlichkeiten immer aufs neue entweiht wurden, beschloß ich aus Zorn und Gram, die Eingebungen, die mir kamen, künftig lieber gar nicht mehr aufzuschreiben, und nun versiegten sie allmählich ganz. Ich war's zufrieden, denn ich hoffte, durch dieses Opfer mit dem Leben besser in Einklang zu kommen. Eine Vorstellung wirkte dabei besonders mit: Mamas Jugendgenosse Alfred von Thumb sagte mir zuweilen, wenn er von seinem Unterboihingen herüberkam, warnend: Nur kein Blaustrumpf werden! Ich stellte mir darunter ein unschönes, körperlich vernachlässigtes und geistig verdrehtes Wesen mit kurzem Haar und Brille vor und bäumte mich gegen den Gedanken auf, eine ebensolche Vogelscheuche werden zu sollen. Das „Wunderkind" machte also die übereilten Erwartungen wie auch Besorgnisse zuschanden, denn der verfrühte Trieb, der noch gar keinen Lebensstoff zum Gestalten hatte, legte sich zu einem langen Gesundheitsschlaf nieder und ließ sich durch keine mütterliche Ungeduld mehr aufrütteln.

Vorfrühling

Noch in meinem elften Jahre war eine Gestalt in unseren Familienkreis getreten, durch die allmählich mein inneres Leben ganz umgeschaltet wurde und die am meisten dazu beitrug, daß die treibhausartige geistige Entwicklung zum Stillstand kam. Eines Tages erschienen da zwei unangemeldete Gäste, Mutter und Tochter, aus Mainz. Die hübsche, sehr lebenslustige Mutter, eine Freundin der meinigen, stand im Begriff zu Frau Wilhelmi nach Spanien zu reisen; ihr Töchterlein Lili sollte unterdessen im Schutze meiner Eltern in Tübingen bleiben und an meinem Unterricht teilnehmen. Lili war zwei Jahre älter als ich, nicht größer, aber viel entwickelter und trug auch schon halblange Kleider, während die meinen nur bis an die Knie gingen. Sie war ebenso wie ihre Mutter mit Geschmack und einer gewissen Koketterie gekleidet, und die leichte rheinische Mundart stand ihr allerliebst. Beim ersten Eintritt war sie, aus einer stillen, zierlichen Damenwohnung kommend, ein wenig bestürzt über den wilden Umtrieb in unserem Hause und zerdrückte, wie sie mir später gestand, heimlich ein paar Tränen. Aber sie wußte sich taktvoll zu schicken. Ihr munteres Mainzer Naturell fand schnell den rechten Ton, und als man uns beide nach dem Nachtessen zu Bette schickte, war schon eine Freundschaft fürs Leben geschlossen, deren Herzlichkeit niemals im Lauf der Jahre durch einen Hauch getrübt werden sollte. Es ist etwas Eigenes und Heiliges um solche Jugendfreundschaften, auch wenn sie gar nicht auf der Grundlage des geistigen Verstehens aufgebaut sind. Wären wir uns zehn Jahre später zum erstenmal begegnet, so hätten wir schwerlich eine Brücke zueinander gefunden, aber jenes empfängliche Alter vermag auch das Ungleich-

120

artigfte aufzunehmen und feftzuhalten, ja dies ift ihm recht
eigentlich zur Erweiterung des Gefichtskreifes ein Bedürfnis.
Solche Jugendfreundschaften nehmen mit den Jahren ganz
das Wesen der Blutsverwandtschaft an: man fährt fort
sich zu lieben und fragt nicht nach den abweichenden Lebensanschauungen, die bei neuen Bekanntschaften ein so großes
Hindernis bilden.

Der junge Gast teilte für diese Nacht mein Bett. Ich sah
mit scheuer Ehrfurcht auf die knospende Jungfräulichkeit, die
aus den halbkindlichen Hüllen stieg, und drückte mich nach der
Wand, um der Anmutvollen so viel Raum wie möglich zu
laffen. Aber zugleich befiel mich ein bohrender Schmerz,
denn ich dachte an gewiffe garftige Kinder aus dem Hinterhof,
die mich, wenn ich auf den großen aufgeschichteten Zimmer-
mannsbalken am Steinlachufer schaukelte, hinterrücks herunter-
stießen, daß ich auf die Nase fiel, und mir Schimpfworte nach-
riefen. An diese rohen Geschöpfe fürchtete ich meine ange-
staunte Lili verlieren zu müssen, denn ich hatte schon die
Erfahrung gemacht, daß befreundeten Kindern, wenn es sich
ums Spielen handelte, nicht zu trauen war; sie liefen charakter-
los der Unterhaltung nach, wo sie sich zeigte. Ich faßte mir
ein Herz und teilte Lili mit, in welchem Kriegszustand ich
mich mit dem Hinterhofe befand und daß man nicht zugleich
mit mir und jenen Freundschaft haben konnte.

Lili antwortete mit einer Bestimmtheit, die mich bei
ihrem weichen Wesen überraschte: Du kannst ganz ruhig sein,
ich spiele nicht mit den rohen Kindern. Ich spiele überhaupt
nicht mehr mit Kindern — und nun lüftete sie vor meinem
staunenden Geiste den Zipfel eines Vorhangs, durch den ich
in ein neues Wunderland blickte, das Land der Tanzstunden,
der langen Kleider, der Verehrer! Ich wußte ja von Herzens-
angelegenheiten weit mehr als sonst Kinder zu wissen pflegten, da die Verhältnisse der Großen von jeher vor meinen
Ohren verhandelt worden waren, aber ich wußte es nur mit

dem Verstand, es ging mich in meinem Kinderlande nichts an, sondern lag weltenfern in einer vierten Dimension! Durch Lilis Worte rückte das alles auf einmal ganz nahe heran, daß es mir fast den Atem nahm. Aber es gefiel mir außerordentlich, und ich entschlief unter dem Eindruck, plötzlich einen großen Schritt im Leben vorwärts getan zu haben.

Des anderen Tages wurde Lili, weil bei uns kein Platz war, in einer benachbarten Familie in Pension gegeben. Sie verbrachte aber die meiste Zeit bei uns und gewöhnte sich schnell an unser Hauswesen. Sie war ein ungemein liebliches Stück Natur, dessen Anmut nichts bloß Äußerliches war, sondern aus einer anmutigen Seele floß. Es gab niemand, der an ihrem gefälligen, schmiegsamen Wesen keine Freude gehabt hätte. Eine gewisse Willenlosigkeit und Lässigkeit, die man an ihr bemerkte, taten ihrem Liebreiz keinen Eintrag. Ich konnte mir später Goethes bezaubernde Lili nie anders als unter dem Bilde der meinigen denken. Wenn meine Lili auch keine so glänzende Schönheit und keine so große verwöhnte Dame war, so erinnerte sie doch durch ihre spielerische Schalkheit und natürliche Anziehungskraft an jene strahlendere Gestalt. Die sehr wohlgeformten, obschon etwas großen Züge ihres immer lächelnden Gesichts, die dunklen, entgegenkommenden Augen voll Gutherzigkeit und Schelmerei unter dem reichen aschblonden Haar, ihre mittelgroße, graziöse Gestalt hatten einen Reiz, den manche größere Schönheit entbehrt. Wenn sie mit dem koketten Pelzmützchen auf ihren immer schöngeordneten Haaren in der wippenden Krinoline daherkam, war es unmöglich, ihr nicht gut zu sein.

Die Krinoline! Es sei mir gestattet, auch dieser Freundin und Feindin meiner Kindheit einen kleinen Nachruf zu widmen. Wie wurde sie verhöhnt, verlästert, selbst von denen, die sie trugen, und doch konnte niemand sich ihrer Macht entziehen, denn der herrschende Kleiderschnitt erforderte diese Stütze. Auch Kinder waren genötigt, sie zu tragen. Das Auge hatte

sich so an diese Mißform gewöhnt, daß, wer aus Charakter-
stärke ohne Krinoline ging, wie gerupft aussah. Sie bestand
gewöhnlich in einem durch Bänder verbundenen Reifgestell
aus vielen Stockwerken, das erst unterhalb des schlankblei-
benden Beckens leise begann und sich in immer erweiterten
Ringen allmählich zu gewaltigem Umfang ausdehnte. Die
Vielgeschmähte war jedoch nicht ganz vom Übel. Meine
Mutter, sonst so gleichgültig gegen die Mode, hatte eine
Vorliebe für diese Tracht, weil das leichte Gestell den Körper
im Sommer hübsch kühl hielt, jedem Wind erlaubte ihn zu
fächeln und die Schnelligkeit ihrer Bewegungen nicht beein-
trächtigte. Wenn man aber damit über Zäune sprang und
von Balken fiel, so zerbrachen die Reifen, und es gab alsdann
häßlich vorstechende Ecken, was bei mir fast täglich vorkam.
Diese auszubessern erforderte eine gewandte Hand und viel
Geduld, denn es genügte nicht, die zerbrochenen Reifenden
übereinander zu befestigen, man mußte der Symmetrie halber
das ganze Gestell durchgehends verengen, ein Geschäft, in
dem ich große Übung gewann, denn ich betreute nicht nur
meine, sondern auch Mamas Krinoline mit wachsamen Augen.
Lili zerbrach die ihrige nicht mehr, sie verstand die Kunst —
denn es war eine solche —, sich immer schicklich und anmutig
darin zu bewegen und sie beim Sitzen elegant mit zwei Fingern
niederzuhalten.

Lili wurde nun für einige Zeit mein bewundertes Vorbild
und mein stetes Denken. In meinen Olymp konnte ich sie
nicht einführen, weil ihr der Sinn für die Dichtkunst gebrach,
aber ich kam zu ihr in ihre Welt und fand da genug des Neuen,
mich ganz Berauschenden. Lili hatte schon Reisen gemacht,
große Städte gesehen, hatte an Champagnerfesten teil-
genommen und kannte das Theater, was kein anderes Kind
im weiten Umkreis von sich rühmen konnte. Sie schien mir also
einem Orden von Eingeweihten anzugehören, zu dem ich an-
dächtig emporblickte. Die Phantasiewelten, in denen ich bis

dahin gelebt hatte, verfanken vor dem Wunderbaren, was mich berührte, dem Leben. Ich verleugnete alle meine Götter um ihretwillen. Von den Griechen, von der Edda, von dem ganzen ungeheuren Lesestoff, den ich schon verschlungen hatte, sagte ich kein Wort, um ihr nicht auch unheimlich zu werden wie den andern. Ich verschloß das alles in einem Geheimfach meiner Seele, zu dem es ihr nicht einfiel, den Schlüssel zu suchen. Es liegt etwas Rührendes in dem Übergang vom Kinde zum jungen Mädchen, jener reizenden Pagenzeit, die mit scheuer, huldigender Verehrung auf das Geschlecht blickt, dem man selber noch nicht angehört, nun aber bald angehören soll. Lilis Schmuck und Bänder, ihre reifenden Formen, die Wohlgerüche, die sie an sich trug, ihr feines und doch freies Betragen machten mir den tiefsten Eindruck. Verglichen mit der Tübinger Jugend, schien sie mir aus einer andern Menschenrasse zu stammen. Ich liebte sie zärtlichst, das gleiche tat Edgar, und sie hatte ein viel zu gutes Gemüt, um unsere Zuneigung nicht von ganzem Herzen zu erwidern.

Als es aber ans gemeinsame Lernen ging, da zeigte sich's, daß das liebliche Köpfchen keinen Lernstoff irgendwelcher Art aufnehmen konnte. Die Geschichte war ihr genau so gleichgültig wie die Geographie, und die französischen Vokabeln hafteten nicht in ihrem Ohr. Sie dachte nur an kindlichen Schabernack, und wir lachten jeden Augenblick wie die Tollen: sie, weil ihr Babylonier und Assyrer, Meder und Perser lächerlich vorkamen, ich, weil ich die Welt, in der es nun eine Lili gab, so entzückend schön fand. Meine arme Mutter mühte sich, so sehr sie konnte, aber ihr Unterricht, der aller Schulmäßigkeit entbehrte, war nur auf die eigene Tochter eingestellt, an der Fremden scheiterte er völlig.

Dieses Schöpfen ins Leere hatte schon einige Zeit mit der größten Anstrengung von ihrer Seite gedauert, als sie der unachtsamen Schülerin eines Tages, um sie im Deutschen zu üben, ein Aufsatzthema von der einfachsten Art gab: sie

124

sollte die Sehenswürdigkeiten von Tübingen beschreiben. Die Aufgabe weckte bei Lili einen ungewohnten Eifer, und sie lieferte eine Arbeit ab, die an treffender Knappheit ihresgleichen suchte. Mit einem einzigen Satze waren die berühmte Stiftskirche mit ihrem Chor nebst Lettner und Schloß Hohentübingen abgetan. Dann wandte sich die Beschreibung dem Obergymnasium und seinen Insassen zu, welch letztere als die größte Denkwürdigkeit Tübingens und als die belangreichste Menschengattung überhaupt bezeichnet waren. Dieser Aufsatz, vermutlich der einzige, den Lili je verfaßte, hatte einen stürmischen Heiterkeitserfolg, und noch jahrelang pflegte man, wenn von den Vorzügen Tübingens die Rede war, das in einem höchst alltäglichen Bauwerk befindliche Obergymnasium an erster Stelle zu nennen.

Lili hatte allen Grund zu ihrer hohen Schätzung des Obergymnasiums. Seit die reizende Mainzerin auf dem Plan erschienen war, umschwärmten die gelben Mützen das Bahnhofgebäude, wo Lili wohnte, und die naheliegenden Alleen; alle Primanerherzen waren mehr oder weniger von ihrer Anmut entzündet. Aber diese gegenseitige Bewunderung, die eine Folge der Tanzstunde war, hätte beinahe unserer Freundschaft ein vorzeitiges Ende bereitet. Denn eines Tages machte mir Lili die niederschmetternde Eröffnung, daß sie von nun an nicht mehr mit mir in den Alleen spazierengehen könne. Du bist noch ein Kind, sagte sie, und trägst kurze Röcke. Wenn mich die Obergymnasisten immer in deiner Gesellschaft sehen, so denken sie am Ende, ich sei auch noch ein Kind, und grüßen mich nicht mehr. Du weißt, ich bin dir gut, aber das kannst du nicht von mir verlangen.

Diese Worte trafen mich wie ein Dolchstoß. Ich war so erschüttert und beschämt, daß ich nicht antworten konnte. Aber ich sah alles ein. Nicht mehr von den Tänzern gegrüßt werden! Solcher Schmach durfte sich freilich Lili um meinetwillen nicht aussetzen! Ich gab mich jedoch dem Schmerze

nicht hin, sondern sann auf Abhilfe, denn Lilis Umgang zu
entbehren war mir unmöglich. Auf dem Speicher, in einem
der eisenbeschlagenen Riesenkoffer aus Urvätertagen, lag
von aller Welt vergessen ein schöner Rock aus schwarzem
Wollstoff, den einmal Hedwig Wilhelmi bei der Abreise nach
Granada zurückgelassen hatte. Auf dieses herrenlose Gewand-
stück setzte ich meine Hoffnung. Als ich heimlich hineinschlüpfte,
hatte es zwar eine Schleppe von nahezu einer Elle, stand aber
sonst rundum eine Handbreit vom Boden ab, denn um so viel
überragte ich bereits seine rechtmäßige Besitzerin. Allein ich
hatte schon mit kundigem Auge eine ausgebogte Sammetblende
wahrgenommen, die den unteren Rand verzierte und sich,
falsch aufgesetzt, als Verlängerung verwerten ließ. In der-
artigen Fertigkeiten war ich von klein auf bewandert: Nähen,
Zuschneiden, Häkeln, Stricken, alles, was anderen kleinen
Mädchen zu ihrer Pein auferlegt wurde, hatte für mich den
Reiz der verbotenen Frucht. Ich verbarg mich also mit
Nadel und Schere auf dem Speicher und arbeitete stundenlang
voll Eifer und Pünktlichkeit, bis der Rock meiner Länge
angepaßt war. Dann warf ich ihn alsbald über und stolzierte
mit der gewaltigen Schleppe, die ich noch mitverlängert hatte,
durch Gang und Wohnräume. Ich machte mich auf einen
häuslichen Sturm gefaßt, aber niemand schien die Verwandlung zu sehen. Mama lebte in den kargen Stunden, die sie der
Pflege der Kinder und dem Ärger über die Bismarcksche
Politik entziehen konnte, mit den Platonischen Ideen und
kümmerte sich nicht um die Länge meiner Röcke. Dem guten
Vater war alles, was sein Töchterchen tat, wohlgetan, und
selbst die tadelsüchtigen Brüder, sonst meine strengsten Richter,
schwiegen mäuschenstille, weil sie ahnten, daß es Lili zuliebe
geschah; die Hexe spukte auch ihnen in den Köpfen. So hatte
ich durch einen kühnen Handstreich die Kluft der Jahre zwischen
uns ausgefüllt. Wir gingen wieder Arm in Arm in den
Alleen, ich hatte sogar durch den Schlepprock etwas vor Lili

126

voraus; die gelben Mützen flogen vor uns beiden in die Höhe, und die schöne Welt war wieder im Gleichgewicht.

Ohne Übergang war ich aus den kurzen Kinderröcken ins Schleppkleid gefahren, und ebenso unbedenklich ließ ich nun auch mein Kinderland hinter mir, um immer weiter in das neue Leben hineinzuschreiten. Die Röcke blieben lang, wenn auch künftig ohne Schleppe. Und welch eine Ehre! Auf der Schlittschuhbahn ließ ein fremder Student sich mir vorstellen, nannte mich Fräulein, schnallte mir die Schlitt·schuhe an und führte mich! Abgefallen war alles, was mir sonst den Verkehr mit Menschen erschwert hatte: meine Fremdheit und Scheu, der Widerwille vor dem „Sie", ich hatte nur die eine Sorge, es den Menschen zu verbergen, daß ich nach Leib und Seele noch ein Kind war, damit sich Lili meiner nicht zu schämen habe.

Seit jener ersten Begegnung mit dem Frater Corpus vor dem Wandspiegel in Obereßlingen hatte ich nicht wieder über mein Äußeres nachgedacht. In Tübingen hing der Spiegel so hoch über dem Kanapee, daß ich mich nicht darin sehen konnte. Eines Tages stieg ich nun wegen einer aufgeschnappten schmeichelhaften Bemerkung hinauf und streckte mich, um einen neugierigen Blick in das Glas zu werfen. Da sah ich, daß das blasse, geisterhafte Kindergesicht verschwunden war, die Augen traten nicht mehr als eine Gewalt für sich heraus, die Züge begannen sich gefälliger zusammenzufügen, und es dünkte mir, daß ein heiterer Schein davon aus·ginge. Von da an hüpfte ich des öfteren vom Kanapee in die Höhe und beobachtete die allmähliche Verwandlung noch unpersönlich wie das Wachstum meines Rosen· oder Myrtenstöckchens. Ich fühlte keinen metaphysischen Schauder mehr, der Weggenosse wurde mir etwas Liebes, Vertrautes, das mein Wesen rein zum Ausdruck brachte, und verwuchs allmählich mit dem unsichtbaren Schmetterling zu einem einzigen Ich.

Mit Riesenschritten ging es jetzt in die Verweltlichung hinein. Auf die Freuden der Schlittschuhbahn folgten die der Tanzstunde, die mit Menuettverbeugungen und dem Auswärtsdrehen der Füße mittels Schienen begannen. Da mir aber Lili schon die ersten Tanzschritte beigebracht hatte, wurde ich bald in die höheren Grade aufgenommen und durfte nun selber mit den Obergymnasisten durch den Saal wirbeln. Der Geist Lilis schwebte immer mit, auch als sie Tübingen schon verlassen hatte, und gab der nicht allzu stilgerechten Veranstaltung Anmut und Weihe. In einem Nebenbau der Alten Aula, zu dem man von der Münzgasse auf steinernen Stufen hinunterstieg, befand sich ein völlig schmuckloser Saal mit grob gehobeltem Fußboden, worin die Tanzstunde abgehalten wurde; das Stimmen der Geigen kündigte sie von weitem an. Diese quietschenden, unschönen Töne hatten nichtsdestoweniger für das junge Ohr einen zauberischen Wohllaut, der das Herz schneller schlagen machte. Die sehr jugendlichen „Herren", die auf der einen Seite des Saales beisammen standen, holten sich mit der eben eingelernten Verbeugung die „Damen" aus der anderen, und nun galt es im Gedränge der Paare sich ohne Anstoß um die Säulen winden. Zuweilen ließen sich auch die Füchse der eleganten Studentenkorporationen zu dem Lämmerhüpfen herbei; es war aber eine zweifelhafte Ehre, da diese Herren augenscheinlich an uns Allzujungen die Artigkeiten einübten, die sie hernach auf den Museumsbällen den reiferen Jahrgängen zu erweisen hatten.

Lili war unterdessen von ihrer Mutter zurückgeholt worden, aber ihr Einfluß dauerte fort. Auch erschien sie in kürzeren Abständen immer wieder in Tübingen und verdrehte bei ihrem jedesmaligen Aufenthalt viele junge Köpfe. Ihre Mutter wünschte, daß sie sich früh verheirate, deshalb verlobte sie sich fünfzehnjährig zum erstenmal mit einem jungen Mann, den sie in unserem Hause kennen lernte. Die uns befreundete

Familie empfing die reizende Braut mit offenen Armen. Aber
ihr Herz hatte nicht mitgesprochen, und bald danach trat sie
den Schwankendgewordenen, dem eine etwas ältere Freundin
ein leidenschaftliches Gefühl entgegenbrachte, bereitwillig an
diese ab. Es war kein Opfer, aber doch für sie bezeichnend,
denn bei ihrer großen Güte und Nachgiebigkeit wäre sie auch
imstande gewesen, auf einen geliebten Mann um einer anderen
willen zu verzichten. Das Obergymnasium war ihr jetzt
keine Merkwürdigkeit mehr, wohl aber seine ehemaligen Zöglinge, die man auf den Studentenbällen wiederfand. Sie hatte
sich ein Verzeichnis ihrer Verehrer angelegt, in dem sie
fleißig blätterte, um keinen zu vergessen. Je nach dem Rang,
den der eine oder der andere vorübergehend in ihrem Herzen
einnahm, wurden durch Versetzen der Namen die Plätze
gewechselt, so daß sich ihr kleines Taschenbüchlein mit den
Aufzeichnungen in beständiger Wandlung befand. Nach
jedem Tanzvergnügen ging wieder eine Verschiebung vor sich,
aus der sie mir kein Hehl machte. Ihre kleinen Koketterien
waren voll Unbewußtheit, ohne eine Spur von Berechnung.
Ihr gefiel ausnahmslos das ganze männliche Geschlecht, und
sie konnte es nicht begreifen, daß ich mir schon damals die
jungen Ritter sehr genau zu beschauen pflegte. Einem so
liebenswerten Geschlecht wieder zu gefallen, war ihr an-
geborenes, innigstes Bestreben, und wem hätte Lili nicht gefallen sollen? Wie die Ottilie der Wahlverwandtschaften mußte
man sie eigens darauf aufmerksam machen, daß es für ein
junges Mädchen nicht schicklich sei, jungen Männern einen
fallengelassenen Gegenstand aufzuheben, denn ihre unschuldige
Verehrung für das stärkere Geschlecht trieb sie in solchen
Fällen, sich eiligst zu bücken oder gar einer weggewirbelten
Studentenmütze voll Eifer nachzuspringen, Dinge, die damals bei der viel strengeren Etikette zwischen den Ge-
schlechtern weit mehr auffielen als heute, und die meine
Eltern ihr sorgsam abgewöhnten, damit nicht irgendein

Frechling die harmlose Zuvorkommenheit des jungen Mädchens mißdeute.

Mir bezeigte sie ihre Gegenliebe auf eine besondere Art, indem sie sich der Stilisierung meines Äußeren bemächtigte. Die armdicken Flechten, die ich damals noch einfach niederhängend oder mehrfach um den Kopf geschlungen trug, waren ihr zu kindlich; sie selber ordnete ihr schönes Haar zu modischen Phantasiegebäuden. Die gleiche Arbeit nahm sie jetzt mit dem meinigen vor, indem sie bald „gesteckte Locken", von ährenartig geflochtenen sogenannten Kornzöpfen umrahmt, auf meinem Scheitel auftürmte, bald mein Haar in griechische Knoten wand oder gar neben einer steifen Turmfrisur rechts und links die modischen „Schmachtlocken" zurecht drechselte. Lauter prächtige, aber für mein Lebensalter zum mindesten stark verfrühte Dinge. Niemand wehrte der Torheit. Mein Mütterlein, das niemals älter war als ich, ließ uns beide völlig gewähren und hatte ihre helle Freude an den mit mir vorgenommenen Verwandlungskünsten. Mein Vater schüttelte zwar den Kopf, aber sein Einspruch beschränkte sich auf die Bemerkung, wie er sein Kind kenne, werde sie das alles künftig einfacher halten. Es versteht sich, daß nun auch mein Anzug unter Lilis Einfluß geriet. Bisher war ich gekleidet wie die Lilien auf dem Felde. Mein sparsames Mütterlein, das noch in den ersten Tübinger Jahren die Knabenkleider alle selbst verfertigte, hatte für Mädchensachen gar kein Geschick, und das war mir lange Zeit zugute gekommen. Denn ihre Jugendfreundinnen ließen sich's nicht nehmen, jahraus, jahrein für ihr Töchterlein tätig zu sein. Da kam immer von Zeit zu Zeit irgendein Pack mit den schönsten Dingen für mich an, wie handgestickten russischen Hemden, goldverschnürten Tuchspenzerchen und anderen Prunkstücken, die jedesmal großen Jubel erregten. Wie ich nun der Kindheit entwuchs, wurden diese Sendungen allmählich seltener, und was zu Hause ergänzt werden mußte, konnte vor Lilis Augen nicht bestehen. Ich

130

hatte sonach keine Wahl, als die eigene Geschicklichkeit auszubilden, die mich mit der Zeit instand setzte, den Tand, der
jungen Mädchen zum Persönlichkeitsgefühl unerläßlich ist,
selber herzustellen. Aber der ungünstig gesinnten Umwelt
konnte ich es nun einmal auf keine Weise recht machen. Meine
harmlosen kleinen Kunstfertigkeiten, die nichts kosteten als
ein bißchen Zeit und Mühe, wurden mir als sträfliche
Verschwendung ausgelegt und genau so verdammt wie mein
Heidentum und mein Latein. Um den wahren Sinn solcher
jugendlichen Putzsucht zu begreifen, muß man selbst in jenen
so unendlich einfachen Zeiten gelebt haben. Damals trugen
all die niedlichen Gegenstände, die man sich selbst erfinden
und zusammenstellen mußte, einen ganz persönlichen Stempel, sie gehörten zu den wenigen Ausdrucksmöglichkeiten der
unreifen, suchenden Seele und wurden auch von den Altersgenossen so aufgefaßt. Denn die Jugend sieht in allen
Dingen Symbole. Gesteht doch der strenge Rousseau, daß
er in jungen Jahren nicht den schönsten Mädchen huldigte,
sondern benen, die den meisten Putz und Schmuck besaßen.
Als ich mir einmal in einem bekannten Putzgeschäft unter
all den wohlriechenden Gegenständen ein weißes Frühlings-
hütchen mit einem taubehangenen Vergißmeinnichtkranz aus-
suchen durfte, da ging ich mit einem erhöhten Lenzgefühl
umher, als trüge ich ein Eichendorffsches Frühlingslied auf
dem Haupte. Mein Mütterlein klagte oft, daß ich seit der
Freundschaft mit Lili völlig verdummt sei und nichts mehr
im Kopf hätte als Backfischeitelkeiten. Es war auch wahrlich kein kleiner Sturz: vor kurzem noch auf den höchsten
jambischen Stelzen, mit einer Gracchentragödie und einem
Epos über den Untergang Karthagos beschäftigt und jetzt
nur noch mit Schmuck und Tand. Ich mußte manches
Scheltwort der Brüder hören, und als eines Tages in der
Kinderschule, wo unser Jüngster saß, bei den Sprüchen Salomonis im Kreise herumgefragt wurde: Was ist eitel? hob

131

unfer kleiner Balbe als einziger sein Fingerlein und sagte:
Meine Schwester! — — —

Wie glänzt jetzt mein Jugendland aus der Tiefe der
Zeiten herauf! Als ich darin wandelte, war es voll von
Kampf und Not, von Angst und Pein. Meine Brüder
füllten es zwar mit Reichtum und Leben, aber nicht minder
mit zuckender, immer brobelnder Unruhe. Die beiden Großen
vertrugen sich noch immer nicht, und es sah aus, als ob
ihr häuslicher Krieg, von dem wir andern mitbluteten, einer
tiefen inneren Feindseligkeit entspränge. Am liebsten machten
sie den gedeckten Mittagstisch, dem leider der Vater seiner
Arbeit zuliebe fernblieb (er kam überhaupt erst gegen
Abend nach Hause) zum Zeugen ihrer Kämpfe. Kaum war
die Suppe aufgetragen, so begannen die Plänkeleien, dann
fiel ein Stichwort, und plötzlich brach der Sturm los. Es
war jedesmal wie ein Naturereignis, gegen das die Vernunft
machtlos war. Mama warf sich dazwischen, ich desgleichen,
und am Ende gingen alle Teile mehr oder minder aufgelöst
aus dem Ringen hervor. Wenn die Schlacht auf ihrem
Höhepunkt war, so erschien Josephine mit dem Kochlöffel
unter der Tür, das schöne, ernste Gesicht in tragische Falten
gelegt, und sagte mit dumpfem Ton: Jetzt hat es wieder
den höchsten Grad erreicht. — Aber nie konnte ich sie bewegen, mir im Sturme beizustehen. Sie erschien mir in
ihrer edlen, schmerzvollen Haltung wie der Chor in der
griechischen Tragödie, der die Geschicke des Königshauses
mit seinen Klagen begleitet, ohne jemals handelnd einzugreifen.
Hatten sich die Kämpfer endlich mit dem letzten grollenden, aber
schon nicht mehr ernst gemeinten: Wart, ich soll dich vor
dem Gymnasium treffen! getrennt, so blieben Josephine und
ich zurück, die tieferregte Mutter zu trösten und zu beschwichtigen. Es war ja an sich gewiß nichts Unerhörtes, daß zwei halb-
wüchsige Jungen, denen die Aufsicht des Vaters fehlte, sich in
den Haaren lagen. Aber Mama war selber ohne Brüder auf-

132

gewachsen und wußte nicht, daß das Raufen zum Knabenleben mitgehört, wenn auch sonst nicht gerade das Eßzimmer der übliche Schauplatz dafür ist. Ich glaube, sie stand mit ihrer gewaltigen Phantasie im Bann der attischen Tragödie und bildete sich ein, das thebanische Brüderpaar geboren zu haben. Josephine, statt ihr die Übertreibungen der Angst auszureden, verfiel selbst darein und wiederholte nur immer mit Grabesstimme: O, es wird schrecklich enden! Und ich mit meiner nicht minder erregbaren Phantasie sah den tragischen Ausgang, den beide weissagten, als schon eingetreten an. Hätte mein Mütterlein damals in die Zukunft blicken können, wieviel qualvolle Stunden wären ihr, wieviele Angstträume mir erspart geblieben. Sie hätte nach dem knabenhaften Zwist ihre zwei Feuerbrände die Spitzen gegeneinander neigen und vereint als eine schöne stille Fackel der Bruderliebe fortbrennen sehen, wobei die inneren Verschiedenheiten nur die Neigung nährten. Diese schöne Lösung war leider noch tief im Schoße der Zukunft verborgen. Und ich grüßte jeden ersten Morgenstrahl mit dem stillen Seufzer: Wäre nur auch dieser Tag schon glücklich vorüber und wir wieder alle heil in unseren Betten.

Es lag in den Erziehungsgrundsätzen meiner Mutter ein edler Irrtum, der auch in der neueren Pädagogik da und dort auftaucht, aber gleichwohl ein Irrtum ist und bleibt. Sie wollte alles der eigenen Einsicht des Kindes und dem guten Beispiel überlassen. Aber die Selbstentäußerung, wie sie sie pflegte, die schweigende, als selbstverständlich geübte Zurücksetzung des eigenen Ichs wird nur in den seltensten Fällen unreife Seelen zur Nacheiferung anspornen. Und durch die bloße Einsicht, wie klar sie bei gutbegabten Kindern sei, werden wilde Jungen nicht dahin gebracht, die Urgewalt der Triebe, vor allem den Zorn, zu bändigen, bevor die Hemmungsvorrichtung ausgebildet ist. Hierin hatte es ihre Erziehung fehlen lassen. Dem Vater aber wurden alle aufregenden

Vorgänge in der Familie nach Kräften verheimlicht. So stemmten sich die weiblichen Schultern allein und nutzlos gegen das Temperament der Knaben und ihre Entwicklungsstürme. Eine glückliche Ablenkung brachten von Zeit zu Zeit die Wohngäste, vor denen die feindlichen Brüder sich in einer angeborenen Ritterlichkeit zusammennahmen, wie sie auch öffentlich nie entzweit und hadernd gesehen wurden. Ein weiterer Grund für mich, jeden Gast mit Freuden zu begrüßen. Ich wollte gern mein Bett opfern, damit das Sorgengespenst mir eine Zeitlang fernblieb. Nachträglich muß ich mich wundern, wie doch über all der Not die Jugendlust mit so breitgestelltem Fittich schwebte. Vielleicht lernte ich es gerade deshalb so gut, die Freude zu lieben und jede schöne Stunde als Geschenk zu betrachten, weil nach dem tragischen Empfinden, das sich mir im untersten Grund der Seele festsetzte, jeder Tag der letzte sein konnte. Denn eine stille Angst ließ mich niemals los. Der Bruderkrieg war nicht der einzige Anlaß. Die wiederkehrenden Anfälle von Gelenkrheumatismus, die unsern Jüngsten in ihren Folgen zum frühen Tode führen sollten, waren in ihrer Schwere damals noch nicht erkannt, aber die Muttersorge lief der ärztlichen Prognose weit voraus, und die Leidenschaft, mit der sie an ihren Kindern hing, ließ für den Fall, daß ihr eines entrissen würde, das Schlimmste fürchten. Ohnehin redete sie immer mit mir von ihrem Tode, denn schon in jungen Jahren glaubte sie nunmehr so alt zu sein, daß es Anmaßung wäre, noch auf ein viel längeres Leben zählen zu wollen. Darum hatte mir die Vorstellung von dem schaurigen Frost, der die Herzen der Waisenkinder umgibt, schon die frühen Kinderjahre verdüstert. Am Vorabend ihres vierzigsten Geburtstags, der ihr als die Schwelle des Greisenalters erschien, schrieb sie einen Abschiedsbrief an ihre Kinder, dessen Anfang ich über ihre Schulter las und der mir fortan in alle Jugendfreuden einen tiefen Schatten warf. Ich glaubte nun gleichfalls, daß man mit vierzig nicht mehr lange leben

134

könne. Sie verbarg ihn im Doppelboden ihrer Schatulle, aber von dem schwarzen Faden, womit er gebunden war, hing ein Endchen heraus, und danach mußte ich immer blinzeln, wenn ich vorüberging. So feurig sie das Leben liebte, so bereit war sie, jeden Augenblick ins Unbekannte zu gehen, mit dem ihr Geist sich stets beschäftigte. Und an allem, was in ihr vorging, hatte ich von klein auf meinen Teil. Dabei ahnte sie gar nicht, was ich Grausames litt. Ich befand mich ja in einem Lebensalter, wo die Seelenkräfte noch viel schlafen sollten, um sich nicht vor der Zeit zu verzehren. Sie aber hielt mich seltsamerweise für unempfindlich, weil ich unter all den hemmungslosen Geistern frühe dazu gekommen war, mir Zwang anzutun, um das Zünglein der Wage sein zu können. Auch hatte ich allmählich begonnen, mich leise von ihrer Gedankenwelt, die bisher eine gemeinsame gewesen war, abzulösen. Es schien mir, als ob ihre Ansichten, die sie so feurig aussprach, mit der Welt, wie ich sie sah, nicht ganz stimmen wollten. So einfach waren die Dinge doch wohl nicht, daß es genügte, zu dieser oder jener Partei zu gehören, um ein Engel oder das gerade Gegenteil zu sein. Auch das mit den Preußen konnte ich nicht mehr so recht glauben, besonders nachdem es 1866 vor meinen Augen so glimpflich abgelaufen war. Vielleicht steckten auch nicht in jedem Liebespaar, dem der elterliche Segen fehlte, ein Romeo und eine Julia, für die man unbedingt einstehen mußte. Je älter ich wurde, desto mehr breitete sich nun der Widerspruch aus und griff allmählich in alle Gebiete des Lebens über; es hieß aber behutsam sein, denn ihr Temperament war unberechenbar. Das beste war, sie zum Lachen zu bringen. Wenn sie zornig oder aufgeregt wurde, so drehte sie sich blitzschnell um sich selber mit einer ganz südlichen Gebärdensprache, die ich neckend ihren Kriegstanz nannte. Über einen solchen Scherz konnte sie plötzlich hellauf lachen, dann war der Zorn verflogen. Sie lachte ja so gerne, und am liebsten über sich selbst. Nie werde ich wieder ein sonnigeres, sorgloseres Kinderlachen hören.

Auf ihr Wesen hatte bisher noch nie ein Mensch wirklichen Einfluß gehabt, auch mein Vater nicht. Sie liebte ihn mit einer Liebe, die Anbetung und Gottesdienst war. Sie stützte den Ringenden und ersetzte dem Unverstandenen die gläubige Gemeinde. Diese tragende Kraft mußte für den um dreizehn Jahre älteren Mann von unschätzbarem Werte sein. Ich habe mich oft gefragt, wie es wohl gegangen wäre mit einer biederen schwäbischen Hausfrau bürgerlichen Schlages, die ihm wohl seine Wirtschaft peinlich genau geführt, ihm aber dafür mit Lebenssorgen in den Ohren gelegen hätte. Meine Mutter hielt die irdischen Nöte von vornherein für unzertrennlich vom Dichterlos und war stolz darauf, sie mit ihm zu teilen. Sie vermittelte den Kindern die Geisteswelt des schweigsam geworbenen Vaters und erzog uns so zur Verehrung für ihn, daß selbst der wilde Alfred in seiner Gegenwart lammfromm war. Aber in ihren Meinungen und Grundsätzen ließ sie sich auch durch ihn nicht beeinflussen. Er war zu reif, zu ausgeglichen, um auf die Immerwerdende, Nichtfertigwerdende zu wirken. Bei seiner Neigung, jeder Persönlichkeit ihre Art zu lassen, hat er wohl auch nie ernsthaft versucht, den Sinn für die Abstufungen in ihr zu wecken. Diese Aufgabe fiel einem viel jüngeren, aus ihr selbst geborenen Wesen zu, das sich an ihr und häufig gegen sie entwickelte und an dessen Entwicklung sie selber weiterwuchs. Ihr beizubringen, daß es zwischen Schwarz und Weiß unendliche Zwischentöne gibt, daß nicht jede Erkenntnis in jeder Seele gute Früchte trägt, daß auch der besten Sache mit Schweigen zuweilen besser gedient ist als mit Reden, solcherlei Ausgleichspolitik beschäftigte meinen Kopf schon in einem Alter, wo andere noch mit der Puppe spielen. So oft das häusliche Gleichgewicht schwankte, mußte ich es einrenken. Und oft genug, wenn ich glaubte, recht geschickt eine Klippe umsteuert zu haben, warf noch im letzten

136

Augenblick ihr Ungestüm meine ganze Berechnung um.
Welch ein täglich erneutes Ringen, wieviel Mißverständnisse
und beiderseitiges Herzweh! Über mich ergossen sich alle
Gewitter ihres stürmischen Naturells. Je mehr Leid uns
daraus erwuchs, desto zärtlicher hingen wir zusammen. Aber
oft empfand ich es als eine besondere Härte des Schicksals,
daß gerade ich berufen sein sollte, nur immer Dämme aufzurichten, Grenzen zu ziehen, Vernunft zu predigen, da doch
Lebensalter und eigene Anlage mir nach meiner Meinung
vielmehr das Recht gegeben hätten, selber die Unvernünftige
zu sein.

Ein Nothelfer. Russische Freunde

Unterdessen feierte auch Edgar seine vita nuova in einem
Freundschaftsverhältnis, das etwas von der Überschweng-
lichkeit einer ersten Liebe an sich hatte.

In seiner Klasse, aber in einer höheren Abteilung, saß ein
älterer Mitschüler, Ernst Mohl, ein Pfarrerssohn aus Hildrizhausen, der den zuerst ergriffenen Kaufmannsberuf gegen den
Wunsch seiner Eltern mit den Gymnasialstudien vertauscht
hatte und so unter den jüngeren Jahrgang geraten war.
Diesem schloß sich Edgar mit seinem ganzen Feuer an. Sie
tauschten ihre literarischen und philosophischen Ansichten aus,
teilten sich gegenseitig ihre Gedichte mit, und der einfach
erzogene Pfarrerssohn, der bis dahin still vor sich hin gelebt
und nur mit den frömmsten Familien verkehrt hatte, sah sich
plötzlich in einen Wirbel geistiger Anregung hineingezogen.
Auch ich wurde schon in den ersten Tagen in den neuen Bund
eingeschlossen. Denn als die beiden einmal zusammen durch
die Alleen schlenderten, begegnete ihnen ein Trupp Kameraden, die einen Armvoll Rosen in einem Garten gebrochen
hatten, und man kam überein, die schönen Blumen einem
Mädchen zu schicken. Aber wem? — Edgars Schwester,
entschied Mohl. Er hatte schon vor der Bekanntschaft mit
dem Bruder eines Tages ein blondes Mägdlein leichtfüßig
über die Straße hüpfen sehen und war durch eine Tochter
Philistäas belehrt worden, daß dies das Kurzsche Heidenkind
sei. Und alsbald hatte er in seiner Seele für das Heidenkind
und gegen Philistäa Partei genommen. Die Kameraden
stimmten zu, und er wurde beauftragt, eine Widmung im
Namen aller zu schreiben. Er zog sich zurück und schmiedete
alsbald ein formgerechtes, jugendlich überschwengliches Sonett,

138

in dem er jedoch der Kameraden nicht gedachte, sondern nur seine eigene Sache vortrug. Blumen und Verse überbrachte mir Edgar. Ich fühlte mich durch die gereimte Huldigung sehr gehoben; eine solche war bis jetzt nicht einmal Lili zuteil geworden. Die Verse waren für mich, was für den Knappen der Ritterschlag.

Wenige Tage später saß ich mit den Eltern in Schwärzloch, der lieben alten Waldwirtschaft, wo Frau Lächler, die philosophische Wirtin, uns ihre Sauermilch mit dem berühmten Schwarzbrot vorsetzte. Da erschien Edgar mit seinem neuen Freund und stellte ihn vor, einen großgewachsenen, aber noch sehr schüchternen Jüngling, dem mit seinen siebzehn Jahren schon der Vollbart sproßte. Der Neuling war innerlich sehr erschüttert von dem, was er getan hatte, und sah sein Unterfangen nachträglich als eine Ungeheuerlichkeit an. Aber die Dreizehnjährige dankte gesetzt und damenhaft für die Blumen und nahm die Begleitverse als Formsache und Ritterstil auf, wonach die Befangenheit sich allmählich löste. Wir waren damals gerade aus dem großen kalten Haus an der Steinlach in die neue Wohnung in der inneren Stadt gezogen, die mit ihrer sonnigen Vorderseite drei Stock hoch auf den schönen altertümlichen Marktplatz hinuntersah und zugleich auf der Rückseite, wo die Haustür lag, das zweite Stockwerk über der finsteren Kronengasse bildete. Dort besuchte uns der neue Freund, nachdem er die erste Beklommenheit überwunden hatte, bald fast täglich. Der zarte und doch so schroffe Edgar mit dem leichtentzündlichen Geblüt und dem schmalen, vergeistigten Gesicht, aus dem große blaue Augen weltfremd leuchteten, sah in dem riesenstarken, immer gelassenen Freunde sein unentbehrliches Widerspiel. Wenn dieser sich kaum verabschiedet hatte, so hielt er es schon nicht mehr ohne ihn aus und griff zur Mütze, um ihm nachzueilen. Als Ernst die Vakanz im väterlichen Pfarrhaus verbrachte, war der leidenschaftliche Knabe so unglücklich über die Trennung, daß der Freund auf

139

den abenteuerlichsten Schleichwegen ohne Wissen seiner Eltern, die an diesem Verkehr keine Freude hatten, ein Wiedersehen wie ein verbotenes Liebesstelldichein bewerkstelligen mußte. Und weil das kurze Beisammensein Edgars liebebedürftiger Seele kein Genüge tat, nahm jener ihn gar als Gast in sein Pfarrhaus mit, freilich in heimlichen Ängsten, wie seine Eltern sich zu der Überraschung stellen würden. Aber so ein altschwäbisches Pfarrhaus wußte, was es dem Herkommen schuldig war, und ließ sich nicht lumpen, wenn ein Gast erschien, ob er ihres Geistes Kind war oder nicht. Man buk und schmorte, der Pfarrer holte seinen klassischen Schulsack, die Pfarrerin ihren Mutterwitz hervor, um die Unterhaltung zu würzen. Und da nun die Vakanz zu Ende ging, wurde anderen Tags die bessere von den zwei Pfarrkutschen angespannt, der „lederne Deckelwagen", in dem nach bäuerlicher Ausdrucksweise vier „Herrenkerle" Platz haben, und die Gäste nach altem Brauch bis in die Mitte des Schönbuchs zurückgeführt. Aber trotz der ihm erwiesenen Ehre hatte das schwärmerische Knabengemüt keinen Augenblick Ruhe, solange es den Freund mit andern teilen mußte. Ich hab' den ganzen Tag über Heimweh nach dir, klagte er, wenn sie einmal allein waren, und legte seine zarte Wange an die bärtige des Freundes. Denn die Stärke seines Innenlebens machte dem Friedelosen selbst das Glück zur Qual.

Ernst trat allmählich im Hause ganz in die Stellung eines Mitbruders ein. Er half den jüngeren Knaben bei ihren Schulaufgaben, mich begleitete er in die Tanzstunde hin und zurück, obgleich der Ort nur über der Straße lag, und sah geduldig zu, bis ich des Herumhüpfens müde war, wenn es auch noch so spät wurde, denn er selber tanzte nicht. Er tat mir brüderlich zuliebe, was er nur konnte. Wenn Edgar seine immer zuckende Reizbarkeit an mir auslassen wollte oder Alfred mir seine Verachtung der Weiblichkeit allzu deutlich zu verstehen gab, so stellte er sich dazwischen und schaffte mir

140

Luft. Zum Dank für diese Liebesdienste betreute ihn Mama mit ihrer ganzen überschwellenden Güte und wurde eine zweite Mutter für ihn, wobei sie freilich in ihrer stürmischen Art auch ab und zu in seine Lebenshaltung eingriff und den Abstand zwischen der freiheitlichen Richtung des Sohnes und dem bürgerlich hergebrachten Gesichtskreis der Eltern nach Kräften zu erweitern suchte.

An dem jungen Freunde fand ich jetzt einen Nothelfer in den häuslichen Stürmen, der mir bessere Dienste leistete als die Wohngäste, die doch nur auf kurze Zeit erschienen. Mit der Zeit vergrößerte sich auch der Kreis. Söhne befreundeter Familien, die zur Hochschule kamen, wurden in unserem Hause eingeführt, darunter das Frohgemüt unseres Eugen Stockmayer, der einer unserer Getreuesten werden sollte, und der gleichnamige Enkel des alten Dichters Karl Mayer, eine feine und eigenartige Erscheinung. Es fanden sich vorübergehend zwei Träger großer Namen ein, der schöne junge Friedrich Strauß, von seinem Vater dem meinigen empfohlen, und Robert Vischer, von dem seinen persönlich bei uns eingeführt. Da war ferner der treue Arthur Mülberger, der Theoretiker des Sozialismus und Schüler Proudhons, nebst einem gleichgesinnten französischen Freunde, dem ich später seiner Bedeutung wegen ein eigenes Kapitel widmen muß. Man machte gemeinsame Ausflüge oder saß des Abends beisammen und spielte, und ich durfte für Stunden ein gedankenloses junges Tierchen werben wie andere. Eine unbeschreibliche Harmlosigkeit waltete damals im Verkehr der Jugend. Man liebte noch die Gesellschaftsspiele, bei denen Scharfsinn, Witz und Geistesschnelle geübt werden mußten. Auch Rätselraten war eine beliebte Unterhaltung. Ernst Mohl verfaßte komische Gedichte in allen möglichen fremdländischen Dichtweisen, worin meine Tänzer durchgehechelt wurden. Edgar hatte eine frühe Meisterschaft über Wort und Reim, die wahrhaft verblüffend war und die ihm

immer zu Gebote stand. Er wetteiferte nun mit Ernst in
lustigen Travestien bekannter Dichtungen, worin er auch unser
Mütterlein mit ihrer Garibaldischwärmerei und ihren republi-
kanischen Freundschaften nicht verschonte. Dazwischen gab
es ernste Wortgefechte literarischer und anderer Art, wobei
man jedoch vorsichtig sein mußte, denn der reizbare Edgar,
der alles persönlich nahm, konnte bei solchen Anlässen plötzlich
in Brand geraten. Er pflegte je nach der augenblicklichen
Stimmung Dichter auf den Thron zu heben oder schmählich
abzusetzen, selbst die größten nicht ausgenommen. Da war
es denn schwer, nicht zu widersprechen, und widersprach ich,
so prasselte er auf. Bei seiner Unausgeglichenheit und seinem
steten Auf und Ab hätte ihn nur eine Windfahne befriedigen
können, und eine solche hätte er von Grund aus verachtet.
Der ruhige Freund hatte immer zu begütigen und abzulenken.
Dafür wandte sich ein andermal der Groll gegen ihn, wenn
er sich z. B. einfallen ließ, eine Lanze für Platen zu brechen,
während wir andern gerade im Heine schwelgten. In solchen
Fällen schien dem erregbaren Jünglingsknaben die abweichende
Meinung geradezu einen seelischen oder mindestens einen
geistigen Mangel auszudrücken, und er konnte so wild werden,
daß man für die Freundschaft fürchten mußte. Der große,
gewichtige Freund aber hob dann den kleineren, zarten vom
Boden auf, schaukelte ihn auf seinen starken Armen hin und her
oder streichelte ihm mit seiner Riesenfaust die Backe, bis er
das Fauchen aufgab und wieder gut war. Mein Vater kam
ab und zu von seinem Arbeitsstübchen im Giebelstock herunter
und warf ein paar Worte ins Gespräch. Mama saß am liebsten
auf einem Schemel, ganz in sich zusammengerollt wie ein
kleines Bündelchen, aus dem die Augen mit einem fast unmöglichen diamantenartigen Glanze strahlten. Vor Schlafen-
gehen pflegte sie schnell noch aufzuspringen und die Treppen
hinunter in die Konditorei zu huschen. Von dort brachte sie
jedem ein Brottörtchen mit Schokoladenguß mit. Ja —

und du? hieß es dann. Sie behauptete jedesmal, das ihrige schon im Laden verzehrt zu haben, aber alle wußten, daß dem nicht so war! Sie liebte vom Gebäck nur das feinste, und diese Törtchen waren besonders fein. Deshalb aß sie nie eins, sondern gönnte sich den Genuß, der für sie ein größerer war, es andere essen zu sehen.

Mein Latein war unterdessen da liegen geblieben, wo der allzu gewissenhafte Haierle es gelassen hatte. Nun erbot sich Ernst Mohl als angehender Philologe, den Unterricht wieder aufzunehmen. Es war auch eine Eigentümlichkeit jener Tage, daß all die jungen Menschenkinder sich immer gegenseitig aus Freundschaft unterrichteten. Die Mama war entzückt von diesem Vorschlag, aber das Töchterlein keineswegs. Ich bildete mir nämlich ein, daß einzig das Lateinische, das damals bei Mädchen für eine Unnatur galt, an meinem Mißverhältnis zur Welt schuld sei. Zudem war mir das Römervolk mit seiner starren, nüchternen Vernünftigkeit und seiner grausamen Zweckmäßigkeit unerfreulich, somit liebte ich auch ihre Sprache nicht, deren schöne Treffsicherheit und durchsichtige Klarheit ich noch nicht würdigen konnte. Und gar auf ihre Literatur, die mir lauter Flickwerk schien, sah ich von der Höhe meines Homer tief herunter. Um dieses Volkes, um dieser Sprache willen sollte ich mich von den Buben mit Steinen werfen und von den Mädchen verklatschen lassen! Wären es noch die Griechen gewesen! Die ganze Kinderei meiner jetzt erreichten vierzehn Jahre kam über mich, und es gab für meine aufgeregte Einbildung keine Grenzen mehr. Das Latein war der Vampyr, der mir am Leben fraß! Die Römer hatten nur in der Welt herumgesiegt und Geschichte geschrieben, damit ich in Tübingen ein unglücklicher Mensch würde! Und der Freund, der sich mir zugeschworen hatte, gab sich zum Helfershelfer her! Es war gräßlich. Ich versteckte mich auf dem Speicher bei den großen Koffern. Dort standen zwei mannshohe Riesensäcke, von Josephine mit unbenützten Bettstücken und anderem

Hausrat vollgepfropft. Hinter diesen suchte ich Sicherheit, bis die Gefahr vorüber wäre. Aber als Mama auf der Suche nach mir den Speicher heraufgestürmt kam, da verriet mich wie weiland den König Enzio ein Schopf, der zwischen den Säcken hervorglänzte, und ich wurde an den Zöpfen die Treppe hinabgezerrt. Ich schluchzte und grollte in mich hinein und nahm erst vor der Tür wieder Haltung an, aber eine ungnädige. Doch der junge Lehrer verstand es, mir des Tacitus Germania so schmackhaft zu machen, daß ich schon auf der ersten Seite meinen Unmut fahren ließ. Ich fühlte mich auch als Deutsche geschmeichelt, daß mir der alte Römer über meine Vorfahren so viel Verbindliches zu sagen hatte, und fand danach sein Volk minder abstoßend. Ich übersetzte die ganze Germania, schrieb sie schön ins Reine und überreichte sie meiner Mutter, die nun wieder ganz mit mir zufrieden war. Sie berichtete dem alten Freund Bacmeister in Reutlingen meine Leistung, und dieser verehrte mir in kollegialer Anerkennung je ein Druckstück seiner eben erschienenen Tacitus- und Sallustübersetzungen.

Und zur Belohnung führte mich Mama auf den ersten Ball nach Niedernau. Niedernau! Könnte ich dem Wort nur etwas von dem Zauber einhauchen, den es in Mädchenohren besaß. Man denke sich ein bescheidenes, lieblich ernstes Schwarzwaldtal, von Tannen umstanden, von einem Bächlein durchflossen; daselbst ein anspruchsloses Kurhaus mit einem großen Tanzsaal, der an sich kein Schaustück war, der sich aber zur Sommerzeit an den Nachmittagsstunden der Sonn- und Donnerstage in ein Stück Jugendparadies verwandelte. Junge Mädchen in den duftigen Sommerkleidern damaliger Mode aus Mull oder Jakonett, die den Trägerinnen das Ansehen von Wiesenblumen gaben, Studenten in Couleur, geduldige Mütter an den Wänden, Geigenschrillen, Tanzgewirbel; niemand fragte, wie hoch das Thermometer stand. Der Kotillon ging meist in ein förmliches Rasen aus, denn bei der Überzahl der Herren mußten viele ohne

144

Tänzerinnen bleiben und hielten sich dann beim Kehraus schadlos. Jeder Tänzer hing seiner Dame einen Mooskranz um den Arm, und an der Zahl der Kränze sah man, wie oft sie aus der Tour geholt worden war. Die heimgeschleppten Kränze hing man dann zu Hause als Trophäen auf. Kontertänze wurden zuweilen im Freien auf dem Rasen getanzt, was noch hübscher war, und in der Zwischenzeit gingen die Paare auf den nahen Waldwegen spazieren. Auf der Heimfahrt schlossen sich einzelne Tänzer den Familien an, das waren solche, die im Trunk enthaltsam gewesen. Die anderen vollführten im Eisenbahnwagen ein dämonisches Singen und Grölen, was zwar nicht sehr rücksichtsvoll gegen die Damen war, aber doch nicht als gröbliche Verletzung des Anstands aufgefaßt wurde, da man von der studentischen Jugend an vieles gewöhnt war. Mein erster Balltag in Niedernau fiel gerade auf Mamas Geburtstag. Als wir am Abend kränzebeladen und freudensatt — denn sie genoß meine Jugendfreuden fast mehr als ich selber — nach Hause fuhren, holten uns Ernst und Edgar am Bahnhof ab. Sie hatten zuvor das Haus mit bunten Laternen behängt und auf dem Geburtstagstisch lustige poetische Gaben eigenen Erzeugnisses ausgebreitet, in denen die kindliche Seele der Empfängerin schwelgte. Auch mir wurde ein Heldengedicht im Nibelungenstil aus Ernsts Feder überreicht, das die ungeheuerlichen Reckentaten bekannter studentischer Persönlichkeiten für ihre Ballschönen besang, eine grotesk-heroische Fortsetzung eben genossener Ballfreuden, zum Nachklang der Geigen in meinem Ohr gestimmt. Noch drolliger war ein späteres Gedicht in Makamenform, das zwei Angehörige feindlicher Korporationen, in die Namen Kampfwart der Schöne und Siegwolf durchsichtig vermummt, einen fürchterlichen Einzelkampf ausfechten ließ, wobei der unbezwingliche Siegwolf mit der blauweißroten Schärpe doch gefällt wurde und der schöne Kampfwart neben der wallenden schwarzrotgoldenen Fahne als Sieger stand. Alle diese Helden führten fortan neben ihrem wirklichen noch ein mythisches Dasein, denn der Verfasser setzte seine Gesänge eine geraume Weile fort.

Die überschwengliche Freundschaft der beiden Jünglinge erstieg allmählich einen Gipfel, auf dem sie sich nach dem Gesetz des Irdischen nicht lange halten konnte. Ihre schönsten Stunden verlebten sie noch auf einer Schwarzwaldreise, zu der sie sich in der nachfolgenden Sommervakanz zusammenfanden. Der ältere Freund, der jetzt schon Student war, hatte sich die Mittel dazu ganz insgeheim buchstäblich am Munde abgespart, sonst wäre die Genehmigung seiner Eltern nicht zu erlangen gewesen. Sie stiegen zuerst in dem uns befreundeten Hopfschen Pfarrhaus in Pfalzgrafenweiler ab und wanderten anderen Tags der Hornisgrinde zu. Bei sinkender Nacht an schwelenden Meilern vorüber, an deren Glut, die er für Irrlichter hielt, Edgar sich hineinspringend die Sohlen versengte, gerieten sie todmüde vor eine Waldherberge, die ganz dem Hexenhaus des Märchens glich. Auf ihr Klopfen zog ein altes Weib, das einsam dort hauste, nach vielen mißtrauischen Fragen über ihre Zahl und Körpergröße die Falltür auf und ließ die zwei jugendlichen Wanderer eintreten. Während sie ihnen beim Schein ihrer Stallaterne einen herrlichen Pfannkuchen buk, mußten die beiden sich im Dunkeln behelfen und wurden hernach ohne Umstände in eine unheimliche Rumpelkammer hinaufgeführt, wo ein großes Bett stand, und dort wieder im Dunkeln gelassen. Gerade über dem Bett befand sich eine breite offene Luke, von der man nicht wußte, wohin sie ging: sie konnte Räubern zum Einlaß dienen. Die Phantasie der beiden war so aufgeregt von dem sonderbaren Empfang, daß sie mit jeder Möglichkeit rechneten. Edgar, der unter dem Eindruck des Waltharliliedes stand, sagte: Jetzt sind wir in derselben Lage wie Walther und Hildegund am Wasgenstein. Wir wollen es machen wie sie und uns in die Nachtwachen teilen, damit uns kein Feind überrasche. Übernimm du die erste Nachtwache und wecke mich, wenn es Zeit ist, damit ich die zweite halte. Der andere versprach's. Dann umschlangen sie sich kampf- und todbereit und entschliefen beide auf der Stelle. Als der Morgen mit Vogelgesang und Tannenduft durchs Fenster sah, erwachten sie ungemordet und rüsteten sich zum Weitermarsch. Die Hexe labte sie mit köstlicher Milch und Schwarzbrot. Den Tee, den mein besorgtes Mütterlein ihnen zum Frühstück mitgegeben hatte, stellte die Alte als Salat zubereitet daneben mit der verwunderten Bemerkung: Daß ihr schon am frühen Morgen dürres Gras essen mögt! — Dann brachen sie auf, erreichten unter großen Strapazen am anderen Abend Kehl, wo sie nüchtern, wie sie noch vom Morgen her waren, sich nicht einmal die Zeit ließen, zu rasten und sich zu stärken, so unaufhaltsam zog sie's nach Straßburg, der „wunderschönen Stadt". Allein beide hatten noch gar nicht gelernt, mit Nutzen zu reisen, so durchrannten sie nur planlos die Straßen, staunten zum Münster hinauf, erhielten auf ihr mühsam zusammengeleimtes Französisch allenthalben zu ihrer Verwunderung deutsche Antworten und trugen von dem kurzen Besuche nichts davon als das Bedauern, diese urdeutsche Stadt in fremden Händen zu wissen. In der Dunkelheit kehrten sie über die lange Rheinbrücke, die jetzt endlos schien, nach Kehl zurück; der Rheinstrom rauschte dumpf, die Müdigkeit wurde entnervend, jeder Begegnende, dessen Schritte ihnen im Finstern entgegenhallten, schien Böses im Schilde zu führen, und der zarte Knabe sagte zu dem starken Freund: Wenn man nicht ein Mann wäre, könnte man sich fürchten.

Auf dem Heimweg machten sie noch in Renchen Halt und erkundigten sich im Auftrag unseres Vaters, der sich um jene Zeit wieder mit Studien zum Simplizissimus beschäftigte, auf dem dortigen Friedhof nach dem Grabe des Verfassers. Allein der Name Grimmelshausen war dort gänzlich unbekannt. Sie waren aber trotz der geringen Ausbeute, die sie von der Reise heimbrachten, doch beide sehr stolz auf die gemachten Erfahrungen, wenn auch Edgar nach seiner Weise kein Wörtlein davon über die Lippen brachte und selbst dem Freunde nicht gestattete, alles zu erzählen. Und unser leicht-blütiges Mütterlein sagte befriedigt: Ja, jetzt habt ihr etwas erlebt, jetzt seid ihr Männer geworden.

Aber gerade auf dieser Reise war den Freunden doch die große innere Verschiedenheit ihrer Naturen aufgegangen, und Edgar mit seinen oft aus höchstem Seelenschwung ent-springenden Eigenheiten hatte es dem anderen nicht leicht gemacht. Ernst kleidete aus Hildrizhausen seine Beschwerden in einen humoristischen Brief, der alle einzelnen Vorkommnisse der Reise aufzählte und große Heiterkeit erregte. Auch Freund Hopf, der bald danach aus seinem Pfalzgrafenweiler herüber-kam, half über die Reiseabenteuer lachen. An diesen Besuch knüpft sich noch eine niedliche Erinnerung. Wir saßen dem Gaste zu Ehren alle bei einer Flasche Wein in des Vaters Studier-zimmer beisammen, was selten geschah. Da erhob Edgar sein Glas gegen mich und sagte: Tibi, Illo! — Was, illo? rief Hopf strafend. Es kann nicht illo heißen, du bist mir ein sauberer Lateiner. Der treffliche Mann war ein großer Freund der Jugend, aber bei seiner ausgesprochen pädagogischen Anlage neigte er sehr zum Bessern und zum Belehren. Dafür hatte ihm Edgar nun eine kleine Falle gestellt. Der Vater blickte erwartungsvoll auf den Sohn, dessen Latinität außer allem Zweifel stand. Illo ist kein Latein, sagte dieser schmunzelnd. So nannte sich meine Schwester, als sie klein war und ihren Namen noch nicht aussprechen konnte, und bei mir heißt sie noch heute so. Es war der kindliche Kosename, den er mir gab, wenn er gut aufgelegt war.

Die einseitige Leidenschaftlichkeit seines Wesens trieb es jetzt in dem Freundschaftsbund, der sein Glück gewesen war, allmählich zur Katastrophe. Mißverständnisse, störende Ein-mischungen Dritter hatten schon den ersten Glanz getrübt. Er verstand es niemals, sich seiner Freunde „schonend zu erfreuen", denn er verlangte eine Ausschließlichkeit und ein Ineinanderfließen, die nicht von dieser Welt sind. Wenn das Bild, das er sich von dem andern machte, irgendwo mit der Wirklichkeit nicht stimmen wollte, so zerriß es ihm das Herz. Bald fand er sich in dem Freunde nicht mehr zurecht, der sich Menschen und Dingen anpaßte, wie sie ihm in den Wurf kamen, und das Leben von der guten Seite nahm. Nun kamen immer mehr Schmerzen und Enttäuschungen. Ernst ließ sich beikommen, mit zwei älteren norddeutschen Studenten zu verkehren, bei denen er in der Stammesverschiedenheit seinen geistigen Gesichtskreis zu erweitern hoffte. Ob nun Eifersucht im Spiele war oder Edgar gerade jene Persönlichkeiten des Freundes nicht würdig hielt, er fühlte sich verletzt und forderte, daß Ernst den neuen Umgang aufgebe. Das konnte dieser nicht gewähren und suchte sich durch gütliches Zureden und ausweichenden Scherz aus der Klemme zu ziehen. Aber er machte dadurch das Übel ärger, denn bei Edgar war es bitterer Ernst. Er kam noch einmal auf sein Zimmer und ersuchte den Freund nachdrücklich, zwischen ihm und jenen zu wählen. Als dieser erklärte, daß er nicht wählen könne und wolle, antwortete er verzweiflungsvoll: Dann hast du gewählt! und ging mit einem vernichtenden Blick aus dem Zimmer.

Es war eine furchtbare Krisis in seinem Jünglingsleben. Obwohl völlig im Unrecht, glaubte er doch ganz und gar im Rechte zu sein, weil er sich der größeren Stärke seines Gefühls bewußt war. Der andere sah nicht, was in dieser tiefernsten, immer aufs höchste gespannten Seele vorging. Wir aber, die ihn besser kannten, verstanden es und fürchteten für sein Gleichgewicht. In seinen ekstatisch blickenden und doch so willensfesten Augen lag damals etwas Wertherisches. Es war jene kritische Übergangszeit im Leben des begabten Jünglings, bevor Frauenliebe ihn auf den Erdboden zurückholt. Mama hatte entdeckt, daß er in einem verschlossenen Kästchen unter allerlei Heiligtümern ein Fläschchen Morphium bewahrte, über das sie sich heftig ängstigte. Es diente wohl nur zur Prüfung des Selbsterhaltungstriebs wie jener Dolch, mit dem Goethe spielte. Ich weiß nicht mehr, auf welche Weise es mir gelang, den Schrein heimlich zu öffnen; ich goß das Fläschchen aus und füllte es mit einer ganz gleich gefärbten, aber unschuldigen Flüssigkeit. Er merkte nichts und hat nie von dem Tausch erfahren. Die Erschütterung ging auch bald vorüber, aber sie hatte auf sein ganzes Leben eine Nachwirkung. Er verschloß fortan das Zärtlichkeitsbedürfnis, dessen er sich schämte, in tiefster Brust und wurde in der Form so schroff und herb, daß auch seine Angehörigen den Weg nicht mehr so recht zu seinem Innern fanden. Er wollte fortan keinen Herzensfreund mehr. Als er dann selber Student wurde, suchte er sich nur solche Gefährten aus, unter denen er unbedingt herrschen konnte. Und er wählte seinen Umgang nicht ohne eine gewisse Absicht so, daß es den ehemals Geliebten verletzen mußte, weil dieser sich sagen durfte, daß er selber mehr geboten hatte. Und nicht einmal in reifen Mannesjahren fanden sie mehr den Weg zueinander, obschon sie beiderseits den Versuch einer Wiederannäherung unternahmen und keiner dafür das Opfer einer weiten Reise scheute. Die Zeit macht keine Mißverständnisse des Herzens gut; sie häuft nur Massen darüber auf und verschüttet mit dem Groll auch die Liebe.

Ich war es, die am meisten von Edgars Anlage zu leiden hatte, seitdem der Freund nicht mehr als Blitzableiter dazwischen stand. Er verlangte jetzt unter anderm plötzlich, daß ich nicht mehr tanze, weil der Gedanke, daß der erste beste mit einer Verbeugung an seine Schwester herantreten und mit ihr herumwirbeln könne, ihm unerträglich sei. Daß ich die Sache nicht mit seinen Augen sehen wollte, schmerzte ihn tief, und nun schrieb er eine Flugschrift gegen das Tanzen, die er drucken ließ. Als er uns einmal in Niedernau abholen sollte, riß er mir beim Heraustreten aus dem Ballsaal die Kränze vom Arm und warf sie vom Brücklein in den Wald-

150

bach. Dabei standen ihm die Tränen in den Augen, daß
er mir troß meines Unmuts leid tat. Aber ich konnte es
nicht hindern, daß wir uns innerlich voneinander entfernten.
Ohne daß ich es wußte und wollte, wurde er, der bisher stets
die Hauptperson gewesen, jeßt durch mich an die zweite Stelle
gedrängt. Ich war mit vierzehn Jahren nahezu ausgewachsen
und wurde auch von den reiferen Männern unseres Kreises für
voll genommen, während er als fünfzehnjähriger Gymnasiast
noch kaum beachtet daneben stand. Das alles floß dem
Leichtverleßten zu einem unbestimmten Gefühl von Kränkung
zusammen, und er ging neben der Schwester, die sich ihm
halb entwand und ihm halb von den andern entzogen wurde,
mit einer starken, aber heimlich zürnenden Liebe her, deren
Äußerungen alles eher als wohltuend waren.

Sein schmerzlicher Bruch mit Mohl wurde äußerlich durch
die Familie verkittet. Wenn dieser, nun gleichfalls im Herzen
vereinsamt, Mama oder mich am Fenster stehen sah, so zog
es ihn, wie schroff er von Edgar abgestoßen war, unausweich-
lich den alten Weg. Auch unsere Lateinstunden gingen weiter.
Wir lasen jeßt zusammen den Sallust, wobei ich mich für die
troßige Verbrechergestalt des Catilina lebhaft erwärmte.
Das freute Edgar, der die gleiche Vorliebe hatte, und so
fühlten wir endlich wieder einmal unsere innere Ähnlichkeit.
Wenn aber Lili in Tübingen auftauchte, so vergaß ich Catilina und das ganze Römervolk nebst seiner Grammatik und
hatte wieder für nichts Sinn als für Tand und Bälle und
Studentenwesen. Einmal hatte sie mir einen allerliebsten
weißen Tarlatanhut mit schwarzen Samtbändchen mitgebracht,
wie sie selber einen trug, ganz ähnlich den jeßt an den Bade-
orten üblichen Strandhüten. Dergleichen war aber in Tübingen
noch nicht gesehen worden, und das Hütchen erweckte auf
meinem Kopf wieder einen sittlichen Unwillen. Als wir nun
eines Tages mit unseren Tarlatanhüten und den schwesterlich
gleichen grün und weiß gestreiften Waschkleidchen zusammen

ausgingen und uns dabei sehr niedlich vorkamen, brach eine
Rotte Schuljungen, die eben den Schulberg herabkamen,
heulend und Steine werfend auf uns ein, daß wir die Pfleg-
gasse hinauf uns in einen Bäckerladen flüchteten, der schnell
geschlossen werden mußte. Die Gassenjugend bombardierte
die Tür mit wütenden Steinwürfen, und wir wurden wohl
eine Viertelstunde lang von der wohlwollenden Bäckersfrau
in den hintersten Räumen versteckt gehalten, ehe wir uns
wieder hinaustrauen durften. Von da an gingen wir nur noch
unter männlichem Schutz in unseren Tarlatanhütchen aus, bis
die Töchter Philistäas anfingen, sie nachzumachen und die
Mode sich verbreitete.

· Auch Hedwig Wilhelmi wetterleuchtete wieder durch mein
Leben. Sie entzückte als maître de plaisir, indem sie Ausflüge und andere Lustbarkeiten veranstaltete, wobei sie selber
auch auf ihre Rechnung kam, denn während die Jugend tanzte
und tollte, gesellten sich die älteren Studenten zu der reifen,
fesselnden Frau, um mit ihr zu rauchen und sich im Wort-
gefecht, das ihr Bedürfnis war, zu üben. Es ging nach da-
maligem Brauch bei solchen Ausflügen sehr genügsam zu:
eine Sauermilch oder ein Glas Bier, bei Tanzvergnügungen
ein Stück Kuchen war alles, was man sich leistete; die
Wirtshäuser waren auf mehr kaum eingerichtet. Dann
setzte man sich auf dem Heimweg Glühwürmchen ins Haar,
und mit dieser phantastisch leuchtenden Krone wanderte
man singend durch den Wald nach Hause. Die wilden
jüngeren Brüder betrugen sich, wenn sie dabei sein durften,
tadellos. Nur daß Erwin gelegentlich gegen eine ver-
botene Zigarre irgendeinem anschlußbedürftigen Studenten
unser geheimgehaltenes Ausflugsziel verriet, daher wir nie
begriffen, weshalb gewisse Gesichter so häufig da auftauchten,
wo man sich ihrer nicht versehen konnte. Alfred, noch immer
unversöhnt mit dem weiblichen Geschlecht, mochte sich's doch
nicht ganz versagen, dabei zu sein. Er folgte meist auf zwanzig

152

Schritt Entfernung durch die Straßen, und war so gezwungen alles einzusammeln, was Philistäa gegen die beiden Tarlatan-hüte, gegen Hedwigs Zigarre oder Mamas nachlässigen Anzug einzuwenden hatte. Das warf er uns dann alles beim Nach-hausekommen mit triumphierendem Ingrimm an den Kopf.

Späterhin brachte Hedwig ihre Berta mit, die eine richtige südliche Schönheit zu werden versprach. Die Kleine, die seit den Windeln an gesellschaftliches Leben gewöhnt und an Weltkenntnis uns allen überlegen war, bildete mit Lili und mir ein unzertrennliches Kleeblatt. Sie weihte uns in die Regeln des Stiergefechts ein, und mir brachte sie einmal nebst anderen Erzeugnissen Spaniens einen wunderbaren grünseidenen Fächer mit, auf dessen Elfenbeinstäbchen die Bildnisse der berühmtesten Stierkämpfer gemalt waren. Sie nannte alle mit Namen und erzählte von ihren galanten Be-ziehungen zu der vornehmen Damenwelt von Madrid und Granada. Wir drei Mädchen schlossen uns im Zimmer ein um mit Kastagnetten Fandango zu tanzen, und die Brüder hatten das Zusehen — aber nur durchs Schlüsselloch!

•

Während die Ausbildung der Brüder völlig planmäßig vor sich ging, wurde die meinige durch jeden Luftzug dahin oder dorthin geweht. Im Gasthof zur Traube wohnte damals eine russische Dame, Frau Danjewsky aus Kiew, die sich ihrer beiden Söhne wegen in der Universitätsstadt aufhielt. Sie sah mich eines Tages über die Straße gehen, fand, daß ich auffallend ihrem im gleichen Alter verstorbenen Töchterchen gliche, und ließ mir sagen, daß sie mich gern kennen möchte. Und wenn sie mich ein wenig im Russischen unterrichten dürfte, so wäre ihr das eine besondere Freude, weil sie sich vorstellen könnte, ihre Tochter sei wieder da. Ich mußte jede Gelegen-heit, etwas lernen zu können, als einen Glücksfall wahrnehmen, weil ja doch alle höheren Bildungsstätten der Frau mit

eisernen Riegeln versperrt waren; so stellte ich mich erwartungsvoll und etwas beklommen von dieser Neuheit im Gasthof
ein. Ich fand eine ernste Frau in mittleren Jahren, die mich
sehr herzlich mit einem Veilchenstrauß begrüßte und die nun
für die nächste Zeit mein hauptsächlichster Umgang wurde. Sie
brachte mir zuerst die Buchstaben bei, die sich um vieles leichter
erwiesen als sie aussahen, und gleichzeitig ließ sie mich schon
einen Kindervers von Mischka, dem Bären, aufsagen, um
meine Zunge an die Aussprache zu gewöhnen. Dann tauchten
wir, umqualmt vom Rauch ihrer Zigaretten, in die un-
ergründlichen Tiefen der russischen Grammatik, und als hier
nur die ersten Schwierigkeiten überwunden waren, ging sie
schon dazu über, mit mir ihren vielgeliebten Puschkin zu lesen,
den sie für einen der ganz großen Unsterblichen hielt. Ich
hütete mich ihr zu sagen, daß mir die breit hinrollenden Verse
etwas leer erschienen, und tat ihr den Gefallen, die ganzen
berühmten Eingangsstrophen zum „Kupfernen Reiter", bei
denen das Russenherz höher schlägt, auswendig zu lernen.
Besonderes Vergnügen aber machte es ihr, daß ich mich gleich
mit meinem winzigen Wortschatz in die Unterhaltung wagte,
wenn um mich her russisch gesprochen wurde. Die arme Frau
hatte viel häuslichen Kummer: ihr älterer Sohn Wssewolod,
Wolodja genannt, befand sich zurzeit in der Irrenanstalt von
Kennenburg; der jüngere, Sergius oder Serjoscha, der das
Obergymnasium besuchte, ein frühreifes Großstadtkind, schien
ihr auch keine große Freude machen zu wollen. Der Unterricht, den sie mir gab, gewährte ihr selber eine wohltätige
Ablenkung. Sie befreundete sich warm mit meiner Mutter
und zog auch mehrere ihrer studierenden Landsleute in unser
Haus. Als sie Tübingen verließ, legte sie meinen Unterricht
in die Hände eines älteren baltischen Studenten, der mit mir
den russischen Geschichtschreiber Karamsin vornahm und mich
damit in die Urgeschichte Rußlands, beginnend bei den Warä-
gern, einführte. Scheidend trat er sein Amt einem des Sanskrit

154

beflissenen Georgier aus Tiflis ab, der unter der akademischen Jugend ein besonderes Ansehen als Wagenlenker und Rossebändiger genoß, weil er als kleiner Junge nach dem Brauch seines Landes halbe Nächte auf dem Rücken der Pferde geschlafen hatte. Dieser Sohn der Wildnis mit dem blauschwarzen Haar und dem asiatischen Lächeln wurde nun mein dritter Lehrer im Russischen. Als auch er abreiste, trat er seine Stelle einem anderen Georgier ab, der nur kurz geblieben sein muß, da mir sein Bild nicht in der Erinnerung haftet. Nach dem Abgang dieses letzten war ich glücklich so weit, mir selbst forthelfen zu können. Ich führte mit den geschiedenen Freunden noch längere Zeit einen russischen Briefwechsel, wobei ich ebenso unbedenklich wie im Sprechen und zunächst noch ohne Hilfe eines Wörterbuchs (ein solches gestatteten mir meine Mittel erst später) meine Sätze baute — häufig zur großen Heiterkeit der Empfänger. So hatte eine ganze Reihe von Menschen, um die ich nicht das geringste Verdienst besaß, mir freiwillig ihre Zeit geopfert, um mir zur Kenntnis einer Sprache zu verhelfen, die ich zunächst nur zum Spiele trieb, die mir aber bald zugute kommen sollte, da ich mit Übersetzungen aus dem Russischen ein Neuland anbrechen konnte. Dafür blieben die russischen Studenten in unserem Hause gern gesehen, sie hatten eine gewandte Art, sich anzupassen, und brachten etwas von der Weite der Steppe und des Meeres mit. Daß sie sich auf Schritt und Tritt von wirklichen oder angeblichen russischen Spitzeln verfolgt sahen und daß sie, obwohl politisch völlig harmlos, doch der Angeberei sich durch Geldopfer entziehen mußten, gab uns auch gleich ein Schmäcklein von den russischen Zuständen. Einige Jahre später konnte ich dann die russischen Studien noch einmal in einem mir befreundeten Hause aufnehmen, wo das Familienhaupt, Direktor Dorn, der mit den Seinen lange in Rußland gelebt hatte, mich und seine liebenswürdige Tochter Elise, von uns das Dornröschen genannt, im Russischen übte.

Ein französischer Revolutionär. Jugendeseleien

Zu Ende der sechziger Jahre verkehrte bei uns ein Franzose, Dr. Edouard Vaillant, der als späterer Minister der Kommune bestimmt war, in der Geschichte seines Vaterlandes eine Rolle zu spielen. Daß ich diesen Mann kannte, hat mir den Geist der großen französischen Revolution näher gebracht als alle Geschichtsstudien: der starre doktrinäre Robespierre und der tiefglühende, unheimliche Saint Just schienen in seiner Person beisammen, aber in veredelter Ausgabe. 1867 war er zum erstenmal nach Tübingen gekommen, um seine in Paris betriebenen medizinischen Studien, denen technische vorangegangen waren, zu vervollständigen, und hatte sich mit einer Empfehlung Ludwig Pfaus, der ihn von Paris her kannte, bei uns eingeführt. Er war damals siebenundzwanzig Jahre alt und hatte bereits promoviert. Schon Vaillants Äußeres bezeichnete den ganzen Menschen: mittelgroße, hagere Gestalt, bleiches Gesicht mit buschigem, schwarzem Haar, Züge, die bis zur Verzerrung unharmonisch waren, und dunkle, flackernde Augen, in denen der Fanatismus brannte. Im Betragen jedoch gewinnend durch Bescheidenheit, feine Erziehung und persönliches Wohlwollen. Keine Spur von gallischer Eitelkeit, aber auch nichts von der vielgerühmten Grazie seiner Landsleute. Das Sprechen leidenschaftlich, aber abstrakt und farblos. Ich ging ja noch in Kinderschuhen, als Vaillant unser Haus zum erstenmal betrat, aber auch für Kinderaugen war diese Erscheinung völlig durchsichtig, und ich glaube nicht, daß sein späteres Leben an dem Bild, das ich von ihm bewahre, viel geändert hat. Aus dem Städtchen Vierzon im Departement Cher gebürtig und selber

156

jener befitzenden Bourgeoifie, die er fo fehr haßte, entftammend, widmete Vaillant von früher Jugend feine Kräfte und Mittel der Sache des Proletariats. Er gehörte der Blanquiftifchen Richtung an und hatte fchon im Jahre 1864 in London die erfte Internationale mitbegründen helfen. Vom Staats= fozialismus, der nach Reformen ftrebt, wollte er nichts wiffen; fein A und O war der foziale Umfturz. Die Revolution von 1793 hatte nach ihm ihr Werk nur halb getan: fie follte durch das Proletariat erneuert und mit Niederhaltung der be= vorrechteten Klaffen zum republikanifchen Sozialftaat durch= geführt werden. Der Proletarier war für ihn der einzig wahre Menfch; ich befitze noch ein Jugendbild von ihm, worauf er felbft in der Arbeiterblufe dargeftellt ift. Auch die ausgebreiteten Kenntniffe, die er fich erwarb — er trieb neben feinem Fach noch deutfche Philofophie, befonders Hegel, und fozialwirtfchaftliche Studien —, hatten vor allem den Zweck, der Partei zu bienen.

Meine Mutter nahm bei ihrer Hinneigung zu franzöfi= fchem Wefen und ihrem feurigen Glauben an die drei magifchen Formeln der Revolution den ftillen, ernften Vaillant mit großer Herzlichkeit auf, und diefer verbrachte manche Stunde in unferem Haufe. Zumeift in Gefellfchaft feines Gefinnungs= und Studiengenoffen, des geiftig ftrebfamen, charaktervollen Artur Mülberger, der zum eifernen Beftand unferes kleinen Kreifes mitgehörte. Es war ein äußerlich und innerlich fehr ungleiches Freundespaar. Dem blonden, feelenruhigen Schwa= ben war der Sozialismus eine wiffenfchaftliche Aufgabe, der heißblütige Franzofe, zu jedem Äußerften bereit, wartete nur auf den Augenblick zur Tat. Mein Vater, dem fein Amt und die literarifche Arbeit ohnehin wenig Zeit für Gefelligkeit ließen, fchätzte in dem franzöfifchen Hausfreund die Reinheit und geradezu katonifche Ehrenhaftigkeit des Charakters, aber innere Berührungspunkte hatte er keine mit ihm. Denn es gebrach Vaillant bei völliger Abwefenheit der Phantafie an jeder Spur einer künstlerischen Ader, die Welt des Schönen war ihm verschlossen, er sah alle Dinge durch die Brille seiner radikalen Dogmatik an. Überhaupt hing ein Schleier zwischen ihm und dem Leben. Einmal begegnete er auf der Straße meinem Vater, als dieser gerade zu seinem herzkranken Jüngsten heimging, und schüttelte ihm erfreut die Hand mit der Mitteilung, daß er unmittelbar von einem Pockenkranken komme...

Für Deutschland hegte Vaillant damals eine Bewunderung ähnlich der des Tacitus für unsere Voreltern. Die Einfachheit des äußeren Lebens hatte es dem Bedürfnislosen angetan. Daß die Geselligkeit sich zumeist in der freien Natur abspielte, gab ihm einen Schmack Rousseauscher Ursprünglichkeit. Aber Jugendfreuden kannte er nicht. Auch auf den Ausflügen blieb er immer ernst und gemessen. Er philosophierte mit meiner Mutter oder spielte aus Gefälligkeit mit meinen jüngeren Brüdern, doch er lachte nie. Einmal traf ihn bei solcher Gelegenheit im Schwarzwaldbad Imnau der Balken einer Drehschaukel so schwer an die Stirn, daß er ohnmächtig wurde und mit vielen Nadeln genäht werden mußte. Da war der Röteste aller Jakobiner voller Zartheit nur bemüht, meiner Mutter und mir den Anblick der Wunde zu entziehen. Ganz besonders sagte ihm der freie und unschuldige Verkehr der Geschlechter zu. Daß ein junges Mädchen ohne schützende Korridortür in einem Hause wohnen konnte, dessen Unterstock ein die halbe Nacht hindurch belebtes Studentencafé war, setzte ihn in das größte Erstaunen. Er sprach mit bitterem Schmerz von der sittlichen Verkommenheit des Empire, und auch über die Rasseeigenschaften seiner Landsleute äußerte er sich ganz unumwunden. Ich erinnere mich, wie er einmal von ihrer sinnlich-grausamen Anlage sagte, der Gallier habe statt des Blutes Vitriol in den Adern.

Die große Verehrung, die er für meine Eltern empfand, gab ihm sogar den Wunsch ein, sich der Familie noch näher

158

zu verbinden, denn er übertrug mit der Zeit sein Freundschaftsgefühl für die Mutter auch auf die heranwachsende Tochter. Aber dem Kinde war seine düstere Einseitigkeit zu fremd und unheimlich, auch hatte er bei aller Vorliebe für das deutsche Leben nicht begriffen, daß in Deutschland der Weg ins Herz der Tochter nicht über die Eltern geht. Seine humorlose Überzeugungstreue, die ganz barocke Formen annehmen konnte, gab steten Anlaß zu einem kleinen scherzhaften Kriege. So erheiterte er mich einmal durch den Rat, nicht auf dem Pferd sondern lieber auf dem Esel zu reiten, weil das Pferd das Aristokratentier sei. Aber er hielt es meiner Jugend zugute, daß ich für seine Theorien nicht zu gewinnen war, und versicherte, ich sei dennoch très révolutionnaire, weil er sah, wie mich das Spießbürgertum meiner freien Erziehung wegen aufs Korn genommen hatte. Révolutionnaire war in seinem Munde das höchste Lob. Er hetzte das arme Wort zu Tode, indem er es auf alle möglichen und unmöglichen Dinge anwandte, daher wurde es für uns Jüngere ein Neckwort, und sein Ringen mit der deutschen Sprache nannte ich la grammaire révolutionnaire. Er beherrschte das Deutsche vollkommen, nur Artikel und Aussprache blieben ihm unerringbar. Meinen so leichten Vornamen lernte er niemals sprechen, sondern nannte mich immer auf altfranzösisch: Mademoiselle Yseult.

Im folgenden Jahre kam auch seine Mutter nach Tübingen und schloß einen Freundschaftsbund mit der meinigen trotz der Grundverschiedenheit der Lebensauffassungen, die beiden nicht ins Bewußtsein trat. Die treffliche Dame wurzelte mit all ihren Neigungen und Gewohnheiten in dem wohlhabenden Bourgeoistum, dem der Sohn den Untergang geschworen hatte. Aber aus vergötternder Mutterliebe zwang sie sich so zu denken wie er dachte und alles zu bewundern, was ihm gefiel. Auch dem einfachen Tübinger Leben suchte die an alle Verfeinerungen gewöhnte Frau Geschmack abzugewinnen, so fern ihrem wahren Wesen die Rousseauschen Ideale standen. Mir brachte sie die größte Herzlichkeit entgegen und wollte mich gleich ganz unter ihre Fittiche nehmen. Bei der Abreise drang sie in meine Eltern, mich ihr zur Ausbildung nach Frankreich mitzugeben. Mein Vater sprach aber ein ganz entschiedenes Nein, weil ich mit meinen vierzehn Jahren viel zu jung sei, um in so fremde Verhältnisse einzutreten. Meine Mutter vertröstete sie auf ein späteres Jahr. Und während der Sohn sich mit Mülberger nach Wien begab um weiter zu studieren, wurde der Verkehr durch den Briefwechsel der beiden Mütter aufrechterhalten.

Im Spätjahr 1869 kam Vaillant zum zweitenmal nach Tübingen. Er war voller Hoffnung auf das Netz der revolutionären Propaganda, das ganz Frankreich durchzog, und prophezeite den nahen Umsturz. Damals gab es in Württemberg noch keine eigentliche Arbeiterbewegung, aber der Sozialismus lag doch schon in der Luft. Ein kleiner Kreis von Studierenden schloß sich um Vaillant zusammen; man hielt den „Volksstaat", wollte die soziale Frage lösen und sang in den feuchteren Abendstunden die Marseillaise oder den Girondistenchor. Es dauerte bei den meisten nicht lange, denn die deutsche Sozialdemokratie hatte damals noch nicht so viel Geist, Talent und Bildung in sich aufgesogen, daß es feineren oder vielseitigeren Naturen leicht auf die Dauer dabei wohl sein konnte. Aber einen mittelbaren Einfluß auf die spätere Gestaltung der Partei hat Vaillants Tübinger Aufenthalt doch ausgeübt, da infolge persönlicher Beziehungen, die letzten Endes auf ihn zurückgehen, Albert Dulk der Vorkämpfer der sozialistischen Gedanken in Württemberg wurde. Seine Tochter Anna lernte nämlich in dem Tübinger Kreise einen jungen österreichischen Sozialisten aus dem besseren Arbeiterstand kennen, der in den Wiener Hochverratsprozeß von Oberwinder und Genossen verwickelt gewesen, und verlobte sich heimlich mit ihm. Ich kann sie noch sehen, wie sie eines

Tages mit ihren wallenden Locken und schwärmerischen Blau-
augen vor mich trat, in jeder Hand eine brennende Kerze,
vielleicht um mich besser zu erleuchten, und mir ihres Herzens
Will' und Meinung kundtat. Sie begann auch alsbald mit
ihrer höheren Bildung an dem jungen Mann zu modeln und
zu schleifen und hatte das bewegliche Wiener Blut schnell
so weit, daß sie ihn ihrem Vater zuführen konnte. Dieser
sträubte sich gewaltig, sowohl gegen die Heirat wie gegen
die Partei, aber der künftige Schwiegersohn überschüttete
ihn mit sozialistischer Literatur, und unter ihren endlosen
Redekämpfen ereignete sich der seltsame Fall, daß die beiden
Streiter sich gegenseitig bekehrten: der junge mäßigte seine
Anschauungen und zog sich mehr von der Bewegung zurück,
der alte trat ihr mit dem ganzen Feuer seiner Natur bei
und wurde der Paulus der neuen Gemeinde, der er bis an
sein Lebensende durch alle Nöte, Anfechtungen und Ver-
folgungen treu blieb. An einer Blockhütte im Schurwald
bei Eßlingen, wo er in seinen letzten Lebensjahren wochenlang
tiefeinsam zu hausen pflegte, hat ihm die dankbare Partei
sein Denkmal errichtet.

In dem kleinen Tübinger Kreise wurden jetzt an Stelle der
bisherigen humanistischen Fragen mit Leidenschaft die Schriften
von Proudhon, Marx, Lassalle und Bebel erörtert. Als es
einmal bei einer solchen Sitzung ganz besonders jakobinisch
zuging, fragte ich: Werden in dem neuen Sozialstaat auch
Frauen hingerichtet, wenn sie anderer Meinung sind? Worauf
die deutsche Jugend einstimmig antwortete: Die Frauen
werden stets verehrt, sie mögen denken, wie sie wollen. Vaillant
dagegen erklärte mit unerschütterlichem Ernst: Freilich müssen
Frauen hingerichtet werden; sie sind von allen Gegnern die
gefährlichsten, — was die mitanwesende Hedwig Wilhelmi
zu stürmischem Beifall hinriß, weil er unser Geschlecht doch
höher zu stellen scheine als die andern. Man fühlte ihm an,
daß er imstande war, blutigen Ernst zu machen.

— — — Inzwischen wurde trotz der Weltkatastrophe, die ich täglich mit Feuerzungen ankündigen hörte, weiter getanzt und Schlittschuh gelaufen und das Recht der Jugend auf Gedankenlosigkeit ausgenützt. Den Ballstaat sandte Lili oder vielmehr ihre Mutter fix und fertig aus dem geschmackvolleren Mainz. Da kamen in großen Pappschachteln Dinge, die in Tübingen nicht zu haben waren: ein rosa Tarlatankleid von solch hauchartiger Leichtigkeit, daß erst sechs Spinnwebröcke übereinander den gewünschten Farbenton ergaben, der davon die durchsichtigste Zartheit erhielt; dazu ein voller Rosenkranz für die Haare. Ein andermal war es ein Kleid aus weißen Tarlatanwolken mit schmalem grünem Atlasband durchzogen nebst einem Schilfzweig und Wasserrosen. Diese Herrlichkeiten konnten nur eine Nacht leben und kosteten so gut wie gar nichts. An den Ansprüchen des 20. Jahrhunderts gemessen wären sie bescheiden bis zur Armseligkeit, sie kleideten aber jugendliche Gestalten feenhaft, und wenn man am Abend angezogen dastand, lief die ganze Nachbarschaft zusammen, um das Wunder anzustaunen. Für minder feierliche Anlässe trug man weiße Mullkleider mit Falbeln oder den so gern gesehenen blumigen Jakonett, der gleichfalls der Jugend reizend stand. Der Schnitt war der heutigen Mode sehr ähnlich, indem man den Umfang der nunmehr verewigten Krinoline durch Weite des Rockes und Fülle der Falten ersetzte.

Man muß das Leben in einer kleinen Universitätsstadt kennen, um zu verstehen, unter welchen Himmelszeichen dort ein junges Mädchen heranwuchs und was solche Festlichkeiten für sie bedeuteten. Keine Prinzessin kann mehr verwöhnt werden. Tübingen besaß gegen tausend Studenten, lauter junge Leute in der Lebenszeit, für die das andere Geschlecht die größte Rolle spielt. Und all die in der kleinen Stadt zusammengesperrten Jugendgefühle hatten sich auf wenige Dutzend junger Mädchen zu verteilen, unter denen sich wieder eine kleine Zahl Auserwählter befand. Diese lebten wie junge

162

Göttinnen in einem beständigen Gewölke zu ihnen auffteigender Weihrauchdüfte: Blumenfendungen, Serenaden, geschriebene Huldigungen in Vers und Prosa bildeten das Semester hindurch eine lange Kette und wiederholten sich im nächsten von anderer Hand. Es brauchte entweder einen sehr festen oder einen ganz alltäglichen Kopf, um nicht ein wenig aus dem Gleichgewicht zu kommen, oder Brüder, die durch ihre Spottluft die Eitelkeit niederhielten. Neben den wenigen befreundeten Gesichtern, die man immer gern wiederfand, drängte sich auf jedem Ball ein Haufe neuer Erscheinungen heran, die oft gar nicht mehr als einzelne, sondern nur als Zahl wirkten. Die leichten weißen oder rosa Ballschühchen waren meist schon zertanzt, bevor der Kotillon begann, daß man zu dem mitgebrachten Ersatzpaar greifen mußte. So berauschend solche Ballabende waren, darin aufgehen wie andere Mädchen konnte ich nicht. Ich war ja stets die Jüngste, da meine Jahre mir eigentlich den Ballbesuch noch gar nicht gestattet hätten. Gleichwohl war immer einer in mir, der ganz gelassen zusah und die Sache als bloßes Schauspiel betrachtete. Und mein Vater, der niemals mitging, aber alles richtig sah, brachte die Gedanken dieses einen in Worte, indem er warnenden Freunden sagte: Laßt sie, je früher sie die Torheiten mitmacht, je eher wird sie damit fertig sein. Er behielt recht, denn als ich in das eigentliche ballfähige Alter trat, lag die ganze süße Jugendeselei schon hinter mir.

Von irgendeinem Zukunftsplan war keine Rede. Oft wurde ich von Bekannten gefragt, warum ich nicht zur Bühne ginge, wohin mich äußere Anlagen zu weisen schienen. Es war dies mein liebster, heimlichster Traum. Aber alle Hilfsmittel fehlten; ich hatte noch nicht einmal Gelegenheit gehabt, ein besseres Theater zu sehen als die Tübinger Sommerschmiere. Und die ängstlichen Abmahnungen welterfahrener Freunde fielen meinem Vater schwer aufs Herz, der wohl wußte, daß ich nicht die hürnene Haut besaß, die stichfest macht im Ränkespiel des Künstlerlebens. Eines Tages fand mich Edgar, wie ich auf den Rat einer theaterkundigen Freundin bemüht war, mich zunächst im deutlichen Sprechen zu üben, und da er glaubte, ich gedächte mit so übertriebener Lautbildung vor die Zuschauer zu treten, überschüttete er mich nach seiner Art mit Spott und Tadel und war durch keine Erklärung von seinem Irrtum abzubringen. Unter seinen fortgesetzten Angriffen, die teils dem besagten Mißverständnis, teils seinen wunderlichen Launen entsprangen und gegen die mir niemand beistand, verlor ich allmählich Lust und Mut. So fand ich bei der eigenen Hilflosigkeit und der zersplitternden Vielspältigkeit unseres Daseins nicht einmal mehr den rechten Willen, geschweige einen Weg, die ersten Schritte zu tun. Zwischen Tanz und Eislauf hielten mich die Übersetzungen für den „Ausländischen Novellenschatz" beschäftigt, die mir die beiden Herausgeber, mein Vater und Paul Heyse, anvertraut hatten. Da ich schon vom zwölften Jahr an für den Druck übersetzte, war meine Feder sehr geübt, und das Nadelgeld, das daraus floß, entlastete meine Eltern von allen Sonderausgaben für die Tochter. Als mein Vater sah, daß er mir auch kleine schonende Kürzungen und Übergänge, die gelegentlich an den Texten nötig wurden, getrost überlassen konnte, war er sehr zufrieden mit mir. Durch Heyses Vermittlung erhielt ich nun auch einen zweibändigen italienischen Roman zum Verdeutschen und Zusammenziehen, die prächtigen „Erinnerungen eines Achtzigjährigen" von Ippolito Nievo. Ich kam aber nur sehr langsam vorwärts, da ich noch lange keinen eigenen Raum hatte und im gemeinsamen Familienzimmer schreiben mußte, wo auch die Besuche empfangen wurden und wo ich häufig zwischen dem Gespräch und der Arbeit geteilt saß. — Meine größte Schwierigkeit aber war und blieb das Verhältnis zu der abgöttisch geliebten Mutter. Ihre damaligen Lebensanschauungen, ganz aus der Theorie geboren, schwebten

164

ja so hoch über der Erde, daß sie die Bedingungen unseres Planeten übersahen: sie vertrugen sich weder mit dem natürlichen Gefühl eines heranreifenden Mädchens noch mit deren Stellung zur Außenwelt. Sie darauf hinweisen, hieß den Zwiespalt verschärfen, benn ihre Kämpferseele fand, daß man nicht frühe genug für seine Überzeugungen streiten und leiden könne, und bedachte dabei nicht, daß es ja vielfach gar nicht die meinigen waren.

So hatte ich glücklich das sechzehnte Jahr erreicht. Aber das große, außerordentliche, jenes unfaßbare „Es" wollte nicht kommen. Es blieb nichts übrig, als in Phantasie und Dichtung nach dem Stoffe zu suchen, den das eigene Leben nicht zu bieten hatte. Auch für andere gab es in der Enge des Daseins keine rechte Grenze zwischen Wunsch und Wirklichkeit. Als mir einmal eine bildhübsche Altersgenossin geheimnisvoll anvertraute, daß ihr bei der Parade in Stuttgart ihr Lieblingsdichter Theodor Körner erschienen und ihr zu Pferde bis an die Haustür gefolgt sei, hütete ich mich wohl zu erwidern, es werde eben ein Offizier der Garnison dem Sängerhelden ähnlich sehen, sondern ließ die Sache dahingestellt, da ich ja doch täglich auch auf ein Wunder wartete. Sollten denn nicht um der Sechzehnjährigen willen, wenn sie gar so niedlich sind, die Längstverstorbenen aus den Gräbern steigen? Was mich betrifft, so suchte ich mir meine Schwärmereien natürlich unter den Griechen. Es war ja das Schöne, daß gar kein Bücherstaub auf ihren Häuptern lag, weil Mama uns von klein auf gewöhnt hatte, mit ihnen wie mit Lebendigen zu verkehren. Man ging in ihre Welt, wie man in ein anderes Stockwerk tritt; so konnte man sie auch nach einer Ballnacht gleich wieder finden. Mit der Zeitrechnung ließ ich mich ohnehin nicht ein. Alles Vergangene war mir noch vorhanden und nur wie zufällig abwesend. Wenn ich des Nachts im Bette noch mit dem Nachhall der Tanzmusik in den Ohren ein Kapitel im Plutarch las, so war das keine Literatur, sondern ein Wiedersehen mit alten Freunden. Vor allem schien es mir, als hätte ich den Alkibiades persönlich gekannt. Denn je weniger das Auge im damaligen Schwabenland durch Glanz und Grazie der Persönlichkeit verwöhnt wurde, desto größeren Wert gewannen diese Eigenschaften. Die Haltung und das Lächeln, womit in Platons Gastmahl der bändergeschmückte Alkibiades in Begleitung der Flötenspielerin über die Schwelle tritt, standen mir so deutlich vor Augen, daß ich Jahre später vor der antiken Gruppe des auf den Ampelos gestützten Dionysos in den Uffizien zu Florenz beinahe ausgerufen hätte: Das ist er ja! Genau so angeheitert und mit so genialer Leichtfertigkeit sah ich den Athener über jene Schwelle treten. Wenn ich nun von dieser Gestalt sprach, geschah es mit einem Ausdruck allerpersönlichsten Wohlgefallens, wodurch ich treue Freundesherzen, die mit dem Alkibiades keine Ähnlichkeit hatten, sehr vor den Kopf stieß. Einer von ihnen gestand mir noch nach vielen Jahren, daß er eine Zeitlang bitter eifersüchtig auf den schönen Athener gewesen sei. Der Sinn für die äußere Erscheinung war in meiner damaligen Umwelt sehr wenig entwickelt. Über die Schönheit menschlicher Körperformen herrschte die größte Unsicherheit; es fiel mir später in Italien sehr auf, wie genau das südliche Volk darüber Bescheid weiß. Auch wurde nur die weibliche Schönheit bewundert, bei Männern galt sie eher für einen Makel und nahezu für unvereinbar mit mannhaften Eigenschaften. Vernachlässigung des eigenen Körpers wurde mit Bewußtsein, wenn nicht gar mit sittlichem Stolz geübt. Was Wunder, daß ich, die von den Griechen herkam, den Wert der Schönheit noch übertrieb und Adel der Erscheinung für das Allerwesentlichste ansah, für das Gefäß und Siegel der Vollkommenheit!

166

1870

Wir befanden uns mitten im Sommer 70. In Niedernau wurde eifrig getanzt. Hedwig Wilhelmi war mit
ihrer jetzt zwölfjährigen Berta aus Granada gekommen und
bewohnte ein Haus in der Gartenstraße, verbrachte aber fast
ihre ganze Zeit mit uns. Auch Lili hielt sich unter den Fitti-
chen ihrer Mutter wieder in Tübingen auf. Sie stand jetzt im
achtzehnten Jahr und ihre Mädchentage waren gezählt, denn
dies war die äußerste Frist, die ihre Mutter ihr gestellt hatte,
um ihre Wahl fürs Leben zu treffen; die selbst noch schöne
und begehrte Frau war im Begriff sich wieder zu verheiraten
und wollte zuvor die Tochter glücklich versorgt wissen. Unter
Lilis Verehrern war einer, der sich schon in ihrem dreizehnten
Jahr, als sie mit dem Pelzmützchen und der wippenden Krinoline zur Schlittschuhbahn ging, in den Kopf gesetzt hatte, die
junge Grazie dereinst heimzuführen. Lili hatte sich all die
Jahre leise gewehrt, weil der Sanften, Willenlosen bei dem
starken Willen und der rücksichtslosen Tatkraft des Freiers
etwas bänglich zumute war, aber dieselben Eigenschaften
gaben der Mutter die Überzeugung, daß er der rechte sei, das
Glück ihrer Tochter zu bauen. So war Lili eines Tages
Braut, ohne recht zu wissen, wie, und die Hand, in die sie
diesmal die ihre legte, faßte mit festem Griffe zu, der nicht
mehr losließ. Sie fand sich mit ihrer gelassenen Liebenswürdigkeit auch in diese neue Lage. Bei der öffentlichen Verlobung, die in der „Neckarmüllerei" mit Champagner ge-
feiert wurde, bat sie sich aus, noch einmal zwischen ihren
zwei Herzensschwestern, mir und der kleinen Berta, sitzen zu
dürfen. Es war ein letztes Anklammern an die Mädchenzeit,
das der Bräutigam verstand und schonte. Unter der festlichen

Laube gab sie mir jetzt die letzte Anleitung in der Lebenskunst.
Champagnertrinken gehöre zur Weltbildung, hatte sie mir
öfters zu verstehen gegeben, das sei so recht das Tüpfelchen
aufs I. Ich schämte mich also, noch keinen getrunken zu
haben. Aber nach dem ersten Glas wurden mir zu meiner
Verwunderung die Augendeckel schwer, und als Lili mir zur
Auffrischung das zweite eingoß, begannen die Gegenstände
zu verschwimmen. Die kleine Berta war im gleichen Fall,
daher Lili, die zugab, etwas Ähnliches zu empfinden, uns
nunmehr eine Gehprobe anriet. Wir zwei Jüngeren standen
auf, die schöne Braut, die sich den ganzen Tag nicht von uns
trennen wollte, schloß sich an und wir verließen unter dem
Widerspruch der Herren das Fest, um vorsichtig und würde-
voll, nur auf unser Gleichgewicht bedacht, einen einsamen
Kiesweg abzuschreiten. Aber zur Fortsetzung des Banketts
hatte keine von den dreien Lust, wir entflatterten also dem
Garten und suchten Hedwigs nahe Wohnung auf, um die
unerwartete Wirkung des Champagners zu verschlafen.
Die Mütter sandten uns Edgar zur Begleitung nach, der
sich diebisch freute, die drei Jungfräulein in diesem laster-
haften Zustand zu sehen. Als er aber auch die Treppe
mit ersteigen wollte, wurde er von drei plötzlich verwandelten Mänaden mit Polstern, Kissen und was uns in die
Hände fiel, beworfen, daß er sich schleunigst zurückzog. Wir
lachten und tollten hinter ihm her, und der Ernst der Ver-
lobungsfeier dämmerte uns nur noch im fernen Hintergrund.
Lili bewahrte auch in dieser etwas fragwürdigen Verfassung
ihre Anmut. Sie setzte sich ans Klavier und hieß uns
beide tanzen, als uns ein jählings aufgestiegenes Sommer-
gewitter, das wir nicht beachtet hatten, durchs offene Fenster
mit walnußgroßen Eisstücken überfiel. Ich warf noch zur
Antwort und Opferspende ein Trinkglas hinaus; danach
aber fanden wir es rätlich, eine jede einen stillen Schlummer-
winkel aufzusuchen.

168

Der Abend sank bereits, als Lili frisch ausgeschlafen mich aus den Kissen zog. Die Schöne war schon wieder schön gekämmt und zurechtgemacht und hatte sich jetzt augenscheinlich mit der Bedeutung des Tages abgefunden. Sie ordnete auch mir noch einmal die Haare mit all der Liebe und Sorgfalt, die sie sonst darauf zu verwenden pflegte. Dann kehrten wir, von den Müttern abgeholt, zu dem Brautfest zurück, das unterdessen im gedeckten Raume ohne Braut weitergegangen war. Der Bräutigam nahm endlich sein schönes Eigentum in Empfang und entführte sie in die dämmernden Gartenwege am Neckar, die schon wieder aufgetrocknet waren. Das Fest löste sich auf, neue Gäste kamen in die Neckarmüllerei, die nicht zu den Geladenen gehörten. Wenn ich nicht irre, war auch der ernste Vaillant darunter. An einem Nebentisch wurde wieder politisiert. Einer erhob sich und sagte mit Emphase: Meine Herren, das Jahr Achtundvierzig pocht mit ehernem Finger an die Türe — dabei klopfte er mit dem Fingerknöchel auf die Tischplatte — ich sage: das Jahr Achtzehnhundertundachtundvierzig — aber an die Tür pochte etwas völlig andres, denn gleich darauf verbreitete sich die Nachricht von der Emser Depesche.

Lilis Brauttag beschloß auch für mich den Reigen der Jugendfeste, in die wie ein Blitzstrahl die Kriegserklärung Frankreichs schlug. Die männliche Jugend eilte zu den Fahnen. Unser französischer Hausfreund war genötigt, Deutschland zu verlassen. Frau Wilhelmi mit ihrem Töchterchen begleitete ihn nach Genf, wo er zunächst noch weiterstudieren wollte. Auch die Andersdenkenden verfolgten seine Wege mit Spannung. Vaillant zweifelte keinen Augenblick, daß nunmehr die Stunden des Empire gezählt seien, denn er rechnete bestimmt auf eine französische Niederlage. Aber er liebte dieses Frankreich ebenso glühend, wie er seine Laster haßte, und es war Patriotismus, daß er den deutschen Waffen den Sieg wünschte, weil sein Vaterland nur durch schwere Schläge, durch eine harte Erziehung gefunden könne. Napoleons Abdankung rief ihn auf französischen Boden. Allein die Republik Gambettas war nicht die seinige. Während der Belagerung von Paris half er mit Feuereifer die Erhebung vom 18. März vorbereiten und wurde vom Zentralausschuß in die Kommune gewählt, die an gebildeten Mitgliedern keinen Überfluß hatte. Von nun an war Vaillants Name in allen europäischen Zeitungen zu finden. Er wurde zuerst an die Spitze der inneren Angelegenheiten, dann an die des Unterrichtswesens berufen. Welche Rolle er in der Kommune gespielt hat, ist aus den widersprechenden Zeugnissen schwer zu erkennen. Daß er die Erschießung der Geiseln und andere Gewalttaten guthieß, kann ich bei seinem Fanatismus kaum bezweifeln. Er ließ die Kruzifixe aus den Schulen entfernen und setzte mit einem Federstrich breiundzwanzig Beamte der Nationalbibliothek ab, mit deren gänzlicher Neubildung er den ehrwürdigen Gelehrten Elie Reclus betraute; das ist so ziemlich das einzige, was von seiner Verwaltungstätigkeit berichtet wird. Seine Parteigenossen warfen ihm vor, daß ihm die deutsche Philosophie den Tatsachensinn benebelt habe, und ich will gern glauben, daß der Mann der Theorie sich als Organisator wenig bewährte, aber Hegel war gewiß unschuldig daran. Übrigens waren die Vorwürfe gegenseitig, denn er seinerseits nannte bei einer Abstimmung die Kommune ein Parlament von Schwätzern, das heute zunichte mache, was es gestern geschaffen. Gleichwohl hielt er es für seine Pflicht, als einer ihrer Führer bis zum Ende auszuharren, und beim Einzug der Versailler kämpfte er auf den Barrikaden mit. Als seine Sache verloren war, gelang es ihm, durch die Einschließungslinie zu entkommen und sich als Eseltreiber verkleidet über die Pyrenäen auf spanischen Boden zu retten, von wo er nach England ging. In den Zeitungen hieß es mehrmals, daß ein falscher Vaillant erschossen worden sei. Es wurde auch wirklich einer, der ihm ähnlich sah, ergriffen und nach Ver-

170

sailles geschleppt, aber durch die Dazwischenkunft A. Dumas',
der ihn kannte, gerettet. In Frankreich war das Märchen
verbreitet, die preußischen Truppen hätten Vaillant freund-
willig durchgelassen wegen seiner guten Beziehungen zu
Deutschland.

Die Weltereignisse trieben auch in unser abseits gelegenes
Haus ihre Wellen. Mein Vater war feurig deutsch gesinnt
und hatte den Anschluß an Preußen trotz 66 mit Begeisterung
begrüßt; in der Gründung des Reiches sah er eine lebenslange
Sehnsucht erfüllt. Meine Mutter aber konnte ihre Empfindungsweise nicht umschalten, sie beharrte mit einseitiger Treue in
der revolutionären Dogmatik ihrer Jugend. Mit dem französischen Geist war sie ja ebenso durch ihre adlige Erziehung
wie durch ihre 48er Vergangenheit verwachsen. Ein Krieg
gegen Frankreich, das sie liebte und von dem sie als erstem
die Verwirklichung ihrer Freiheitsideale erhoffte, schien ihr
eine Ungeheuerlichkeit. Niemand hat gläubiger an dem
Lehrsatz festgehalten, daß Frankreich der berufene Soldat der
Freiheit sei. Gegen Preußen bewahrte sie ihren alten Groll
und für Bismarcks Größe war sie ein für allemal unempfindlich.
Diese Dinge mit ihr zu erörtern wäre zwecklos gewesen,
mein Vater wußte, daß sie unbelehrbar war. Ihre tiefe Liebe
und seine weise Mäßigung ließen es zu keinem Zwiespalt
kommen, doch über das, was die Allgemeinheit am stärksten
bewegte, konnte zwischen ihnen nicht gesprochen werden.

Edgar befand sich im Alter der höchsten Ideologie und
stand unter Vaillants und Mülbergers Einfluß. Das vater-
ländische Ideal war ihm zu eng, er glaubte an die Marxsche
Internationale. Der edle Irrtum, der mit Überspringung der
nächsten Stufe ein höheres ferneres Ziel vorausnehmen
und sich auf den vielleicht nach Jahrhunderten eintretenden
Zustand einer entwickelteren Menschheit einstellen will, ist
ja gerade für die deutsche Seele so bezeichnend. Die Sozialdemokratie sah er nicht wie sie damals war, sondern wie er

hoffte, daß sie werden würde, und umgab sich mit Gestalten, die zu seiner eigenen vornehm-zarten Persönlichkeit im stärksten Gegensatz standen. In seiner Großmut verschlug es ihm nichts, daß er sich durch seinen Anschluß an die Partei der Ausgestoßenen um die schönsten Möglichkeiten seiner späteren Laufbahn brachte. Denn für die bürgerlichen Kreise war damals die Sozialdemokratie der leibhaftige Gottseibeiuns. Das erfuhr einer unserer jungen Freunde, den seine Mutter, eine fromme Pfarrerswitwe, himmelhoch bat, doch während des gewittrigen Sommers keinen „Volksstaat" in der Wohnung aufzustapeln, damit der Blitz nicht ins Haus schlage.

Bei der politischen Spaltung in der Familie war es gut, daß wenigstens die Tochter ganz unpolitisch war und, indem sie zu keiner Seite neigte, verbindend zwischen allen stand. Nur daß Straßburg wieder unser war, die vom deutschen Volkslied immer festgehaltene Stadt, empfand ich mit dem Vater als ausgleichende Gerechtigkeit, aber die ungeheure Bedeutung des endlich geeinigten Vaterlandes ging mir noch nicht auf. Und gar zu wissen, welches die beste Staatsform sei, konnte ich mir wirklich nicht anmaßen. Hätten nur die Landsleute sich jetzt zu der höheren Kulturform bekehren wollen, nach der meine Seele dürstete. Aber dazu schien keine Hoffnung. Man hörte Stimmen, die zu der Bärenhaut des Urteutonentums zurückverlangten. Daß die feine Kultur Frankreichs, für die ich zur Ehrfurcht erzogen war, wenn ich auch nicht begehrte, Bürgerin dieses Landes zu werden, von solchen geschmäht wurde, die sie gar nicht kannten, verletzte mein Gefühl. Die „Wacht am Rhein", von bierheiseren Bürgerstimmen am sicheren Wirtshaustisch gesungen, war ein Ohren- und ein Seelenschmerz. Ich konnte also nicht vaterländisch empfinden. Deutschland stand ja gewaltig und siegreich da und bedurfte nicht wie heute der Liebe aller seiner Kinder. Die deutsche Kultur war mir die Welt Goethes, ein

172

heilig gehaltenes, nirgends sichtbares Ideal, das ich tief im Herzen trug und in die fernsten Fernen mitnehmen konnte. Sie hatte mit dem, was mich umgab, nichts zu tun, sie bedeutete höchstes Menschentum, an keine Scholle gebunden. Daher tat die Mutter meinem Verständnis eine zu große Ehre an, wenn sie mich zuweilen in der Hitze bismarckisch schalt. Noch weniger freilich hoffte ich für mein Kulturideal von der Richtung, die Edgar eingeschlagen hatte; so ging jedes im Hause seinen eigenen Weg. Weil nun aber unsere Mitbürger sich von Anfang an gewöhnt hatten, alles, was ihnen an unserer Familie mißliebig war, der Tochter anzutreiben, so wurde ich auch für die politischen Ansichten von Mutter und Brüdern verantwortlich gemacht, mit denen ich selber im Widerspruch stand, und es gab damals in Tübingen erwachsene Leute, die allen Ernstes die Sechzehnjährige für eine staatsgefährliche kleine Persönlichkeit ansahen, der man geheimnisvolle politische Umtriebe zutraute. — Nur einmal, beim Friedensschluß, schlugen alle Herzen in der Familie zusammen und im Einklang mit dem Allgemeinen: in der tannengeschmückten Straße durfte auch ich meine Blumen in den festlichen Einzug der Krieger werfen.

Rigi Regina

Eines schönen Sommertages wurde mir die beglückende Eröffnung gemacht, daß ich in der Vakanz mit Edgar, der jetzt ein ganz grünes Studentlein war, den Rigi besteigen dürfe. Ich war zwar dank meinem Zusammenlernen mit Lili in der Geographie so schwach geblieben, daß ich nicht einmal genau wußte, wo dieser Berg zu suchen sei, allein durch die Worte Rigi Regina, die ich in irgendeinem Gedicht gelesen hatte, war er zu einem Berg der Wunder geworden. Ich erschrak jedoch bis ins Herz, als es sich enthüllte, daß mir noch ein anderer Begleiter zugedacht war, ein reiferer Mann, dessen Werbung um die kaum Erwachsene zwar dem Mutterstolz schmeichelte, aber bei der Tochter auf entschiedene Abwehr stieß. Er sollte uns zwei Weltunerfahrenen als Mentor dienen und dabei die Gelegenheit wahrnehmen, sich von seiner günstigsten Seite zu zeigen. Ich begriff aber gleich, daß die gemeinsame Schweizerreise nur als Vorspiel einer längeren, lebenslangen, gedacht sei, und war sofort bereit, unter diesen Bedingungen zu verzichten, so hart es mich ankam, die schon sehnlich ausgebreiteten Flügel wieder zusammenzufalten. Ein Sturm brach los, der erste ganz schwere, den ich mit meiner Mutter zu bestehen hatte, und solche Stürme waren keine Kleinigkeit; aber ich blieb fest, und die Arme mußte mit Schmerzen das ganze Gewebe wieder aufdröseln. Mich zur Strafe um die Reise zu bringen, vermochte sie schließlich doch nicht, also ließ sie mich nach ein paar durchweinten Tagen allein mit dem Bruder in die mit doppelt freudigem Aufatmen begrüßte Freiheit ziehen. Daß ich mir das Reisegeld durch meine Übersetzungen selbst erschrieben hatte, vermehrte das Hochgefühl. Rigi Regina!

174

Den Reiseplan machte Edgar, und mit der ihm eigenen Herrsch- und Eifersucht gestattete er mir kaum, einen Blick mit auf die Karte zu werfen. Doch waren wir einig, vor allem möglichst weit zu kommen, denn uns beide beherrschte derselbe Raumhunger. Nur hatten wir nicht mit unserer eigenen Kinderei gerechnet. In früheren rauheren Zeiten pflegten Eltern ihre Kinder bei denkwürdigen öffentlichen Ereignissen durch eine plötzliche Ohrfeige zu überraschen, damit der Eindruck unauslöschlich hafte. Nach demselben Gesetz der Mnemotechnik haben sich mir die Etappen dieser ersten Ausfahrt in die Welt nur durch die ausgestandenen Verdrießlichkeiten eingeprägt.

Sobald wir in der Bahn saßen, begann die Not. Ich hatte einige Zeit das Englische getrieben und war so weit, daß ich mich unbefangen in dieser Sprache ausdrücken konnte. Das fiel nun mit einem Mal meinem brüderlichen Beschützer schwer auf die Seele. Er meinte, sämtliche in der Schweiz reisenden Söhne Albions warteten nur auf seine Schwester, um sich ihr in den Weg zu stellen, und da er diese Nation nicht liebte, verlangte er im voraus ein bindendes Versprechen, daß ich mit keinem Engländer ein Wort reden würde. Ich sagte, ich hätte gehört, daß Engländer auf der Reise niemals Unbekannte ansprechen, aber das genügte ihm nicht, er bestand auf einem Ehrenwort, das ich zu seinem bitteren Schmerz verweigerte. So vergällten wir uns die erste Reisestunde mit dem ersten Zank.

Einige mitreisende Herren, die das blutjunge Pärchen beobachteten, begannen nun mir überflüssige kleine Aufmerksamkeiten zu erweisen, die Edgar schroff ablehnte, weil er selbst seiner Ritterpflicht genügte. Das trieb die andern zu vermehrter Beflissenheit, und als er sich einmal der Fahrscheine wegen aus dem Abteil entfernen mußte, machten sich jene mit Neckereien ob des eifersüchtigen jungen Herrn an mich heran. Ich antwortete mit so viel Würde, als meine

Backfischjahre erschwingen konnten, dieser junge Herr sei mein Bruder. Die aber lachten noch anzüglicher und meinten, solche Brüder kenne man schon. Nun war das Aufgebrachtsein an mir, und als wir allein weiterfuhren, machte ich dem schon zuvor Verstimmten Vorstellungen über sein Betragen. Daraus entspann sich der zweite Zank, der so bitter wurde, daß das eine rechts, das andere links zum Fenster hinausblickte, ohne die Landschaft in sich aufzunehmen, denn beiden fraß die vermeintlich erlittene Unbill am Herzen. Und so ging es immer weiter. Luzern, der Vierwaldstättersee mit Axenstein und Tellsplatte, das ganze Seenpanorama auf Hin- und Rückfahrt huschte nur wie ein Schattenspiel vorüber. Dann begannen wir zu Fuße den Rigi zu erklimmen, denn die Benützung der Bergbahn erschien uns als etwas unwürdig Weichliches. Auf halber Höhe ließ ich mir jedoch von einem zurückkehrenden Treiber ein Pferd aufreden, mehr aus Reitlust, als um mir den Weg zu ersparen; Edgar, der mit seinem zarten und zähen Körperbau ein unermüdlicher Fußgänger war, ging nebenher. Bei sinkender Dunkelheit kamen wir auf dem lichterstrahlenden Kulm an, der mir wie ein Feenschloß in der Bergeinsamkeit erschien. Ich weiß nicht, für wen man uns dort ansah. Man gab uns prunkvolle Zimmer, groß wie Säle und strotzend von Samt und Gold. Natürlich gefiel es uns da recht gut, und nach dem Preise zu fragen, hielten wir für krämerhaft. Das Abendessen ließ gleichfalls nichts zu wünschen übrig, das schönste aber war doch der Vorgenuß des kommenden Tages. Rigi Regina, wie hast du uns betrogen! Um vier Uhr weckte uns freilich das Alphorn, und wir eilten, hastig in Tücher gewickelt, mit anderen bleichen Schemen nach einer Plattform, um die Majestät der Sonne zu grüßen und die Reiche der Welt zu unseren Füßen zu sehen. Aber da gab es nichts als ein graues wallendes Nebelmeer. Die Erde schien noch gar nicht aus dem Chaos geboren, und schaudernd schlichen wir in unsere Betten zurück.

176

Da es nach dem Frühstück noch nicht besser war, verlor Edgar die Geduld, und es hieß aufbrechen. Ich packte meine Sächelchen zusammen, um sie in seine Reisetasche zu legen, da fand ich ihn eben im Begriff ein prächtiges blaues Samtkissen mit reicher Goldstickerei zum Fenster hinauszuwerfen, das auf einen grasigen Abhang ging. Nach dem Grunde dieser Tätigkeit befragt, reichte er mir nur stumm die Rechnung. Diese übertraf alle meine Befürchtungen: die eine Nacht hatte fast den ganzen Rest des Reisegelds verschlungen.

Nur noch den silbernen Leuchter, sagte er, dann sind wir quitt. — Ich sah ihn stürzen, sinken, damit war das Gleichgewicht hergestellt, und wir schritten stolz hinaus.

Inzwischen begann die Sonne doch noch Meister zu werden, und außen im Freien stand eine Gesellschaft von angelsächsischem Ansehen beisammen, die mit ihren Gläsern nach auftauchenden Bergspitzen fischte. Und wie bestellt, um Edgars Mißmut zum Kochen zu bringen, trat einer der Herren aus der Gruppe heraus und bot mir in englischer Sprache sein Fernglas an, weil eben die Berner Alpen aus dem Nebel träten; ich selber besaß nämlich keines. Bevor ich aber danach greifen oder Dank sagen konnte, hatte mich mein erzürnter Gefährte gewaltsam weggerissen und lief, mich an der Hand nachziehend, wie eine Dampfmaschine bergab. Natürlich kam nun bei mir die Milch der frommen Denkart wieder stark ins Gären, denn ich stellte mir das Lachen der Zurückgebliebenen vor. Ihm aber saßen neben der Anglophobie vermutlich auch noch die weggeworfenen Kostbarkeiten auf den Fersen, daß er so eilte. Der Wunderanblick, der sich aus dem Nebel rang, führte dann wieder die Versöhnung herbei. Aber nicht auf lange. Denn schon sehe ich die beiden Kindsköpfe wieder, wie sie aufs neue beleidigt und stumm den langen Weg durch den Straßenstaub der Ebene pilgern, er hüben und sie drüben.

Unsere Kasse, die Edgar führte, war so geschröpft, daß wir die nächste Nacht nur noch in einer Kutscherkneipe verbringen konnten. Aber der Vater hatte uns eingeschärft, uns nichts abgehen zu lassen, er habe einen Bekannten in Zürich beauftragt, eine kleine Summe bereitzuhalten für den Fall, daß uns auf der Rückreise das Geld ausgehen sollte. Wir machten uns also keine Sorge, denn bis Zürich brauchten wir nur noch die Fahrkarte, nachdem wir unsere Bedürfnisse schon sehr eingeschränkt hatten.

Aber in Zürich, als der Zuschuß abgeholt werden sollte, erklärte Edgar, daß ich den Gang allein tun müsse, denn er seinerseits finde solch ein plötzliches Auftauchen und Geldheischen landstreichermäßig und bettelhaft. Ich fiel aus den Wolken; von dieser Seite hatte ich die Sache nie angesehen, obwohl auch mir bei dem Unternehmen nicht recht wohl war. So ließ ich mich alsbald von der Verkehrtheit anstecken und fühlte mich nur verletzt, daß mir etwas zugemutet werden sollte, was er seiner unwürdig fand. Er rechnete mir nun vor, daß unser Geld zur bloßen Heimreise gerade noch ausreichen würde, wir müßten uns aber durch den heutigen und den ganzen folgenden Tag — von Zürich bis Tübingen — durchhungern. Und das täte e r , wenn er allein wäre, um seine Würde zu wahren. Natürlich wollte ich nun nicht hinter ihm zurückstehen und erklärte mich gleichfalls zu der Hungerprobe bereit. Gehoben durch diesen Entschluß, durchwanderten wir die Stadt, betrachteten uns den See und wollten dann abends noch bis Schaffhausen fahren. Mama hatte uns jedoch bei der Abreise aufgetragen, in Zürich auch ihren Jugendfreund Johannes Scherr zu besuchen und ihm ihre Grüße zu bestellen. Dieser Gang sollte also rasch noch erledigt werden. Aber vor der Haustür fiel es meinem schon wieder verdrießlichen Gefährten ein, daß er von Johannes Scherr ein Buch gelesen hatte, dessen hanebüchene Derbheit ihm stark mißfiel. Und nun wollte er auch nicht mehr zu Scherr. Aber diesmal bestand

178

ich auf meinem Kopf. Wenn ich mich recht erinnere, ließ ich ihn unten warten und stand allein vor dem Berühmten. Ich richtete aber nur kurz die mütterlichen Grüße aus und hatte es eilig, mich wieder zu empfehlen, weil ich des Bruders siedende Ungeduld fürchtete. Dies half jedoch nichts, denn als es sich auf dem Bahnhof zeigte, daß die Züge gar nicht mit dem Fahrplan stimmten, war ich doch wieder die Schuldige. Er war gereizt, weil er müde und hungrig war. Ich war aber gleichfalls müde und hungrig und sah nicht ein, weshalb ich nun auch noch den ungerechten Mißmut des anderen Teils über mich ergehen lassen sollte. Wer mir gesagt hätte, daß es ein künftiger Helfer und Wohltäter seiner Mitmenschen war, der in solche Launenhaftigkeit verkappt mir gegenüber saß! So schwiegen wir abermals und sahen beleidigt zum Fenster hinaus. Erst die wilde Pracht des Rheinfalls führte uns wieder zusammen. Und als wir im „Rappen" zu Schaffhausen um ein bescheidenes Nachtlager einig geworden waren und dann entdeckten, daß unsere Mittel uns noch eine kleine Abendmahlzeit gestatteten, war die Welt wieder einmal vollkommen.

In der Frühe bedurfte es einer Ausflucht, um dem uns angebotenen, ach so verlockenden Morgenkaffee nebst Honigbrötchen zu entgehen, denn der große Fasttag mußte jetzt wirklich beginnen. Aber auf den Hohentwiel, der an unserem Wege lag, wollten wir doch nicht verzichten, schon des Ekkehard wegen, den damals die deutsche Jugend mit Begier verschlang. Wir stiegen also, nüchtern wie wir waren, in Singen aus und wanderten durch den Wald, der uns mit mancherlei Beeren erquickte, nach der Felsenburg. Doch o weh, das Eingangstor war verschlossen und sollte sich nur nach Erlegung von 25 Rappen für die Person öffnen. Solche Summen hatten wir nicht mehr aufzuwenden. Wir schlugen uns in die Büsche, überkletterten geschichtete Felsenplatten und sprangen über die Mauer in den Hof hinab. Dabei machte

179

ich die Erfahrung, wie es denen zumute ist, die außerhalb des
Gesetzes leben. In der Menge der zahlenden Besucher verborgen, sandten wir suchende Blicke nach dem Bodensee, der
sich nur schwach im Dunst abzeichnete; auch die Geister Hade-
wigs und ihres verliebten Mönchs ließen sich nicht blicken. Und
das Herzklopfen, bis man endlich unter den Augen des Wächters
glücklich zum Tor hinausgeschritten war! In solchen Augenblicken bestraft sich's, wenn man nicht geübt ist, auf unrechten
Wegen zu wandeln. — Noch war ein langer Tag vor uns;
um nichts zu versäumen, erklommen wir unverdrossen auch
noch den steilen Basaltkegel des Hohenkrähen, der uns gleich
falls den Lohn unserer Mühen schuldig blieb. Jetzt aber
meldete sich der Hunger immer unwiderstehlicher. Darum
beschlossen wir von Singen bis zum nächsten Statiönchen zu
Fuße zu wandern, um vom Fahrgeld ein Stück Brot für
jedes abzusparen. Wir marschierten wacker zu, trotz Staub
und Hitze und den zwei vorangegangenen Besteigungen und
fühlten uns an diesem Tage zum erstenmal vollkommen friedlich
und einig. Auf dem Bahnhof erkannten wir, daß uns noch
Zeit genug zur Ankunft des Schnellzugs blieb, und wir ver-
ständigten uns alsobald, noch bis zur nächsten Station weiter-
zumarschieren, um durch unserer Füße Arbeit zum Brot auch
noch ein Stück Käse zu verdienen. Als dort die Fahrkarten
gelöst waren, konnte Edgar mir noch ein ganzes Häuflein
Münzen für meine Einkäufe in die Hand schütten, denn es
gehörte auch zu seinen Eigenheiten, daß er selber niemals einen
Kaufladen betrat. Ich trug zwei duftende Laibchen Weißbrot
und eine stattliche Schnitte Emmentaler davon. Mit Stolz
brachte ich sie dem Bruder, der sich abseits der Landstraße
unter einem Birnbaum niedergelassen und einen Haufen herr-
licher Birnen vor sich aufgestapelt hatte. Ich fragte nicht,
mit welchem Rechte. Wir setzten uns in tiefer, freudiger Eintracht nebeneinander und genossen die köstlichste Mahlzeit und
das reinste Glück, das uns auf der ganzen Reise beschert war.

180

O, und der Kalbsbraten, mit dem die gute Josephine uns abends in Tübingen empfing. Es war, als ob sie alle unsere Leiden geahnt hätte, die treue Seele. Der Vater sagte nur, als er uns so verhungert sah, mit gerührtem Lächeln: Ihr dummen Kinder! Der bleibendste Wert dieser Reise war vielleicht der, daß mein Kamerad in den drei Tagen so viel von seinen knabenhaften Wunderlichkeiten ausgeschüttet hatte, daß er nun allmählich zu werden begann, wofür er sich bisher mit Unrecht gehalten hatte — ein Mann.

Besuch in Frankreich

Anderthalb Jahre nach dem Sturz der Kommune mahnte
Mutter Vaillant meine Eltern an ihr altes Versprechen.
Sie lebte jetzt ganz allein in Vierzon. Ihr fils adoré, wie
sie ihn nannte, war verbannt und zum Tode verurteilt, mit
ihrer Tochter war sie zerfallen, weil diese sich von dem Bruder
seiner politischen Haltung wegen losgesagt hatte. Unter
solchen Umständen mochte mein Vater der einsamen Frau
ihren alten Wunsch nicht abschlagen. Ich selber war be-
gierig, eine neue Welt kennen zu lernen, das Land der schönen
Form und der verfeinerten Sitte. So überwand er seine
Bedenken und gab mir Urlaub. Unterwegs brachte ich
einen Tag in Straßburg bei der jung verheirateten Lili zu,
mit der ich das Münster bestieg und den Rhein begrüßte.
Daß man zu einer Zeit, wo noch ein deutsches Heer auf
französischem Boden stand, ein blutjunges deutsches Mädchen
ohne Sorge allein in die Mitte Frankreichs reisen lassen
konnte, ist, in heutige französische Empfindung übersetzt, nicht
mehr vorstellbar. Damals ging alles glatt. War es Zufall oder gab es zu jener Zeit wirklich eine französische
Ritterlichkeit — ich bekam weder in Paris noch in der
Provinz, noch auf der Reise selbst je ein unfreundliches
Gesicht zu sehen noch ein verletzendes Wort zu hören. Die
furchtbare Erbitterung des Bürgerkriegs schien den Groll
gegen den fremden Sieger verlöscht zu haben. Aber so viele
Franzosen mit mir über den Krieg sprachen, alle schlossen
mit dem unausweichlichen Kehrreim: Nous ne sommes pas
vaincus, nous sommes vendus. Daß vor allem Bazaine
sie für ein Blutgeld verkauft habe, lag als tröstlicher Balsam
auf der Wunde des Selbstgefühls, deren Schmerz dem
182

Durchschnittsfranzosen noch gar nicht so tief ins Bewußtsein gedrungen war.

In Paris wurde ich im Hause eines französischen Offiziers a. D., der mit einer Stuttgarterin, einer Jugendfreundin meiner Mutter, verheiratet war, mit offenen Armen aufgenommen. Die schon ältere Frau flog mir auf der Treppe mit einem Freudenruf um den Hals, so sehr überwältigte sie meine Ähnlichkeit mit der von ihr verehrten Großmutter Brunnow. Die Familie lebte bescheiden in einer Art von Puppenstuben mit Tapetentüren unter Möbeln, die der Hausherr selbst geschreinert hatte, alles von der putzigsten Nettigkeit; das Orangeblütenwasser, das mir jeden Abend ans Bett gestellt wurde, ist mir in duftender Erinnerung. Der Herr des Hauses mit seinem Bändchen im Knopfloch führte mich nach der Sitte des französischen Militärs ritterlich am linken Arm spazieren. Er glich nach Aussehen und Denkart ganz dem Bilde, das man sich von dem alten napoleonischen Soldaten macht, und da ich mich im Invalidendom für Napoleon begeisterte, war er sehr zufrieden mit mir. Ich besah mir die „Ruinen von Paris", zusammengekehrte Trümmerhaufen des Stadthauses, der Tuilerien, der Finanz usw., die den letzten Verzweiflungskämpfen der Kommune zum Opfer gefallen waren. Man erzählte mir von den Petroleusen, die wahrscheinlich als historisches Seitenstück zu den Trikoteusen hexenartig im Hirn der Pariser spukten. Diese Furien sollten die Häuser entlang gehuscht sein und blitzschnell in jede Kellerluke ihr Petroleum gegossen und Zündhölzer nachgeworfen haben, wodurch ganze Straßen ein Raub der Flammen geworden seien. Wie viele unglückliche Frauen, die kein anderes Verbrechen begangen hatten, als ihre Petroleumkanne heimzutragen, mögen bei den Treibjagden der blinden Rachewut zum Opfer gefallen sein! Greuel waren von der einen und von der anderen Seite geschehen, vor denen die Bartholomäusnacht verbleicht, aber die Stadt strahlte

von Lebenslust, und auf den Boulevards flutete eine heitere
Menge in dem eigenen leichten Schritt, der dort alles be-
flügelt; nur wenn bei nichtigem Anlaß ein Zusammenrennen
entstand, so war's wie Nachzittern vulkanischen Bodens.
Als ich einmal fragte, wohin ein Trupp Soldaten mit Trommel-
schlag so eilig marschiere, wurde mir geantwortet: Nach der
Ebene von Satory, es ist das Exekutionspeloton. Die Hin-
richtungen waren längst vorüber, aber in der Phantasie der
Bevölkerung dauerten sie noch fort. Von Deutschenhaß erlebte ich in Paris nur ein einziges Beispiel an einem halb-
deutschen, dem vierzehnjährigen Kadetten, Sohn meiner
Gastfreunde, der mir mit funkelnden Augen ankündigte, er
werde bald in Berlin einziehen, um Rache für Sedan zu
nehmen. Als er den üblen Eindruck seiner Rede sah, versprach
er großmütig, die Frauen und Kinder zu schonen. Man zeigte
mir einen Laib Belagerungsbrot, der zu drei Vierteln aus
gemahlenem Stroh und Sand bestehen sollte und der sich
anfühlte wie eine Versteinerung. Auch wurde davon gesprochen,
wie fein man in gewissen Garküchen verstanden habe die
Ratten zuzubereiten. Das alles war nun längst Geschichte
geworden bei dem schnell lebenden Volke. Über die deutschen
Soldaten hörte ich kaum eine Klage; nur auf Mr. de Bismarck
war man schlecht zu sprechen. Liest man die französischen Schriftsteller der späteren Jahrzehnte, etwa die feingemeißelten Geschichten Guy de Maupassants, so sieht man, mit welch hoher
Kunst dem französischen Volke das Gift des Hasses nachträglich
eingeimpft worden ist.

Mein erster Tag in Vierzon bleibt mir unvergeßlich.
Ein Diener des Hauses Vaillant, der alte Père Réguillard,
holte mich mit meinem Gepäck am Bahnhof ab. Ich war
zwischen Paris und Vierzon, wo kein Schnellzug ging, zweiter
Klasse gefahren, und freute mich, mir für das ersparte Reisegeld ein anderes Vergnügen zu gönnen. Nun erfuhr ich
durch Frau Vaillant, die der Diener gleich davon in Kenntnis

184

setzte, daß dies ein Mißgriff gewesen, der in Vierzon keinenfalls bekannt werden durfte, und sie bat mich, über den dunklen Punkt Schweigen zu bewahren. Ich versprach's, denn ich nahm an, daß niemand so töricht sein werde, mich zu fragen. Die dem Hause Vaillant befreundeten Damen hatten das junge deutsche Mädchen mit brennender Neugier erwartet. So früh es der Anstand erlaubte, erschienen Mesdames Poupardin, Mutter und Tochter, mit einer Freundin, um mich in Augenschein zu nehmen; sie drehten mich hin und her, schoben mich eine der anderen zu, prüften Haltung, Haartracht und Anzug und entschieden über mich weg mit Verwunderung: Mais elle est bien; elle est très bien — bis doch schließlich eine entdeckte, die Falbel meines Rockes könnte besser gezogen sein. Das schmeichelhafte Endergebnis war, daß ich nichts Deutsches an mir hätte und daß ich würdig wäre eine Französin zu sein! Es war gut gemeint und die höchste Ehre, die sie zu vergeben hatten. Als das vorüber war, erfolgte die verhängnisvolle Frage: Vous êtes venue en première? Da ich weder lügen noch der mütterlichen Freundin einen Schmerz antun wollte, fiel ich darauf, mich zu stellen, als ob mein Französisch auf diesem Punkt versage, und überließ es ihr zu antworten, daß ich selbstverständlich Erster gereist sei.

Diesem Einstand entsprachen alle ferneren Eindrücke, die ich von dem Leben in der französischen Provinz bekam.

Frau Vaillant bewohnte ein Landhaus mit schöngepflegtem Garten und einem Anwesen, das der Küche Hühner, Kaninchen, Gemüse, Salat und ein Obst von unerhörter Güte und Größe lieferte. Ihr die Riesenbirnen für den Winter aufhängen zu helfen, war eine wahre Lust. Sie enthüllte sich als eine vortreffliche und peinlich genaue Hausfrau, deren ganzes Streben in der Wirtschaftlichkeit aufging, ohne daß es nach außen den Anschein hatte. Nichts entging ihrem wachsamen Auge. Morgens um 8 Uhr stellte sie schon mit eigenen behandschuhten

Händen den pot au feu auf den Herd. Wenn er bis abends
6 Uhr, wo man zu Tische ging, so leise fortbrodelte, gab es
ein Gericht, für das jedes Wort zu arm ist. Ich wurde in die
mit heiligem Ernst behandelten Geheimnisse der französischen
Gaumenlust eingeweiht, sah ihr die Bereitung allerhand
schmackhafter Tunken ab, lernte, daß die Hammelkeule mit
einer Ahnung von Knoblauch in den Ofen gehen und stets in
Begleitung von Bohnen auf den Tisch kommen muß. Die
zwei Mahlzeiten bildeten die wichtigsten Ereignisse des Tages,
auch wenn sie für uns beide allein aufgetragen wurden. Wenn
ich an das luftige französische Weißbrot zurückdenke, so be-
greife ich die Klage der Franzosen über das unsrige, von der
schon Goethe weiß. Der Anstand forderte, daß man zu jedem
Stück Fleisch ein mindestens gleichgroßes Stück Brot zum
Munde führte, das auf der Zunge schmolz. Ich faßte eine
ebenso tiefe Bewunderung für die französische Küche, wie mich
die Abwesenheit aller anderen Belange bei der Gesellschaft
in Erstaunen setzte. Die feinen Weine, die auf den Tisch
kamen, und das nie fehlende Gläschen Likör waren das einzig
Geistige, was es in Vierzon gab.

Die wenigen Familien, mit denen Frau Vaillant Verkehr pflog, Gutsbesitzer, Fabrikanten und dergleichen, drückten
offenbar über ihres Sohnes politische Stellung ein Auge
zu, trotz dem Todesurteil, das über ihm hing; so stark
wirken Besitz und Wohlstand auf die Gemüter. Wenigstens
kann ich nicht annehmen, daß sie alle im Herzen heimliche
„Communards" waren. In wunderlich rührender Weise
war das Mutterherz bestrebt, ihm dieses Wohlwollen, nach
dem er nicht fragte, zu erhalten. Wenn ein Brief aus
London kam, so erschienen die Damen voller Neugier,
dann las ihnen Frau Vaillant vor meinen staunenden Ohren
Grüße und Verbindlichkeiten vor, die eifrigst erwidert wurden, die aber nie aus Vaillants streng wahrhaftiger Feder
geflossen sein konnten. Waren dann die Besucherinnen fort,

186

so gab sie mir die Briefe in die Hand, und es zeigte sich dann, daß die Grüße an ihren deutschen Gast gerichtet waren. Sehr merkwürdig erschien es mir, daß Frau Vaillant ihr feines Französisch nicht orthographisch schreiben konnte und sich daher ihre Briefe von mir durchsehen und berichtigen ließ.

Die Zeit stand in Vierzon ganz still. Ich lebte hinter den verzauberten Obst- und Blumenspalieren wie ein Dornröschen. Zu jedem Ausgang über die Straße bedurfte es einer Begleitung, was mir das Ausgehen ganz verleidete; ich habe daher von Vierzon-Ville fast gar keine, von der äußerst reizvollen Landschaft mit dem stillen, umbuschten Flüßchen, wo die Damen überraschenderweise im Freien badeten, nur eine schwache Erinnerung bewahrt. In Vierzon-Village, wohin man häuslicher Bestellungen halber fuhr, lernte ich auch die französischen Bauern mit ihren ausgehöhlten Holzschuhen und ihren blütenweißen Betthimmeln, mit ihrem breiten Wohlstand und ihrem engen Rechengeist kennen.

Die wohlwollende, mütterlich gesinnte Frau tat ihr möglichstes, wie sie es ansah, um zwischen meinen von Hause mitgebrachten Begriffen und denen ihrer Umgebung zu vermitteln. Wie schwer ihr dies innerlich fallen mußte — denn sie stand ja selber zumeist auf dem Standpunkt ihrer Landsleute — konnte ich damals kaum übersehen. Von einem gewissen jungen Mädchen hieß es, daß man nicht mit ihr umgehen könne, weil sie ihren Vater nach Italien begleitet und ein halbes Jahr in Venedig und Rom gelebt habe, welche Städte für besonders sittenlos galten, und ich hörte den Vater schwer tadeln, daß durch seinen Unbedacht der Tochter für immer die Heiratsaussichten verbaut seien. Mit einer lebhaften jung verheirateten Frau wurde mir gleichfalls der Verkehr beschränkt im Hinweis auf ihre sittliche Vergangenheit. Ich war nicht wenig erstaunt zu hören, worin dieser Makel bestand: sie habe vor ihrer Ehe mit jungen Herren Briefe gewechselt, und diese Verirrung wirke noch ungünstig auf die ärztliche Praxis ihres jetzigen Mannes nach. Auf meinen Einwand, daß ich ja gleichfalls mit den jungen Freunden meiner Familie in Briefwechsel stehe und daß sie selbst mich ermahne, ihrem Sohn nach London zu schreiben, wurde mir die einsichtige Antwort, bei einer Deutschen sei es etwas anderes. Am schrofffsten spalteten sich die Meinungen bei einem tragischen Fall, der sich in der Stadt ereignete. Ein junger Mann hatte in der Notwehr einen anderen erstochen und wurde — ungerechterweise, wie alle sagten — zu dreißig Jahren Kerker verurteilt. Jedoch die allgemeine Klage galt nicht seinem Los, sondern dem seiner Schwester, die verlobt war und die nun einsam verblühen müsse, weil ja doch dem Bräutigam unter diesen Umständen gar nichts übrig bleibe, als sich zurückzuziehen. Was mich entsetzte, war nicht die Handlungsweise des Verlobten, die in jedem Land vorkommen konnte, sondern die felsenfeste Überzeugung der Gesellschaft, daß ein anderes Verhalten überhaupt nicht möglich sei. Freilich bedachte ich im jugendlichen Eifer nicht, daß in Frankreich Verlobungen unter ganz anderen Voraussetzungen geschlossen werden als bei uns, daher jene mich so wenig verstanden wie ich sie und über die unpraktischen Zumutungen des deutschen Idealismus bedenklich die Köpfe schüttelten. Die Luft wurde mir in Vierzon enger und enger. In einer deutschen Landstadt vom gleichen Umfang wäre ja der Geist im ganzen auch kein freierer gewesen, aber es hätte doch eine Reihe merkwürdiger, von der Umgebung abstechender Sonderlinge die Eintönigkeit unterbrochen. Von diesen Provinzlern entfernte sich keiner um Haaresbreite von der Linie des Nachbarn. Das waren nun meine Erfahrungen mit der französischen Kultur. Und so sah die Welt aus, der der revolutionäre, kommunistische Vaillant entstammte.

Eine etwas frischere Luft kam durch den Besuch einer angenehmen jungen Pariserin ins Haus, der Frau eines

gleichfalls nach London geflüchteten „Communards". (Nebenbei gesagt, war Communard ein halbes Schimpfwort, sie
selber nannten sich Communeux.) Madame Martin war
Modistin und machte sich durch Anfertigung allerliebster
Hütchen um die Hausbewohnerinnen verdient. Mutter
Vaillant brachte den Anschauungen des Sohnes das Opfer,
daß sie die junge Frau ganz als gleiche behandelte, und diese
war auch an Takt und äußerer Bildung den Damen von
Vierzon mindestens ebenbürtig. Auf Ausgängen wurde ich
aber doch noch lieber einer ältlichen Engländerin anvertraut,
einer ehemaligen Gouvernante, die ihre Ferien im Hause
verbrachte und mir auf Frau Vaillants Wunsch ein wenig
Klavierunterricht gab, — es war nämlich eine der Eigenheiten
meiner Mutter, daß sie zu meinem größten Schmerz die
Musik gänzlich aus dem Lehrplan ausgeschlossen hatte. So
war ich der Miß dankbar, obgleich sie als Deutschenfeindin
mir nicht sonderlich wohlwollte. Viel lieber war ihr Mademoiselle Poupardin; diese begleitete sie mit Hingebung auf
dem Klavier, wenn sie des Abends herüberkam und die damals sehr beliebte herzbrechende Romanze sang:

> On dit que l'on te marie,
> Tu sais que j'en vais mourir —

Diese Engländerin nun war mir zur Aufsicht beigegeben,
und es entbehrte nicht einer gewissen Komik, daß ich das feind-
liche Land mutterseelenallein durchreist hatte und nun an
Ort und Stelle den Nachbarn zuliebe betreut werden mußte
wie ein Kind. In der englischen Gesellschaft konnte ich einen
Besuch in dem nahen Bourges unternehmen. Die Miß ent-
ledigte sich ihrer Aufgabe aber nicht in Frau Vaillants Sinne,
denn auf dem Weg vom Bahnhof ins Stadtinnere ließ sie
mich plötzlich stehen, um sich in einen Trupp vorbeiziehender
Rekruten zu stürzen, die sie mit feuriger Ansprache zur
schleunigsten Wiedereroberung von Elsaß-Lothringen auf-

forderte. Sie erweckte, soviel ich sah, wenig Begeisterung, wahrscheinlich wurde ihr angelsächsisches Französisch gar nicht recht verstanden. Die eingetretene Stauung benützte ich, um in eine krumme Querstraße zu verschwinden. Ich fragte mich allein nach der uralten Kathedrale durch, die ich mir vom Küster zeigen ließ. Auch dort waren die Petroleusen gewesen und hatten, wie der Mann erzählte, schon die ganzen Mauern mit Petroleum begossen, nur der rasche Sturz der Kommune hinderte sie, ihr Streichholz anzustecken. Zu schicklicher Besuchsstunde gab ich dann im Hause eines jungverheirateten Arztes meine Einführungskarte ab, wo man Frau Vaillants Bitte, mir die Stadt zu zeigen, sehr artig entgegenkam. Da sich unter den Merkwürdigkeiten, die man mir aufgeschrieben hatte, auch eine Militäranstalt befand, hielt es der Herr des Hauses geraten, zuvor dort anfragen zu lassen, worauf die überraschende Gegenfrage kam, wie das junge Fräulein aussehe. Auf die Antwort: groß, schlank, blond, wurde die Erlaubnis verweigert, weil dies das Signalement der verkleideten preußischen Offiziere sei. Als wir dann später in der schönen Kastanienallee, die die Stadt umzieht, einem der Herren jener Anstalt begegneten, konnte dieser nicht umhin über die angewandte Vorsicht zu lächeln und erbot sich, mir den Eintritt doch noch zu erwirken. Aber ich lehnte dankend ab und habe somit nie erfahren, was für Genüsse mich dort erwartet hätten.

Natürlich horchte ich immer hoch auf, wenn in Vierzon von den Erinnerungen der Kommune die Rede war. Hatte man mir in Paris von den Bluttaten der rasenden Menge erzählt, so hörte ich jetzt von den zehnmal größeren Schrecken, die die regulären Truppen und der' elegante Pöbel verübten. Daß man die fünf Maitage, wo das Blut in einem ununterbrochenen Strom aus der Kaserne Lobau in die Seine rann und dort als roter Streifen weiterfloß, miterlebt haben und

190

mit solcher Seelenruhe über die geschehenen Dinge reden konnte, überraschte mich. Sie waren nach vierzehn Monaten schon ferne Vergangenheit geworden. Von den Communard-profilen, die da vor mir auftauchten, ist mir besonders der verbummelte Student Raoul Rigault, Vaillants ehemaliger Studiengenosse vom Quartier Latin, in Erinnerung geblieben, der böse Geist der Kommune, der als Polizeipräfekt ihren Namen mit so viel Blut besudelt hat. Nur sein mutiges Ende könnte zu seinen Gunsten gebucht werden. Über den meisten dieser Gestalten hing neben der Tragik ein eigentümlicher Zug von Leichtsinn, ganz entsprechend dem Charakter eines Volkes, das leicht tötet und leicht stirbt. In einem Schub-fach fand ich die Visitenkarte des unglücklichen jungen Genieoffiziers Louis Nathanael Rossel, der in mißglückter Nachahmung eines berühmten Musters sich an die Spitze der Revolutionstruppen gestellt hatte und den kurzen Traum seines Ehrgeizes unter den Kugeln seiner ehemaligen Ka-meraden in der Ebene von Satory büßte. Frau Vaillant war nicht gut auf ihn zu sprechen, sie konnte ihm seine reumütige Umkehr zu der alten Trikolore nicht verzeihen, deren Wiedererscheinen auf den Mauern von Paris er mit Jubel begrüßt haben wollte. Ich aber fühlte das tra-gische Geschick des Soldaten mit, der sein eigenes Todes-urteil als gerecht erkannte, und erbat mir seine Karte zum Andenken.

   Als meine Zeit in Vierzon zu Ende ging, war es bei aller Erkenntlichkeit für die empfangene Güte doch ein Aufatmen. Abderas und Schildas gibt es auch im lieben Deutschland, schrieb mir mein Vater in seinem letzten Briefe nach Vierzon, und zwar, wie dir jetzt klar ist, immer noch erträglichere. — Es ist schwer, besonders für die Jugend, die Eindrücke eines fremden Landes nicht zu verallgemeinern. Da ich die geistigen Kreise gar nicht kennen gelernt hatte, verließ ich Frankreich mit der Überzeugung, daß in jedem französischen Hirn nur ein einziger Gedanke in festgeprägter Form Platz habe: im gros bourgeois die Freuden der Tafel, im Soldaten die Gloire, im Republikaner die Republik. Diese Menschen schienen mir samt und sonders so eintönig, von so widerspruchsloser innerer Logik wie die Charaktere im französischen Drama, die am Ende glatt aufgehen wie ein Rechenexempel. Bei der Abreise überreichte mir ein feiner alter Aristokrat, der mit der Revolution liebäugelte, ein Gedicht, worin germanisches Goldhaar, Tyrannenblut und Völkerverbrüderung auf eine nicht ganz klare Weise zusammengebracht waren. Damit schied ich von Vierzon, diesmal natürlich in der ersten Klasse. Ich hatte dann noch Gelegenheit, mich vierzehn Tage bei Landsleuten in der bezaubernden Lichtstadt aufzuhalten, aber mit der französischen Gesellschaft kam ich in keine Berührung mehr.

Persönlich habe ich Vaillant nicht wiedergesehen. Er kehrte später infolge der Amnestie von 1880 nach Frankreich zurück und wurde zuerst in den Pariser Gemeinderat und dann in die Deputiertenkammer gewählt. Wir waren unterdessen nach Italien übergesiedelt. In Abständen, die natürlich mit der Zeit immer länger wurden, tauschte er noch Briefe mit meiner Mutter, und auch als die unmittelbaren Beziehungen allmählich einschliefen, blieb das freundliche Andenken beiderseits erhalten.

In Vaillants letzten Lebensjahren stand er Jaurès besonders nahe. Beider Wirken ging ja darauf aus, durch die internationale Arbeiterorganisation Kriege für immer unmöglich zu machen. Vaillant war nunmehr der Patriarch der Partei, die, wie G. Hervé sich ausdrückte, in Jaurès ihr denkendes Hirn, in dem andern ihr unsträfliches Gewissen verehrte. Père Vaillant nannten ihn alle. Es soll ein ehrwürdiger Anblick gewesen sein, wenn der alte Mann mit dem wehenden Silberbart und -haar bei öffentlichen Arbeiterumzügen die Fahne vortrug. Im Jahre 1907 kam er noch einmal nach Deutschland und verließ es im Groll, weil er auf dem Parteitag in Stuttgart die deutschen Sozialdemokraten nicht für den Generalstreik und Aufstand im Kriegsfall gewinnen konnte. Als der Weltbrand ausbrach, erwartete ich, daß er sich der nationalen Erbitterung entgegenstemmen würde. Jedoch das Gegenteil geschah. Er tat selber, was er seinen deutschen Parteifreunden so sehr verargte: er stellte sich mit seinem ganzen Gewicht auf die Seite der Regierung. Er ging aber noch viel weiter, denn er predigte den Völkerhaß. Die Formel vom preußischen Militarismus beherrschte ihn ganz; er hatte ja stets auf Formeln geschworen. Als er zum zweitenmal in seinem Leben deutsche Heere auf Frankreichs Boden stehen sah, da trübte sich seine geistige Verfassung. Er glaubte jede Ungeheuerlichkeit und war unter denen, die immer am lautesten nach japanischer Hilfe riefen. Ja, er ließ sich zu der irrsinnigen Anklage hinreißen, deutsche Sendlinge hätten Jaurès ermordet. Ich schrieb ihm damals einen offenen Brief, den ich ihm in vier Abschriften über neutrale Länder zusandte und der später in deutscher und französischer Sprache gedruckt wurde. Ich nehme an, daß er ihn erhalten hat. Antwort kam keine. Was sollte er auch sagen? Mir war es vor allem darauf angekommen, ihm klarzumachen, daß das deutsche Volk heute noch dasselbe ist, für das er einmal so warm empfunden hatte, und ferner, daß die Hoffnungen unserer Feinde auf den kleindeutschen Partikularismus von ehedem trüglich sind. Wenn Vaillant einmal haßte, so war es bei ihm nur natürlich, daß sein Haß über alle Grenzen ging. Es ist mir gleichwohl nicht möglich, des Toten anders als mit Pietät zu gedenken. Leicht mag ihm seine neue Wendung auch nicht geworden sein. Der Jammer über den Krieg unterwühlte sein Leben. Man sah ihn in den Wandelgängen der Kammer hohläugig, abgezehrt, mit stieren Augen umherschleichen, und im Dezember 1915 starb er zu Paris herzgebrochen nach kurzer Krankheit.

Bedrängnisse

Unter den jungen Leuten, die bei uns aus und ein gingen, hatte meine Mutter einen, den ich mit seinem Vornamen Hartmuth nennen will, mit ganz ungewöhnlicher Wärme ins Herz geschlossen, weil seine gediegenen Charaktereigenschaften und eine tiefe und dauernde Neigung für mich ihr mein Lebensglück zu verbürgen schienen. Und sie gestattete ihm sich als zukünftigen Schwiegersohn zu betrachten, ohne sich meiner Zustimmung versichert zu haben. Das jubelnde Mutterherz fiel aus allen Himmeln, als sie sah, daß wieder einmal unsere Empfindungen meilenweit auseinander gingen. Und nun geschah das Merkwürdige und fast Unglaubliche, daß die feurige Kämpferin für alle persönliche Freiheit und Selbstbestimmung in die ihrer so heißgeliebten Tochter eingreifen und gewaltsam über ihr Geschick bestimmen wollte. Das Wohlgefallen, das dieser junge Mann ihr einflößte, brachte sie nämlich zu der seltsamen Annahme, daß ich eigentlich seine Neigung erwiderte und es nur nicht Wort haben wollte aus irgendeinem kindischen Eigensinn. Niemals war sie zu überzeugen, daß sie sich täuschte. Ich konnte keine Gründe für mein inneres Widerstreben anführen, und daß die Regungen des Herzens keine Gründe brauchen, wollte die leidenschaftliche Frau nicht einsehen. Daraus war ein peinvolles Ringen zwischen Mutter und Tochter hervorgegangen, das über fünf Jahre unter dem größten Herzeleid für beide Teile fortdauern sollte. Ich verargte es dem Manne, daß er diese Not mit ansah und sich doch auf die Mutter stützte, statt freiwillig zurückzutreten. Seine Entschuldigung war: er glaubte gleichfalls, ich liebte ihn und wüßte es nicht! So fest hatte meine Mutter, deren Suggestionskraft unwiderstehlich war,

194

sich und ihm diese Absonderlichkeit eingeredet. Und ich hatte Augenblicke, wo ich in ihrem Banne nahe daran war, es selbst zu glauben. In seiner Abwesenheit, brieflich, war ich ihm auch durchaus gewogen, nur seine persönliche Gegenwart stellte mich jedesmal vor die Unmöglichkeit einer Annäherung. In einer schwachen Stunde hatte sie mir aber das Versprechen entrungen, wenigstens kein endgültiges Nein zu sagen, sondern die Entscheidung in Anbetracht meiner allzugroßen Jugend der Zukunft zu überlassen. Das war ja für den Augenblick das Bequemere, da es mich vorübergehend der Bedrängnis enthob. Und auch er war es zufrieden, denn jeder Teil hoffte, der andere würde durch die Zeit zur Einsicht kommen. Aber die Unklarheit rächte sich schwer an beiden: für mich verlängerte sie den Kampf und verdarb mir die schönsten Jahre, für ihn hatte sie die Folge, daß er ein schönes, ihm von anderer Seite entgegengebrachtes Gefühl übersah und so sein wahres Lebensglück verfehlte. Daß er später gleichwohl ohne Bitterkeit mir zugetan blieb, war das beste Zeugnis, das er seinem inneren Wert ausstellen konnte.

Da Mama glaubte, daß der viele Verkehr mit männlicher Jugend mich seelisch zersplittere und mich verhindere eine Wahl zu treffen, erlaubte sie mir keine Ballbesuche mehr und hielt jetzt solche jungen Leute, die ihrem Schützling gefährlich werden konnten, vom Hause fern. Hartmuth wollte und wollte nicht begreifen. Er tauchte auf, wo ich ihn nicht erwarten konnte, und wenn ich mich auf eine Festlichkeit freute, so fand ich ihn schon mir zum Ritter bestellt, daß das Vergnügen zum Zwang wurde. Beim Vater hätte ich ja sogleich Schutz gefunden, aber ihn durfte ich um seiner Ruhe willen nichts von diesen Kämpfen ahnen lassen. Es wurden beständig kleine Verschwörungen gegen mich angezettelt, an denen sich auch Dritte beteiligten. Um mich zu belehren, schrieb mir der schweigsame Ludwig Pfau einmal einen Brief von sechzehn Seiten, voll der aufreizendsten

Derbheiten, die natürlich ihren Zweck erst recht verfehlten.
Der revolutionäre Denker Pfau hielt es auf diesem Punkte
mit dem rückständigen Männerschlag, für den das Weib
nur als Geschlechtswesen vorhanden war und der ihr ein
seelisches und geistiges Eigenleben aus tiefster Überzeugung
absprach. Ich meine ihn noch zu hören, wie er mir einmal
mit kopfschüttelnder Mißbilligung in seinem breiten Dialekt
sagte: Weiber, Weiber — ihr send net für de Geischt g'schaffe.
Bei diesem Standpunkt erschien ihm das Zurückweichen vor
einer so treuen Neigung als Versündigung am ganzen männlichen Geschlecht, die er nicht ungerügt lassen zu dürfen glaubte.
Solche raubexen Angriffe fanden mich stets gerüstet, aber
der Schmerz meiner vulkanischen Mutter, die Sorge beider
Eltern um meine Zukunft, die ich nicht erleichtern konnte,
zerrissen mir das Herz. Und so oft Mutter, Onkels, Tanten,
Freunde und Freundinnen mich fragten: Warum kannst du
denn nicht? hatte ich keine andere Antwort als: Ich kann
nicht. Wie hätte ich mich anderen verständlich machen sollen,
da ich mich selber nicht verstand. Hartmuth galt für einen
stattlichen Mann, und ich wußte manche, die stolz und glücklich
an seiner Seite geschritten wäre. Mir aber ging seine ganze
Art und Weise wider den Strich. Es waren nur Äußerlich-
keiten, scheinbar ganz unwesentliche Dinge, die so allverhindernd
auf mich wirkten; daß sie der treffende körperliche Ausdruck
für eine der meinen gänzlich fremde Geistesrichtung waren
empfand ich nur dunkel, ohne es in Worte fassen zu
können. Es war dies die einzige Form, wie mein guter
Genius mich vor einem verhängnisvollen Irrtum zu
warnen vermochte, denn ich lebte noch viel zu unbewußt, um
mir selber klar zu sagen, daß die Welt Hartmuths nimmermehr die meine sein konnte, und daß meine Entwicklung andere,
weitere Kreise zu durchlaufen hatte. Auch sein vieles Hof-
meistern und daß er mir all die Besonderheiten, die er an,
mir zu lieben glaubte, so schnell wie möglich abgewöhnen

196

wollte, um mich recht bürgerlich hausbacken zu haben, gab meinem Bewußtsein nicht die sichere Waffe, die ich gebraucht hätte. Und die Zusammenstöße mit der Mutter fürchtete ich mehr als alles auf der Welt. Ich war also immer mehr auf der Flucht vor ihm, als daß ich mich zu einer Entscheidung gestellt hätte, bei der alle gegen mich waren. Diese seelische Unreife verursachte die Verschleppung die ihm und mir so nachteilig wurde.

Einmal befand ich mich in Stuttgart als Gast bei nahen Verwandten und besuchte dort meine Freundin Anna Dult, die sich in einer der meinigen gerade entgegengesetzten Lage befand, da sie soeben ihre Verlobung gegen den väterlichen Willen durchgesetzt hatte. Kaum war ich in ihrer Wohnung in der Olgastraße angekommen, so fuhr ein Wagen vor, und gleich darauf erscholl Hartmuths Stimme im Flur. Ich hatte gerade noch Zeit, mit einem Sprung in den Garderoberaum zu verschwinden, da stand er schon im Zimmer und teilte der verdutzten Anna mit, daß er nach abgelegtem letztem Examen einen festlichen Tag in der Residenz feiern wolle und daß er zu diesem Zweck einen Wagen gemietet habe, um mich mit Zustimmung meiner Mutter zu einer längeren Spazier-- fahrt abzuholen. Da er aber voraussehe, daß ich mich weigern würde, mit ihm allein zu fahren, bitte er um ihre Begleitung und Beihilfe zu seinem Plan. Er habe auch unterwegs meinen gleichfalls in Stuttgart befindlichen Bruder Alfred aufgetrieben und in den Wagen gesetzt, damit mir gar kein Vorwand bleibe, mich der Gesellschaft zu entziehen. — Was beginnen? Schlankweg heraustreten, ihm vor dieser Zeugin erklären, daß ich nicht den Schein einer Fessel tragen wollte, die ich in Wirklichkeit mir nicht anzulegen gesonnen war, dazu fehlte mir die nötige Schroffheit. Ich stand hinter der halboffenen Tür, von dem Besucher ungesehen, und hatte die erschrockene Anna im Gesicht, so daß ich sie durch Zeichen bedeuten konnte, den Ankömmling so lange wie möglich hier festzuhalten. Dann

197

schlüpfte ich hinaus und im Flug die Treppe hinunter, an dem vorgefahrenen Wagen vorbei, aus dem Alfred mich laut begrüßen wollte. Ich legte den Finger auf den Mund und glitt wie ein Schatten die Straße hinab. Mich zu verstecken, wagte ich nicht, denn ich kannte Hartmuths Beharrlichkeit, der imstande war, sich vor der Haustür meiner Verwandten aufzupflanzen und meine Rückkehr abzuwarten, sollte es auch Stunden dauern. Ich fand also keinen besseren Rat als heimzustürzen — den weiten Weg nach der Silberburgstraße zu Fuß, denn Fahrgelegenheiten gab es damals keine — und schleunigst zu erkranken. Annas Einverständnis ließ mich den nötigen Vorsprung erhoffen. Ich kam auch richtig früher als der Zweispänner an, stürmte atemlos durch das Familienzimmer nach dem Schlafgemach, warf die Kleider ab und verkroch mich ins Bett. Bestürzt folgte mir die gute Tante, um zu hören, was vorgehe, aber sie erfuhr nichts, als daß ich von einem plötzlichen Unwohlsein mit Schlafsucht befallen sei und bäte, mich ein paar Stunden ungestört schlummern zu lassen und unter keinen Umständen zu wecken. Ich entschlief auch schon im Sprechen, und es war höchste Zeit, denn eben klingelte es, und Anna erschien, um mich zu der Spazierfahrt abzuholen. Mit dem Bescheid von meiner rätselhaften Erkrankung zog sie ab, kehrte aber gleich darauf mit den beiden anderen Insassen des Wagens zurück. Daß Alfred mir brüderlich Treue hielt und schwieg, wurde ihm von mir hoch angerechnet. Der andere aber verlangte in seiner doppelten Eigenschaft als Begünstigter der Mutter und als angehender Arzt die Patientin zu sehen. Unter dem Druck der Tante erschien diese im Familienzimmer, blaß und leidend und bereit, gleich wieder einzuschlafen. Es war an meiner Unpäßlichkeit nicht zu zweifeln, denn von dem anhaltenden Rasen ging der Puls in Sprüngen. Wäre aber Hartmuth ein besserer Seelenkenner gewesen, so hätte er aus Annas verwirrter Miene die Wahrheit ablesen müssen.

198

Nach allerlei Vermutungen zogen die drei sich endlich zurück und setzten ihre Lustfahrt ohne mich fort. Sobald das Rollen des Wagens verhallt war, sprang ich . genesen auf und gestand den ganzen Hergang. Der gute Onkel, der eine heitere poetische Ader hatte, verfaßte ein launiges Gedicht über die mißglückte Entführung und sandte es Mama als Pflaster auf die Wunde.

Das schlimmste war, daß ich überhaupt nicht wußte, was ich mit mir selber wollte. Unterkriechen wie die andern, geborgen sein um jeden Preis oder als vermögensloses Mädchen allen Stürmen preisgegeben, mit lauter brotlosen Künsten ausgestattet und gar nicht für den Lebenskampf erzogen? — Kein Wunder, daß es älteren Freunden um mich bange wurde. Es gab damals für ein Mädchen keinen Weg ins Leben als durch die Ehe und — in wunderseltenen Fällen — durch die Kunst. Aber die Gabe, an deren verfrühte Äußerungen die Meinigen so feurig geglaubt hatten, schien mir wieder entzogen zu sein. Wenn ich in das Meer nebelhafter Bilder, das immer um mich wogte, hineingreifen wollte, um sie zu formen, so faßte ich in Luft. Mein Mütterlein meinte, ich hätte nur da weitermachen dürfen, wo ich nach Lilis Erscheinen stehengeblieben war. Aber damals hatte ich in kindlichem Trieb Vorhandenes nachgemacht und mit fremden Mitteln gewirtschaftet. Jetzt, wo ich aus Eigenem gestalten wollte, stand ich mit leeren Händen da. Und der unstillbare Drang nach starkem Erleben war zugleich auch der unbewußte Trieb, den Schatten Lebensblut geben zu können. Immer deutlicher fühlte ich, daß der Boden Tübingens mir überhaupt für meine Entwicklung nichts mehr zu bieten hatte. Das weibliche Geschlecht war ja damals so gestellt, daß es nur vom Leben selber lernen konnte. Meine Studien, ganz mir selber überlassen, gingen die Zickzackwege des Zufalls. Gesellige Freuden begannen schal zu schmecken, und ich war meist nur mit dem Körper anwesend. Meine ganze Anlage zog eine

Scheidewand zwischen mir und der Außenwelt. Menschen und Dinge des Alltags hatten gar keine Wesenhaftigkeit für mich, wenn ich mich nicht gerade an ihren Ecken und Kanten stieß. Es quälte mich, wenn in meiner Gegenwart die bürgerlichen Umstände anderer, ihre Verwandtschaften und dergleichen erörtert wurden. Dauerte es lange, so meinte ich mich innerlich dabei aufzulösen. Ich wußte am liebsten nicht einmal genau, wo unsere Freunde wohnten, daß ihr Kommen und Gehen wie aus unbekannten Reichen war. Diesen Zug hatte seltsamerweise auch mein Vater in seiner Jugend gehabt, wie ich aus einer Niederschrift von ihm ersah. Aber es war freilich schwer, ihn dem jungen Mädchen nicht für Lieblosigkeit auszulegen, während er nur dem Triebe entsprang, die stillose Enge der Umwelt durch die Vorstellung aufzuheben.

Ich weiß kein Volk, das ein Wort für Sehnsucht hätte, außer den Deutschen. Das désir und desiderio der Romanen ist wohl stärker an Leidenschaft, aber es hat nicht das Auflösende, Halbverschmachtete unseres Sehnens. Sie alle kennen das Heimweh, aber von dem Weh nach einer ungekannten schöneren Heimat wissen sie nichts. Woher sollte den Südländern, die an Natur und Kunst besitzen, was jeden Wunsch zum voraus erfüllt, die Sehnsucht nach einem schöneren Land, nach einem Wunschland kommen? Des Deutschen ewige Sehnsucht ist nichts anderes als seine unglückliche, nie gestillte Liebe zur Form. „Du bist Orplid, mein Land, das ferne leuchtet." Dieses Ungenügen an der Wirklichkeit ist der Ursprung aller Romantik. Wo das Leben wie ein breiter Strom zwischen schönen Ufern daherbraust, gibt es keine. Dann ist die Wirklichkeit mächtiger als jeder Traum.

Mein liebes Schwabenland, von seinen Kindern nur das „Ländle" genannt (die Neigung des Schwaben zum Verkleinerungswort hat in der Gestalt eben dieses Ländles ihre tiefe Be-

gründung), ist ein Gebilde eigener Art, gleichsam eine Muster-
karte aller Länder. Es sieht aus, als hätte der Schöpfer,
bevor er die Erde entwarf, ein Modell davon im kleinen hergestellt, worauf er jede Form andeutete, die er hernach im
großen ausführen wollte: Berge, Flußläufe, Ebenen, Wasser-
flächen, alles ist vorhanden, aber in kleinerem Maßstab und in
stetem Wechsel. Immer steht man wieder vor einem anderen
Bild. Diese Vielartigkeit hat nichts Zwingendes, Stil-
gebendes wie einfache Größe von ausgesprochener Art, die
allein da ist und alles andere ausschließt. Vorstellungen werden
angeregt, aber nicht erfüllt. Daher lag und liegt vielen
Schwaben die Unruhe von Hause aus im Blut. Wer vom
Gipfel des Hohenstaufen blickt, der meint mit einem Male
ein Stück mittelalterlicher Geschichte zu verstehen: die Weite,
die sich auftut, lockt über die niederen Kuppen weg in
fernere südliche Weiten, die Anmut der Landschaft erregt,
aber sie befriedigt nicht, sie erweckt ein unruhiges Verlangen
nach höherer, ernsterer Schönheit, den Drang gen Süden.
Solch ein Drang nach Ausdehnung und Erfüllung war auch
in mir. Ich ersehnte mir die große Linie und die herrschende
Form: statt der Alb die Alpen, statt kleiner Heidestrecken die
Pußta oder die Savanne, statt dem Bodensee den Ozean.
Da war ferner ein Geist bürgerlicher Nutzbarkeit über die
ganze Natur verbreitet, gegen den ich mich innerlich auflehnte.
Diese reichen, aber in winzige Gütchen verteilten Kornfelder,
diese endlosen Fruchtbaumreihen, heute ein so rührender
Anblick! ließen mich unbefriedigt. Ich war krank nach dem
zwecklos Schönen, nach Wüste und Urwald oder nach der
strengen monumentalen Landschaft des Südens mit architek-
tonisch angelegten Gärten und Terrassen aufs Meer. Darum
bedrängte ich meinen guten Vater, mich in der Vakanz
nur bis Venedig zu führen. Ich glaubte, es müsse auch ihn
glücklich machen, der doch so ganz anders geartet war,
der in der Jugend ein Unrecht an der Heimat zu begehen

meinte, wenn er nur ihre Grenzen verließ. Aber er konnte mir keinen Wunsch abschlagen. Es wird mir nichts übrigbleiben, als dem Kinde den Willen zu tun, sagte er ergeben zu meiner Mutter. — Doch es sollte nicht mehr so weit kommen, und schon die Geldverhältnisse hätten es verwehrt.

Auch Mama begriff meine Abneigung gegen die heimische Enge nicht, denn da sie die Schranken der Erbe überhaupt nicht sah, war für sie die Weite überall. Und mein beständiges Verlangen nach edler Form begriff sie noch weniger. Sie genoß zwar den Anblick schöner Menschen aufs innigste, wie sie sich auch der eigenen abligen Leibesform, die niemals weder massig noch knöchern werden sollte, mit Behagen bewußt war, aber die Formlosigkeit war ihr nicht wie mir ein Augenschmerz. Und alle andern verstanden mich noch weniger; es schien niemand etwas zu vermissen.

Doch einen gab es in Tübingen, der mich verstand und den ich oft in der Stille besuchte, wenn wir auch nicht miteinander reden konnten. Sein Denkmal stand im Botanischen Garten, es prahlte laut und stimmungslos mit einem Genius, der einen blechernen Stern auf dem Haupte trug, deshalb ging ich im Bogen daran vorüber nach dem Friedhof. Dort, nahe der unteren Mauer, lag sein Grab. Man mußte die tief herabhängenden Schleier der Trauerweide aufheben, dann war man in grüngoldener Dämmerung mit dem Schläfer allein. Ein schmaler Stein stand schief eingesunken an dem ungepflegten, damals halb vergessenen Ort. Er trug den Namen Friedrich Hölderlin und auf der andern Seite den Vers:

> Im heiligsten der Stürme falle
> Zusammen meine Kerkerwand usw.

(Ein Vers, der noch aus seiner Frühzeit stammt, da er „wortweicher und leerer war". Man hätte Tieferes und Eigeneres für seine Grabschrift finden können.)

202

Mit ihm redete ich von den Griechen. Nur seine immer-
während Schwermut und Trauer um jene Lebendigen teilte
ich nicht. Sie waren ja doch da, wer konnte sie uns nehmen?
Ich vergaß nur, daß für ihn die schwäbische, ja die deutsche
Heimat noch viel, viel enger gewesen, daß, je weiter man
zeitlich zurückging, desto größer die Formlosigkeit war und
all die Dinge, die sein schönheitverlangendes Gemüt so unsäglich beschwerten und verletzten. Hätte er lachen können,
ein befreiendes Lachen, er wäre vielleicht nicht so frühe unter-
gegangen. Aber er wäre auch nicht jener Einzige geworden,
und seine Stimme käme nicht wie ein Klang aus anderen
Welten zu uns herüber.

Der Brand und die Flamme. Hat der Mann ein Seelenleben?

Ich weiß nicht, ob die kleinen Episoden, die ich hier er-zählen will, nicht vielmehr in die Zeit nach meines Vaters Tode fallen. Mein Gedächtnis schiebt sie an dieser Stelle ein, weil mir nachträglich alles Heitere v o r jenem dunkeln Tage zu liegen scheint.

In der Kronengasse, schrägüber von unserer Wohnung, lag eine Studentenwirtschaft, die Flammerei genannt, wo Edgar und zuweilen auch die jüngeren Brüder die Abende verbrachten. Daß es dabei munter und witzig herging, mußte ich den Beteiligten glauben, als Unbeteiligte sah ich aber immer nur den unfrohen Ausklang der fröhlichen Stunden. Zwar trieben sie es gewiß nicht schlimmer als die andern Musensöhne auch, nur daß jene der Mehrzahl nach nicht unter den Augen ihrer Mütter lebten. Die meinige konnte sich an das Nachtschwärmen ihrer Söhne nicht gewöhnen und wollte niemals schlafen gehen, bevor sie alle daheim in ihren Betten wußte, wenn es auch noch so spät wurde. Hatte ich sie endlich doch dahin gebracht, daß sie sich niederlegte, so horchte sie schlaflos, bis sie Edgars Tritt auf der Treppe vernahm, denn ihm, für den sie von klein auf am meisten gezittert hatte, galten vor allem ihre Ängste. Im Nu war sie aus dem Bette und auf dem offenen Gang, ich ebenso schnell, in einen Überwurf gehüllt, an ihrer Seite, um den auf-grollenden Sturm zu beschwören. Dabei verdiente ich mir, wie es den Friedensstiftern zu gehen pflegt, bei keinem der beiden Teile Dank, da der eine nur den gestörten schönen Abend, der andere nur die in Sorge durchwachten Stunden sehen wollte. Mamas Raschheit endete gewöhnlich damit,

204

daß der ebenso rasche Sohn alsbald wieder in die Nacht hinausstürmte und erst zum Morgenkaffee nach Hause kam. Mir lag es dann ob, das aufgeregte Mutterherz zu beschwichtigen, sie ins Bett zurückzuführen und bei ihr zu sitzen, bis sie sich in Schlaf gegrämt hatte. Die wunderbare Frau, die bei der Gedankentiefe eines Philosophen nicht mehr weltliche Klugheit als ein Kind besaß, wollte sich niemals überzeugen lassen, daß die Stunde, wo ein Student in erhöhter Stimmung aus dem Wirtshaus kommt, nicht die geeignete ist, ihn vom Wirtshausgehen zu bekehren. Leichter hatten es die jüngeren Brüder, besonders Erwin, der die Kunstschule von Rottenburg besuchte und in den studentischen Kreisen seiner Zeichenkünste und seines heiteren mimischen Talentes wegen ein gern gesehener Gast war. Wenn sich einmal die mütterlichen Vorwürfe über ihn ergossen, so nahm er die kleine leichte Frau singend in den Arm und tanzte mit ihr, bis ihr Wort und Atem ausgingen und ihr Unmut sich in Lachen löste.

Eines Tages bat er mich für einen Streich, den er vorhatte, um mein hübsches hellgraues Straßenkleid. Ich half ihm selber in den Anzug, bemühte mich, seine schlanke Länge mittels eingestopfter Taschentücher etwas ins Weibliche zu runden, gab ihm noch Anleitung, gesittet in den Röcken zu gehen und entließ ihn mit meinem Segen. Der Bengel sah bildhübsch aus, begann aber auch gleich, seine Augen auf eine Weise im Kopf zu drehen, daß mir Arges schwante. Edgar stellte ihn in der Flammerei als eine von auswärts gekommene Base vor, niemand erkannte ihn, und die schöne, geschmeidige Erscheinung erregte natürlich das stärkste Aufsehen, denn es war unerhört, daß ein junges Mädchen aus guter Familie des Abends unter den Studenten saß. Das Dämchen kokettierte gewaltig, zechte, rauchte, ließ sich mit jedem einzelnen heimlich ein und gab Betulichkeiten betulich zurück. Ein hübscher, etwas leichtsinniger Philologe jedoch

205

sah sich für den Meistbegünstigten an und fing ernstlich Feuer. Seine Huldigungen wurden so stürmisch, daß Edgar es geraten fand, die gefährliche Verwandte, durch deren Betragen er sich nachgerade etwas bloßgestellt fühlte, geräuschlos verschwinden zu lassen. Der erregte Anbeter stürzte ihr auf die Straße nach und rannte die ganze Stadt nach dem Gegenstand seiner Flamme ab, während der Schalk schon still daheim im Bette lag. Er behielt jedoch meine Kleider und fuhr dann und wann wieder hinein, um schnell irgendwo aufzutauchen und spurlos zu verschwinden, worüber der Suchende in immer größere Leidenschaft geriet. Edgar warnte ihn vor der Kokette, deren Besuch man ihrer unziemlichen Haltung wegen habe abkürzen müssen, der andere behauptete dagegen, sie sei noch in der Stadt und werde grausamerweise vor ihm, der es doch ehrlich meine, versteckt. Edgar mußte schließlich dem Jammer ein Ende machen und erklären, daß das schöne bacchantische Kind sein jüngerer Bruder sei. Der Gefoppte kam wie von Sinnen, weinte, sprach vom Totschießen, fand aber am Ende seinen Trost darin, das zierliche Bürschchen, das ihn an der Nase geführt hatte, wärmstens ins Herz zu schließen. Ich erhielt nun endlich auch mein Kleid zurück, mußte es aber wegschenken, denn nachdem es solche Orgien gesehen hatte, mochte ich es nicht mehr an meinem Leibe fühlen.

Die Zusammenkünfte in der Flammerei gingen immer weiter und die Ängste meiner guten Mutter ebenfalls. Sie sah es deshalb gern, wenn auch unsere jungen Hausfreunde die Flammerei besuchten, denn von jedem hoffte sie, er würde einen günstigen Einfluß üben und die Sitzung abkürzen. Aber jene verfielen alsobald dem Genius loci und blieben ebenfalls sitzen. Darum entzog sie ihnen ihre Gunst und sah immer in dem zuletztgekommenen Verführten den Verführer. Nicht anders erging es unserem Freunde Ernst Mohl. Eines Abends, da die Wirkungen der Flammerei an den jungen

Herren gar zu deutlich hervortraten, schloß der ältere Freund sich ihnen als getreuer Eckard auf dem Heimweg an, um den häuslichen Zusammenstoß abzuschwächen. Als sie miteinander nicht eben geräuschlos zur Tür hereinkamen, wollte Mama gleich mit Vorwürfen gegen den vermeintlichen Anstifter losbrechen, aber ich kam zuvor, indem ich selber das Strafgericht übernahm und schließlich den Reuigen verurteilte, des anderen Morgens um neun Uhr mit einem Bußgedicht über das Thema: Der Brand und die Flamme anzutreten.

Dadurch bekam der Auftritt unerwartet eine heitere Wendung. Während jener bußfertig die Strafe auf sich nahm und das Gedicht im Katzenjammer zu schmieden versprach, gewannen die Hauptschuldigen Muße, sich friedlich in ihre Betten zu verziehen.

Richtig stellte sich der Gemaßregelte des anderen Tages zur bestimmten Stunde ein und brachte sein Gedicht, das also lautete:

Der Brand und die Flamme

Daß ich, dieweil ich in der Flamme
Mir antrank einen kleinen Brand,
Obgleich ich sehr noch auf dem Damme,
Dir meine Schwäche eingestand,

Das hat in dir des Zornes Flamme
Zu solchem Übermaß entfacht,
Daß du, Herzlose und Grausame,
Mir eine Strafe zugedacht:

Ich solle gleich nach Hause gehen,
Ausschlafen von der Kneiperei,
Und dann in Versen dir gestehen,
Wie sehr ich zu verdammen sei.

Ich werde — ehrlich es zu sagen,
Ist Rache ebenso wie Pflicht —
Noch manchen aus der Flamme tragen:
Die Ente läßt das Schwimmen nicht.

207

Freilich, die Ente am Schwimmen zu hindern, hätte es ein Wunder gebraucht. Der Trunk galt damals noch beim deutschen Mann in viel höherem Maß als heute für einen Ausweis von Männlichkeit und war zugleich von einer Art Weihe umgeben, denn man glaubte noch das Weben altgermanischen Heldengeistes beim Humpen zu verspüren. Dieses deutsche Erbübel drückte dem ganzen Leben seinen Stempel auf und trug viel zu der gesellschaftlichen Formlosigkeit bei, weil es die Geschlechter trennte. Ältere Herren hielten es meist in Damengesellschaft nicht aus; kam solch ein männlicher Gast in die Familie, so erging in kurzem an den Hausherrn die Frage: Wollen wir streben? Darauf erhoben sie sich und strebten — natürlich nach dem Wirtshaus. Dort wurden erst die tieferen Gespräche entbunden, die kein weibliches Ohr vernahm als das der Kellnerin. Wie durfte man nun erwarten, brausende Jünglinge von einer Sitte fernzuhalten, die von ihren Lehrern und Vorbildern mit Inbrunst geübt und von den Dichtern als einer der höchsten Lebenswerte besungen wurde? Auf diesem Punkte konnte man sich nie verstehen. Ich war natürlich den Wirtshäusern, die mich so viele schlaflose Nächte kosteten, spinnefeind, und wenn man auf gemeinsamen Spaziergängen in eine Wirtschaft geriet, wo die männliche Jugend sich alsbald festhakte, so saß ich nach kurzem wie auf Kohlen. Edgar klagte, daß ich den Komment nicht erfaßt hätte, und suchte mich aus dem Hafis und Anakreon von der Poesie der Schenke zu überzeugen. Aber vergeblich: auf einer Holzbank vor dem Bierglas zu sitzen, gehörte für mich zu den schwersten Geduldsproben, und selbst dem grünen Blätterdach der Roßkastanie wurde ich gram, so schön seine lenzlichen Blütenkerzen waren, weil dieser Baum sich in meiner Vorstellung mit dem Sonntagspublikum der Wirtsgärten und dem Gegröl der Kegelbahn unzertrennlich verband. Da gegen den germanischen Durst in keiner Weise aufzukommen war und ich die Erfahrung

208

machte, daß auch diejenigen unserer jungen Freunde, die mir die ritterlichste Ergebenheit bezeigten, sobald sie zwischen meiner Seelenruhe und dem Wirtshaus zu wählen hatten, dem Wirtshaus den Vorzug gaben, und kein Vorsatz, kein Versprechen stark genug war, sie zu binden, wurde ich allmählich am männlichen Geschlecht völlig irre. Und in meiner Verzweiflung setzte ich mich eines Tages nieder, um eine Untersuchung zu schreiben über die Frage: Hat der Mann ein Seelenleben? Oder ist er nur ein Gefäß zur Aufnahme von Flüssigkeit? Ich brachte es aber nicht weiter als bis zur Überschrift, denn ich kam über das Für und Wider nicht ins klare.

Als ich einmal nach Jahrzehnten, kurz bevor Edgars arbeitsreiches Leben vorzeitig schloß, mit ihm in Florenz beisammen saß und wir der alten Zeiten gedachten, bekannte ich ihm, mit welchem literarischen Vorsatz ich mich dazumal in Tübingen getragen hatte und wieso ich über die Beweise für das Seelenleben des Mannes nicht schlüssig geworden war. Da strich er sich schmunzelnd über den Bart und sagte: Ich glaube jetzt die Frage dahin entscheiden zu können, daß der Mann unbestreitbar ein Seelenleben hat, daß ihn aber dieses nicht hindert, auch ein Gefäß zur Aufnahme von Flüssigkeit zu sein. — Sprach's und leerte mit Andacht sein Glas Chianti.

Der 10. Oktober

Während die Geister der Jugend im stärksten Brausen waren und noch kaum irgendwo die Linien einer künftigen Entwicklung hervortraten, neigte sich das Leben des Vaters still und unbemerkt zum plötzlichen Ende. Ich sollte ihn verlieren, ohne der Schätze, die er zu geben hatte, anders als durch die Luft, die ihn umwehte, teilhaft geworben zu sein. Einen zärtlicheren Vater hat es nie gegeben. Er liebte alle seine Kinder mit gleicher Stärke, ich aber war ihm mehr als bloß ein heißgeliebtes Kind, er glänzte auf, wenn ich nur ins Zimmer trat, denn in der einzigen Tochter sah seine abgöttische Zärtlichkeit die Harmonie der Dinge selbst, den Beginn der Ordnung im Chaos. Bei seiner hohen Schätzung des weiblichen Geschlechtes sprach er mit mir gar nicht wie der Vater mit seinem Kinde, sondern wie ein Ritter mit der Dame seines Herzens. Aber gerade das hatte zur Folge, daß ich geistig nicht so viel von ihm empfangen konnte, wie es für beide Teile wohltuend gewesen wäre. Bei ihm gesellte sich zu einer angeborenen Zurückhaltung, die der fast mimosenhaften Zartheit seiner Seele entsprach, die Scheu, der inneren Entwicklung vorzugreifen, daher ich meistens nur ahnte, aber es nicht aus seinem Munde wußte, wie er selber die Dinge ansah. Diese Scheu wirkte nun aber hemmend auf mich zurück, daß ich nicht wagte, ihm von dem zu reden, was eigentlich in mir vorging. So fand ich auch nicht den Mut, mit ihm über seine Werke zu sprechen, die mir doch längst vertraut waren, und wie wohl hätte dem Unverstandenen diese Teilnahme getan! Die Schweigsamkeit, die ich von jeher an ihm kannte, ließ mich den Weg nicht finden, und den Brüdern ging es, wie

210

sie mir später gestanden, ebenso. Immer verschob ich, was ich ihm gerne sagen wollte, bis es plötzlich zu spät war. Er selber war ja ohne Familie aufgewachsen und hatte sich erst in vorgerückteren Jahren, nach einer Jugend voll Kampf und Entbehrung, verheiratet; so trat er schwer mehr aus der inneren Einsamkeit heraus. Und das drängende junge Wachstum überwucherte nun fast den edlen Stamm. Vor allem stand der Altersunterschied von vierzig Jahren einem so unmittelbaren Austausch wie mit der Mutter entgegen. Manches Wort von ihm, das wie ein Lichtstrahl auf die Dinge fiel, würde mir erst im späteren Leben richtig aufgegangen sein, hätte das ungetreue Gedächtnis mehr davon bewahrt. So fragte ich ihn einmal über das Hohelied: Was meint nur Salomo, wenn er sagt: Du bist schön wie der Mond und schrecklich wie Heeresspitzen? Da lächelte der Dichter: Dem Liebenden ist der Anblick der Geliebten immer furchterregend. Das klang mir ganz sibyllinisch, weil ich die Macht, von der die Rede war, selber noch nicht erfahren hatte.

Daß ich ihn verlieren könnte, trat mir nie so recht deutlich vor die Seele, benommen, wie ich war, von der steten Sorge um die Mutter. Es kamen ja jetzt die Tage, wo sie ganz in der Pflege ihres herzkranken Jüngsten aufging, sich nicht mehr schlafen legte und niemals von ihrer geliebten Pflicht abgelöst sein wollte. Sie alterte und wurde bleich wie ein Schemen; freilich genügte dann ein Wort, das in ihrem Innern zündete, sie augenblicks zu verwandeln und zu verjüngen. Der Vater aber stand noch hoch und aufrecht, mit den ersten Schneeflocken in Haar und Bart und dem immer wieder hervorbrechenden Glanz der Augen. Der heiße Sommer 1873 brachte eine ängstigende Erscheinung. Geistige Anstrengung und ein leichter Sonnenstich hatten eine Überreizung des Gehirns verursacht, die ihn rastlos umtrieb. In diesem Zustand wollte er nur mich um sich haben, weil er bei mir die

Ruhe fand, die seinen Nerven nottat. Täglich machten wir damals zusammen lange, stürmende Gänge über Felder und Wiesen, die ihn zu erfrischen schienen. Dabei erlebte ich einmal einen heftigen Schrecken, als auf dem Heimweg unter dem Museum ein stark angetrunkener Korpsstudent mir mit glasigen Augen allzu frech ins Gesicht starrte und mein Vater auf ihn zutrat, wie um ihn zu zermalmen; zum Glück rissen die Kommilitonen den Berauschten weg. Mit Eintritt der kühleren Jahreszeit schien sich das Leiden zu bessern. Aber ich erinnere mich noch gut, daß die Bangigkeit nicht mehr aus meiner Seele wich, Angstträume suchten mich heim, ich fühlte in allen Nerven das Heranrücken eines Unglücks, wußte aber nicht, von welcher Seite es erwarten, denn der Sorgen waren so viele. Da kam der verhängnisvolle 10. Oktober, der uns den Vater unvorbereitet und ohne Abschied hinwegnahm.

Ich weiß nicht, ob es Seelen gibt, die imstande sind, einen jähen, unermeßlichen Verlust, besonders wenn es der erste ist, augenblicklich mit seiner ganzen Schwere ins Bewußtsein aufzunehmen. Wenn ich später Menschen in solchen Fällen sogleich in ein verzweifeltes Weinen ausbrechen sah, so blieb es mir immer ungewiß, ob dies nicht eher eine Abwehrbewegung gegen die Erkenntnis oder gar ein unbewußt vollzogenes Herkommen sei. Ich jedenfalls konnte, auf der Straße von der Schreckensbotschaft überrascht, das Geschehene im vollen Sinn des Wortes nicht fassen, und dieses Unvermögen verursachte eine schaurige Leere, die quälender war als der wildeste Schmerz. Beim atemlosen Heimstürzen gingen die Stimmen des Tages weiter in meinem Ohr, die jähe Lähmung des Gefühls war durch das Wort „tot", das ich mir innerlich zurief, ohne einen Sinn darin zu finden, nicht zu heben. Und das friedevolle, aber zu Stein geworbene Haupt in den Kissen, leicht zur Seite geneigt, als wollte es die Welt nicht mehr sehen, machte mir das Rätsel des Todes nur noch rätselhafter. Ein Märtyrerantlitz, in dem das tiefe

212

Lebensleid durch überirdische Hoheit nicht ausgelöscht, aber überwunden war. Kein Nachglanz einer Freude lag darauf, nur das Erlösungswort: Es ist vollbracht. Ich lernte nun plötzlich sein Wesen, das ich bisher nur bruchstückweise im Licht der Stunde gesehen hatte, als ein Ganzes zu überschauen und begriff den nie ausgesprochenen Schmerz um die unverstandenen Werke seines Genius und den noch größeren um die nicht geschaffenen, die durch den Druck des Lebens in ihm ertötet worden waren. Und sein Alleinstehen inmitten einer lieben-den, aber für ihn zu lauten Familie. Es fehlte die Seele, die nur für ihn gelebt und ihm in wunschloser Hingabe durch ihr Eingehen vergütet hätte. Seiner Gattin war unter den zerreibenden Mutterpflichten und dem heroischen Kampfe gegen die Not die Zeit für ihn immer knapper geworden. Ich war zu jung und von innen und außen zu sehr bedrängt für das, was er bedurft hätte: ein stilles Hand in Hand durch feierliche Abendlande Gehen. Und jetzt kam alles Erkennen zu spät. Wie oft hatte ich schon ge-träumt, ich hätte eines meiner Lieben verloren, und als der Morgen durchs Fenster sah, war alles wieder gut. Daß es jetzt nie wieder gut werden konnte, mußte erst Tag für Tag neu erlebt werden.

In dieser jähen Wende lernte ich meine Mutter von einer völlig neuen Seite kennen, die sie aber späterhin bei allen schweren Schicksalsschlägen hervorgekehrt hat: die leiden-schaftliche Frau, die jedes Unglück Jahre voraus beweinte, stand jedesmal, wenn es wirklich eintraf, in der erhabensten Fassung da. Am Morgen nach unseres Vaters Tode fand ich sie, wie sie im Wohnzimmer, das sie sorglicher als sonst aufgeräumt hatte, dem Kanarienvogel das Wasser wechselte. Du sollst nicht mit uns leiden müssen, armes Tierchen, hörte ich sie sagen. War's heldenhafte Selbstüberwindung oder vermochte auch sie den Tod nicht zu erfassen? Ich konnte es nie ergründen. Eine Gehobenheit lag über ihrem ganzen

Wesen, die mich den schwersten Rückschlag fürchten ließ. Es kam keiner. Sie faßte sich ganz fest in die Zügel. Mit einem Blick übersah sie unsere unsäglich schwierige Lage und ihre Pflicht, das Ganze zusammenzuhalten. Jetzt zeigte sich erst recht die sittliche Macht ihrer Natur in der Wirkung auf ihre Umgebung, da die wilden Jungen trotz der Erziehungsfehler, die sie begangen hatte, nicht um Haaresbreite von dem engen Wege abwichen, auf dem es nun weiterzugehen galt. Die Jüngeren mußten im Heranwachsen auf all das verzichten, was sie den Ältesten hatten genießen sehen. Sie taten es, ohne zu murren. Es war ja das Selbstverständliche, aber das Selbstverständliche ist nicht immer das, worauf man mit Sicherheit zählen kann.

Das Alltagsleben renkte sich wieder ein. Aber eine Stille lag jetzt über dem Hause, in der die Stimme des Toten lauter zu den Seinigen redete als es je die des Lebenden getan hatte. Paul Heyse, der ihm in seinem letzten Jahrzehnt nahe Verbundene, nahm sich mit Freundestreue des geistigen Nachlasses, dem wir noch nicht gewachsen waren, an und gab schon im folgenden Jahr die gesammelten Werke heraus. Man hatte Korrekturen zu lesen, Texte zu vergleichen und Stoff für die Lebensbeschreibung herbeizuschaffen. Im Sommer 1874 übersandte sein alter Freund Mörike nach einer ergreifenden Begegnung mit mir in Stuttgart und einem darauffolgenden Besuch, den Mama und ich ihm in Bebenhausen machten, unseres Vaters Jugendbriefe, die zusammen mit denen Mörikes einen köstlichen, später von J. Bächtold bei der Herausgabe nicht völlig gehobenen Schatz bildeten. Dazwischen kamen neue Erschütterungen durch die wiederkehrenden schweren Krankheitsanfälle, die unseren Jüngsten mit steigender Gefahr heimsuchten. Die beiden Mediziner Edgar und Alfred konnten schon mit ärztlicher Hilfe beispringen und teilten die Nachtwachen mit der angstgequälten Mutter. Ich saß fast die ganze Zeit am zweiten Bande meiner Nievoübersetzung. Aber den Ertrag

214

war im voraus bestimmt. Der leere, schon einsinkende Hügel
auf dem Friedhof, wo unsere Blumengrüße von der Sonne
gedörrt und vom Regen zerklatscht wurden, sah mich bei
jedem Besuch wie ein stiller Vorwurf an. Eine Zeitlang
wartete ich, ob sich nicht die Heimat jetzt ihres verkannten
großen Sohnes erinnern und ihm den späten Dank an seinem
Grabe abtragen würde. Als aber alles still blieb, trat ich
selbst mit einem Bildhauer in Unterhandlung. Und nun sollte
das Denkmal auch so feierlich wie nur möglich sein, kein bloßer
behauener Stein, sondern ein Stück atmender Kunst. Man
einigte sich über die Kopie einer lebensgroßen antiken Muse
in Sandstein auf hohem Sockel. Der geforderte sehr hohe
Preis stand außer allem Verhältnis zu meiner Lebenslage, aber
gerade das empfand ich wohltuend. Solch ein Totenopfer
für den Abgeschiedenen, der sich nicht mehr daran freuen
konnte, der mit einem Zehntel dieser Hingabe im Leben glücklich
gewesen wäre, mochte wohl einer kühlen Vernunft wider-
streiten, aber der erschütterten Seele war es ein Bedürfnis.
Und auch die Vernunft wollte sich der materialistischen Zeit-
strömung zum Trotz nicht völlig überzeugen, daß zwischen dem
Gestorbenen und uns kein Band mehr möglich sei; aus Träumen
kam es oft wie ein tröstliches Zeichen. Schritte führten in das
dunkle Land hinein, denen man einmal ruhig nachgehen konnte.
Vielleicht daß sich dann von drüben eine Hand entgegen-
streckte, deren Berührung wieder Schutz gab. Aber das, was
hier noch übrig war und da unten lag in der unendlichen
Vereinsamung des Grabes, ängstete die Vorstellung. Denn
die Wohltat der Verbrennung, die er sich ersehnt hatte, gestatteten die Satzungen seiner Zeit noch nicht. Die Winter-
kälte der zufrierenden Erde wurde etwas Entsetzliches. Jeder
Schritt auf der Eisbahn, die sonst das Winterparadies
gewesen, schien fühllos über die verlassenen Toten wegzu-
gleiten. Und jeder kalte Windstoß fuhr mit einem schaurigen
Griff ins Herz:

Die weißen Flocken fallen dicht
Auf Dach und Mauern;
Ich drück' ins Kissen mein Gesicht
Mit Schauern.

An einen Schläfer denk' ich, hart
Im steinigen Bette.
Sein Pfühl ist kalt, von Eise starrt
Die Stätte.

Im engen Schreine hingestreckt,
Ruht er verborgen,
Kein Lichtstrahl wärmt ihn mehr, ihn weckt
Kein Morgen.

Und um sein kaltes Kissen, weh,
Die Winde blasen,
Mit weißem Linnen deckt der Schnee
Den Rasen.

Mich schauert und die Ruh' ist fort
In nächtiger Stunde,
Denk' ich an jenen Schläfer dort
Im Grunde.

In der tiefen Stille jener Tage war plötzlich der unsichtbare Gefährte meiner ersten Jugend zurückgekehrt. Er
redete wieder vernehmbar in den Nächten, und ich schrieb
alles unbedenklich nach, was er sagte. Ich nannte ihn bei
mir den „Anderen" und meinte mitunter seine Nähe körperlich zu spüren. Es konnte vorkommen, daß ich des Nachts
bei plötzlichem Erwachen seine Stimme noch nachklingen hörte
mit irgendeiner Traumgabe, hinter der ich dann einen tieferen
Sinn suchte. Aber es blieb alles nur Selbstgespräch und verschönernde Umgestaltung des eigenen Lebens. Wir Schwaben-
kinder wußten nicht, wie man aus Poesie Literatur macht.
Nur ein paar meiner Sachen fanden durch Vermittlung unserer
treuen Freunde Hemsen und Vollmer den Weg in ich weiß
nicht mehr welches Dichteralbum. Immerhin war es schon

216

ein Trost, den Schwerpunkt in sich selber zu fühlen, da jede neue Verlockung, das Lebenssteuer bequem in andere Hände zu legen, an einem neuen Nein des Herzens scheiterte. Da war einer, der mir in sehr schwerer Zeit zart und hilfreich zur Seite gestanden und der in der Stille sein Leben auf mich eingerichtet hatte. Da er mich niemals bedrängte, glaubte ich eine wahre und tiefe Dankbarkeit für ihn zu empfinden. Aber wie schnell nimmt sich das Herz sein Recht zum Undank, wenn es entdeckt, daß mit den Liebesdiensten erworben werden soll, was außer jedem Preise steht. So kam der Tag, wo ich zu meinem eigenen Leid auch diese Erwartung vernichten und ein wertes Band zerschneiden mußte. Es war immer derselbe gute Geist, der von innen heraus unheilbare Miß=griffe verhindern wollte, aber er schuf damit eine Leere um mich her, in der die junge Seele bisweilen an sich selber irre ward. Der Kreis lebensfroher junger Menschen, der uns in den letzten Jahren umgeben hatte, war in alle Winde zer=streut, denn in einer Universitätsstadt wechseln die Gesichter schnell. Neue kamen und glitten wie ein Schattenspiel vorüber. Dazu die dunkle Pein der Jugend, keinen Zusammenhang in den Dingen zu sehen und von sich selber nichts zu wissen. Gestriges war gleich verwischt, das Heute hatte nur eine halbe Wirklichkeit und fiel jeden Abend wie welke Blätter zu Boden; da war nur immerdar ein lockendes, versprechendes Morgen, das vor einem herwich wie der Horizont.

Edgar lebte unterdessen mit Inbrunst den Tag, von dem er keine Stunde verlieren wollte. Die inneren Hindernisse, die mir immer wieder den Becher vom Munde zogen, begriff er nicht und sah mein Tun mit Verwunderung. Er hatte es eilig mit dem Leben, eiliger als wir anderen, als ahnte er, daß seine Zeit knapp bemessen sei. Doch hatte diese Lebensgier nichts mit der schalen Genußsucht einer späteren Jugend ge=mein: er wollte das Leben heroisch ausschöpfen; auch Kampf und Qual waren ihm nur andere Formen der Freude und

ebenso willkommen. Dabei war sein Lebensgefühl von solcher
Stärke, daß er mir einmal gestand, so sehr er als Arzt die
Erfahrung des Todes habe, könne er sie doch nicht auf sich
selber anwenden, ja er fühle die körperliche Gewißheit in sich,
daß er niemals sterben werde. Diese Worte, so wunderlich
sie klangen, waren mir ganz aus der Seele gesprochen. Dasselbe unbezwingliche körperliche Hochgefühl der Jugend,
dieses wie in einem Siegestanze Dahingehen und sich als
unzerstörbar Empfinden war auch in mir. Wir Geschwister
standen uns in den Jahren zu nahe und waren uns auf manchen
Punkten zu ähnlich, um uns in der Dürre des Lebens zu
ersetzen, was beiden fehlte. Wie innig würde er ein kleines,
hilfloses, nur an seinen Augen hängendes Schwesterlein be-
schützt haben! Wie wohl hätte mir die reife Männlichkeit eines
viel älteren Bruders getan! So pilgerten wir zwar immerdar
nach demselben Mekka der Seele, aber häufig, wie einst
auf unserer Schweizer Fahrt, auf beiden Seiten der Straße.
Jedes gab dem andern die Schuld. Er fühlte seine Liebe
als die leidenschaftlichere und hielt sie deshalb für unerwidert,
ohne zu begreifen, wie schwer es bei seinen auf und ab zuckenden
Stimmungen und der Gewaltsamkeit seines Wesens war, ihn
zu begleiten. Einmal verglich ich uns beide in einem nur für
mich bestimmten Gedicht mit dem Geschwisterpaar der nordi-
schen Sage, das den Reigen von Tag und Nacht führt und
sich bei aller Liebe nie begegnen kann. Mama steckte ihm
das Gedicht zu. Er nahm das Gleichnis auf in einer schmerz-
lichen Antwort, worin die Worte standen:

> Weißt du denn, welche Geister in mir wohnen?
> Kennst du mich, der ein Leben durchgelebt?
> Nicht Schatten, nein, lebendige Dämonen
> Sind es, in deren Zwang mein Herz erbebt.

Er hatte recht, ich kannte ihn nicht und hielt auch diese
Worte nur für eine poetische Formel. In der Familie
beobachtet man eine allmähliche Wandlung am allerwenigsten.

218

Für mich hatte er immer noch viel von dem Jünglingsknaben, der mir in Niedernau im eifersüchtigen Schmerz
die Kränze vom Arm gerissen und mich auf dem Rigi durch
seine Wunderlichkeiten gepeinigt hatte, weil er jenem auch
äußerlich noch so ähnlich sah. Daß nach seinem Übergang
von der Philologie zur Medizin der schwärmerische Blick
seiner Augen nach und nach einem Ausdruck durchbringender
Bestimmtheit wich, das vollzog sich zu langsam, um in die
Wahrnehmung zu fallen. Ich wußte auch vor allem nichts
von den Herzensstürmen, die schon über ihn hereingebraust
waren, und wie Frauenliebe an ihm gemodelt hatte. Und
die dämonischen Plötzlichkeiten, denen man ausweichen mußte,
ließen den darunter verborgenen, straff gespannten und stetigen
Willen nicht in seiner wahren Bedeutung erscheinen. An die
Schnelligkeit seiner wissenschaftlichen Entwicklung aber war
man schon so gewöhnt, daß sich niemand groß verwunderte,
ihn mit 21 Jahren als Assistenzarzt an der geburtshilflichen
Klinik zu sehen, wo er seine Altersgenossen und zum Teil
noch ältere Studierende zu Schülern hatte.

Wieder bei den Griechen

Im Jahr, das auf meines Vaters Tod folgte, kam Ernst Mohl von einer Hofmeisterstelle in der Pfalz noch einmal zur Vollendung seiner Studien auf kürzere Zeit nach Tübingen zurück. Und jetzt machte dieser Freund meiner Jugend, der stets für die Bedürfnisse meiner Natur das meiste Verständnis gezeigt und mich durch seinen Glauben gestützt hatte, mir ein Geschenk, das mich auf alle Jahre meines Lebens bereichern und erheben sollte: er unterrichtete mich im Griechischen.

Den Homer in der Ursprache zu lesen, war mein alter Wunsch, allein die Zeit, die vor uns lag, war knapp, und ich zweifelte, ob es möglich sein würde, in der Schnelligkeit so weit zu kommen. Der unternehmende Lehrer aber war seiner Sache sicher. Wir begannen nach kurzer Vorbereitung mit dem Xenophon, der mir durch seine immer wiederkehrenden Wendungen schnell einen gewissen Wort- und Formenschatz übermittelte. Während des Sommers wurden vier Bücher der Anabasis gelesen. Dann unterbrach eine Reise nach Wien die Studien, die noch kaum zwei Monate gedauert hatten. Als ich, erfüllt von den Eindrücken der Kaiserstadt, vom Burgtheater mit der Wolter und Lewinsky und nicht am wenigsten vom Wurstlprater, zurückkehrte, wurde das Griechische frisch aufgenommen. Und zwar ging es jetzt ohne weiteres ans Ziel meiner Wünsche, die Ilias, die mir von den beiden wunderbaren Gedichten immer das unvergleichlich höhere war. Die Begeisterung für den Inhalt trieb uns mit Sturmschritten vorwärts. Am ersten Tag wurden fünfundzwanzig Zeilen gelesen, am nächsten fünfzig, am britten hundert, und jeden Tag wurde nun die Zahl verdoppelt, bis wir dahin kamen, in einer jeweiligen Sitzung einen ganzen

220

Gesang aufzuarbeiten, wenn es auch bis zum Abend dauerte. Da der Umtrieb im gemeinsamen Wohnzimmer dabei zu störend war und die sparsame Josephine in dem kalten Frühwinter kein zweites Zimmer heizen wollte, brachte der eifrige Lehrer zuweilen ein paar Scheiter aus seinem eigenen Vorrat unter dem Mantel mit, was dann doch die Strenge der sorgenden Schaffnerin zum Schmelzen brachte, daß sie uns ein ruhiges Lernstübchen wärmte. Unbeschreiblich war mein Entzücken am Urtext meiner Lieblingsdichtung. Der treffliche alte Voß hatte mir ja mit dem Inhalt wohl auch die Ehrwürdigkeit der homerischen Sprache übermittelt, aber er konnte nur ihr Alter wiedergeben, nicht ihre Jugend, weil ihm keine junge Sprache zur Verfügung stand. Wie anders klang das alles nun im Griechischen! Aus jedem Wort und jedem Partikelchen strömte Jugend herein, eine Jugend, wie es seitdem keine mehr auf der Welt gegeben hat. Oft war es, wie wenn ein Kind in seiner bilderhaften Unschuldsprache Dinge redet, in denen sich ein höherer Sinn spiegelt. Da, wo Hektor die Warnung des ungünstigen Vogelflugs zurückweist, läßt Voß den Helden antworten:

Ein Wahrzeichen nur gilt: fürs Vaterland tapfer zu kämpfen.

Wacker und gut. Aber wie lautete nun die Stelle bei Homer?

Εἷς οἰωνὸς ἄριστος ἀμύνεσθαι περὶ πάτρης.
(Ein Vogel ist der beste: die Heimat beschirmen.)

Es war, als ob mitten in dem harten deutschen Frostwetter der schöne griechische Vogel leibhaft zum Fenster hereingeflattert käme, daß ich vor Überraschung einen Schrei ausstieß. In nicht mehr als dreißig Tagen wurde die ganze Ilias mein, eine Meisterleistung des Lehrers, die ihm später niemand glauben wollte. Die Brüder, die mindestens ihre vier Jahre im Gymnasium hatten schanzen müssen, bevor sie überhaupt an den Homer kamen, schüttelten ungläubig die Köpfe und

ärgerten sich doch zugleich ein wenig über die von ihnen ver-
brauchte Zeit; besonders Alfred rächte sich am Lehrer und
an der Schülerin durch spöttische Bemerkungen. Allein wir
ließen uns nicht stören. Wenn es auch etwas holterpolter
durch die Grammatik ging, so war doch der Lehrer zu gewissenhaft, um meine Findigkeit im Erraten des Sinnes durchgehen
zu lassen; es mußte jede schwierige Form vorgenommen und
genauer untersucht werden, bevor er meine Ungeduld weiter-
eilen ließ. Daher mir trotz dem von den Brüdern bemängelten
Laufschritt der Geist der Sprache recht wohl aufging, wenn
ich auch natürlich in der Grammatik nicht sattelfest werden
konnte wie sie. Aber ein wie viel größerer Lebensgewinn floß
mir aus den karg bemessenen Studien zu, als ihnen die
dauerhaftere Kenntnis der unregelmäßigen Verba und der
sichere Gebrauch des Aorists gewähren konnte. Meine
glückseligen Kindertage kamen mir noch einmal in verstärktem
Glanze zurück. Da stand wieder das unsterbliche Roß des
Achilleus, wie es die wallende Mähne trauernd durch das
Joch senkt, während es dem Halbgott sein nahes Ende ver-
kündigt. Und ich verstand jetzt klarer, was mich am Bilde
dieses Helden von jeher so einzig gefesselt hatte: daß es keine
höhere Verkörperung des Idealismus durch die Poesie gibt
als ihn. Sämtliche Gestalten der Ilias sind nach dem Leben
gebildet von dem vielredenden Nestor bis zu dem rohen
Draufgänger Diomedes, von Odysseus ganz zu schweigen,
aus dem der griechische Mensch mit seinem geschichtlichen
Charakter blickt. Achill allein ist nicht aus der Erfahrung,
sondern aus der Seele geholt. In ihm sehen wir, wie das
adligste aller Völker sich den adligsten aller Menschen dachte.
Die griechische Geschichte hat nur e i n e n hervorgebracht,
der an ihn erinnert: Alexander, in dem man mitunter die
bewußte Angleichung zu spüren glaubt.) Als Sohn der
zartesten Göttin verbindet der Heros das Feingefühl mit
dem Dämonischen und erscheint durchweg auf das Gemüts-

222

leben gerichtet. Nicht die Taten des Achilleus will Homer singen, sondern seinen Zorn. Darum wird er nur gegen das Ende kämpfend eingeführt, während man die andern immer beim Totschlagen sieht. Indes jene würgen, sitzt er am Meer und spielt die Leier, aber es ist dafür gesorgt, daß wir nicht vergessen, wie ohne ihn nichts Rechtes geschehen kann. Jedes Lob der andern wird eingeschränkt durch den Zusatz „nach dem tadellosen Achilleus", wie der König von jedem Zins den Löwenanteil empfängt; nur die Schlauheit wird ihm abgesprochen: sie gehört der niederen Menschheit, nicht ihrem Idealbilde an. Er allein von den Helden Homers ist über das Irdische erhaben und dadurch den Göttern ähnlich. Er bedarf der Nahrung nicht, wenn seine Seele in ihren Tiefen aufgestürmt ist, während Odysseus als der hochbegabte, aber innerlich gemeine Mensch keinen Augenblick des Leibes Notdurft vergißt. Alle die andern gieren als naive Naturmenschen nach Gewinn, der Sohn der Thetis schätzt Beute und Sühnegeschenke nur um der Ehre willen und nimmt auch hierin das spätere Ritterideal voraus. So erscheint auch seine ganze Umgebung durch ihn veredelt, indem sie sich ihm angleicht, und sie wirft ihren Adel auf ihn zurück. Patroklos vor allen, „so sanftgesinnt und so tapfer", ist wie die schwächere Verdoppelung eines Regenbogens, ihm in allem ähnlich, aber weniger als er. Für ihn allein geschehen Wunder: von seinem unbeschützten Haupt lodert die Feuerflamme Athenes, das unsterbliche Roß gewinnt Sprache, der kunstfertige Gott schmiedet ihm die Waffen im Schweiße seines Angesichts. Aber all diese Vorrechte genießt er nur, weil er das Leben, das ihm so hold ist, wegwirft, um seinem Herzen zu genügen.

Wie weise der Dichter ihn vom Kampfe aufspart bis zuletzt; der Held wäre gemein, wenn er jetzt nicht, um den Freund zu rächen, über alle Schranken ginge, daß seine Taten mit denen der anderen in gar keinen Vergleich mehr gebracht werden können. Sein Kampf mit dem Stromgott ist ein

Stück antiker Romantik inmitten der Sachlichkeit Homers. Der tobende Ausbruch des Helden muß seine nachfolgende schöne Menschlichkeit dem Gemüte desto lebendiger machen, während er doch auch in seinen weichsten Augenblicken noch der Gefährliche bleibt und selber vor dem Dämon, der ihn fortreißen könnte, warnt. Wie er mit dem alten Priamos im Zelte sitzt und die zwei Todfeinde über den Jammer des Kriegs, dessen Opfer sie beide sind und dem sie bei aller Macht keinen Einhalt zu tun vermögen, zusammen weinen, das ist vielleicht das Größte, was der Dichtung jemals gelang.

Auch die homerische Landschaft, die so wunderbar an das Raumgefühl spricht, wirkte mächtig auf die Einbildung. Die Skamanderebene mit den gemauerten Gruben für die troischen Wäscherinnen, wie ich deren später in südlichen Landen viele sehen sollte, und dem ehrwürdigen Male des Ilos, das in eine graue Zeitenferne zurückweist und dadurch die dargestellte Gegenwart so jung und so lebendig macht, das nahe Rauschen der Meerflut, aus der die Thetis steigt, die geheimnisvolle südliche Nacht, die bei dem Schleichgang des Dolon um die Griechenzelte webt: dies alles wurde zur persönlichen Nähe und weckte ein unauslöschliches Verlangen nach dem Boden, aus dem jene ewigen Gesänge gestiegen sind. Damals gaben Lehrer und Schülerin sich das Wort, wenn einmal beide es im Leben zu etwas gebracht hätten, zusammen Griechenland und die Inseln zu bereisen. Ein Menschenleben mußte vergehen, bevor das Gelübde erfüllt werden konnte. Als es endlich dahin kam, hielt der griechische Boden noch mehr, als er versprochen hatte, und war zugleich so vertraut, als ob man eine lange vermißte Heimat wiederfände: aus Landschaft und Kunst blickte mich wie durch einen verschönernden Spiegel die deutsche Seele mit an. Vor den noch erhaltenen Werken der großen Zeit ging mir ganz plötzlich das Geheimnis der Griechenkunst auf: daß sie nicht um der Kunst willen da war, sondern um der Religion und dem

Vaterlande zu dienen und das Band der Einheit fester zu schlingen. Der griechische Boden predigt mit tausend Zungen, daß kein Mensch sich geistig außerhalb des eigenen Volkstums stellen kann. Und die Hellenen, die mir so oft Lehrmeister gewesen waren, lehrten mich auch, nach einem im Ausland verbrachten Leben wieder Deutsche zu werden.

—— Wir erleben zur Zeit in der erhöhten völkischen Stimmung wieder einmal einen Ansturm auf die Pflege der Alten. Denen, die da meinen, daß die Beschäftigung mit den Griechen das Gefühl des Deutschtums gefährde, möchte ich einmal sagen dürfen, daß gerade das Gegenteil der Fall ist. Wo der Geschmack nicht von Jugend an auf den großen Stil eingestellt und durch die ewigen Vorbilder des Schönen gefestigt ist, da bringen die ausländischen Modeströmungen am leichtesten ein. Die Französelei unserer Damenwelt hängt eng damit zusammen. Man geht dann ebenso wie an den Griechen an Goethe und Kleist vorüber und nährt sich vom billigen Tageserzeugnis, das allerdings vom Ausland geschickter und besser geliefert wird als von der einheimischen Mache. Dadurch geht viel jugendliches Streben einer echten deutschen Bildung verloren.

Wenn die deutsche Jugend die Urverwandtschaft zwischen Griechen- und Germanentum nicht mehr versteht, so liegt es freilich an der Art, wie sie zumeist mit Homer und den Tragikern bekanntgemacht wird. Seit den Tagen des heiligen Augustin war die Schule aller Länder bestrebt, aus den Griechenwerken die Seele herauszublasen und die Schüler mit der leeren Schale zu peinigen. Die großen Alten selber haben am wenigsten dabei zu verlieren, wenn man sie aus dem staatlichen Unterricht verdrängt. Sie können es abwarten, daß wieder einmal junge Seelen mit neuen Entdeckerwonnen in ihr Heiligtum der ewigen Jugend einbringen. —

Nach Beendigung der Ilias lasen wir noch in ähnlichem Zeitmaß die Antigone und Bruchstücke aus den Lyrikern.

Aber der Agamemnon des Äschylos, nach dem mich gleichfalls verlangte, entmutigte mich bald durch seine Schwierigkeiten, und auch den begonnenen Aristophanischen Wolken zeigte sich meine Sprachkenntnis nicht gewachsen.

Um die Weihnachtszeit verließ uns Ernst, um nach Rußland zu gehen. Sein Abschied war ein kleines Fest. Mama, die ihre Rührung nicht zeigen wollte, zerdrückte ab und zu im Nebenzimmer eine Träne. Der Scheidende wollte beim Aufbruch ein paar bewegte Worte sagen, aber seine Schülerin schob ihm, als er den Mund öffnete, schnell ein Stück Kuchen hinein und stopfte, während er damit rang, ein zweites nach, daß er zwischen Lachen, Weinen und Kauen nicht mehr zum Sprechen kam. So schied dieser treueste meiner Jugendfreunde auf Jahrzehnte aus meinem Leben.

Das Griechische wurde danach noch eine Zeitlang unter anderer Leitung, aber mehr im philologischen Sinne fortgesetzt, wobei die Poesie hinter der Grammatik zurücktrat. Dagegen gaben Edgar und ich uns das Wort, inskünftige, solange wir noch beisammen wären, jedes Jahr die Antigone gemeinsam in der Ursprache zu lesen, wozu es jedoch nur einmal und bruchstückweise kommen sollte. Mir aber waren und blieben die Griechen mehr als bloße Wegweiser des Schönen; diese herrlich strengen, jeder Willkür abholden Lehrmeister wurden mir auch Erzieher fürs Leben. Sie bildeten mein seelisches Rückgrat, denn in der unbegrenzten Freiheit, in der ich mir selber Maß und Gesetz suchen mußte, wäre ich vielleicht ohne sie zerflattert. Sie warnten mich auch, den Fuß nicht allzu fest auf die Erde zu setzen und das Auge nie vor den schaurigen Abgründen zu verschließen, an denen die Blumen des Lebens blühen.

Unzeitgemäßes und was es für Folgen hatte

Noch einmal ging mir in der Heimat ein neues Leben auf, als ich meiner guten Mutter die Erlaubnis abgedrungen hatte, die Reitschule der Universität besuchen zu dürfen. Schon als Kind war ich auf jeden mir erreichbaren Pferderücken gestiegen, und da sich der Hausarzt meinem Wunsche anschloß, um mir bei dem seßhaft gewordenen Leben mehr Bewegung zu verschaffen, wagte sie nicht nein zu sagen. Die Reitschule war als akademische Anstalt nach damaligen Begriffen dem weiblichen Geschlechte verschlossen, daher nie ein Frauenfuß die Reitbahn betrat. Auch wurde mir eingewendet, daß die nur wenig zugerittenen Zuchthengste vom Landesgestüt in Marbach, die dem studentischen Reitunterricht dienten, nicht zu Damenpferden geeignet seien. Dies schreckte mich jedoch nicht ab, und der damalige Universitätsstallmeister Baron Sternenfels, der ein Mann von Welt war, kam meinen Wünschen aufs artigste entgegen. So saß ich denn eines Tages im Sattel, und binnen kurzem war es so weit, daß ich auf meinem friedlichen alten Ebor neben dem feurigen Othello des Stallmeisters gen Lustnau trabte. Und da der Lehrer mir nicht auf die Länge so viel Zeit allein widmen konnte, verband er von nun an meinen Unterricht mit dem der Schüler. Einmal neckte er mich, indem er mir am unteren Ende der Reitbahn den Platz anwies und dann einen plötzlichen Kavalleriesturm gegen meine Stellung befahl. Als Roß und Reiterin ruhig blieben, war er mit meinen Nerven zufrieden. Da sah man denn des öfteren einen langen Reiterzug durch die Straßen stampfen mit einem blonden Mägdlein an der Spitze neben dem Stallmeister, ein in Tübingen nie dagewesener Anblick. Es tat mir leid, meinen Mitbürgern, die ohnehin an dem Tone unseres Hauses so viel auszusetzen fanden, ein erneutes Ärgernis geben zu müssen, allein ich konnte doch unmöglich warten, bis ihre Anschauungen sich so weit gewandelt hatten, daß sie an einer Dame zu Pferd keinen Anstoß mehr nahmen, was noch Jahrzehnte dauern sollte. Es wäre auch zu schade gewesen. Jene Morgenfrühen, wo es durch die schlafende Stadt hinausging in Felder und Wälder, die noch im Tau funkelten, und wo die Pferde mit Freudengewieher den weit aufgehenden Raum begrüßten, möchte ich nicht um vieles in meiner Erinnerung missen; es war ein Gefühl wie von Herrschaft über die Erde.

Im Stall befand sich ein stattlicher Rapphengst, auf den ich wegen seines schönen, rundgebogenen Halses mit der wallenden Mähne gleich ein Auge geworfen hatte. Er hieß Shales, war englisches Halbblut mit sehr gutem Stammbaum, aber persönlich ein launenhafter, tückischer Gesell, dessen ungute Charaktereigenschaften sich auch auf alle seine Nachkommen vererbten, daß im Landesgestüt noch lange danach die Bosheiten des Shalesschen Geschlechts wohlbekannt blieben. Einmal sperrte er mich, als ich ihm freundlich in seinen Stand ein Stück Zucker brachte, ein, indem er mir mit den Hinterbeinen den Ausgang verschloß. Kein Zureden half, auch die Reitknechte waren machtlos, erst die Kommandostimme seines Gebieters bewog ihn, mich wieder freizugeben. Ich war jedoch verliebt in den Shales und nahm ihm seine Unarten nicht übel. Und ich lag immer aufs neue dem Stallmeister in den Ohren, einmal den Shales für mich satteln zu lassen, was er als zu gefährlich ablehnte.

Eines Morgens kam meine Mutter noch im Dunkeln an mein Bett und bat mich dringend, nur heute nicht auszureiten: sie habe mich soeben im Traum auf einem durchgegangenen schwarzen Pferde gesehen, in wildem Galopp auf der Landstraße hinrasend. Ich beteuerte ihr, daß sie völlig ruhig sein

dürfe, weil der einzige Rappe, der in Betracht käme, mir
noch ganz kürzlich rundweg verweigert worden sei. Das
ängstliche Mutterherz wollte sich schwer zufriedengeben und
blickte mir vom Fenster nach, solange ich mit der Gerte in
der Hand, das lange Reitkleid über den Arm geschlagen —
man trug damals noch die tief herabwallenden Reitkleider,
die zwar sehr schön, aber auch sehr gefährlich waren —, die
Kronengasse hinunterschritt. Im Reitstall fand ich einen der
rotröckigen Knechte, der noch halbverschlafen zu meiner
höchsten Überraschung soeben dem Shales den Damensattel
auflegte. Er erzählte, in aller Frühe, noch beim Laternenschein,
sei der Herr Baron herübergekommen und habe ihm so be-
fohlen. — Heut können wir was erleben, brummte der Mann, der
mit sichtlichem Widerstreben gehorchte, das Vieh ist hart-
mäulig und kommt ja fast immer ohne seinen Reiter heim.
Blitzschnell schoß mir Mamas Traum durch den Kopf, doch
das Wohlgefallen an dem stolzen Anblick des Tieres drängte
das Bedenken zurück. Beim Ausritt hieß der Stallmeister
mich in der Nachhut bleiben, allein der Shales setzte sich
gewaltsam an die Spitze, und ich spürte gleich, daß ich ihn
nicht im Zügel hatte. Auf der Straße hielt er sich noch gesittet, aber kaum waren wir in der Nähe des Waldhörnle
auf Wiesengrund gekommen, der auch die anderen Pferde
aufregte, so war es mit der Mäßigung des Shales vorbei,
er brach quer über die Wiese los, erflog die Böschung und
rannte mit mir auf der Landstraße unaufhaltsam gegen die
Stadt zurück. Ich hörte noch den Befehl des Stallmeisters:
Alle zurückbleiben! dann war ich schon weit hinweg. Kein
Zügel wirkte das geringste, doch ich saß zum Glück fest und
ließ den Shales in Gottes Namen rennen. Es war jetzt
genau das Bild, das meine Mutter zwei Stunden zuvor im
Traum gesehen hatte. Wir waren schon nahe an den Bahn-
schranken, wo die Sache kritisch werden konnte, da hörte
ich endlich die Hufe des Othello hinter mir donnern, was

den Shales natürlich zu vermehrtem Laufe antrieb. Aber jetzt wurde er von einer Männerfaust gepackt und in den Zügeln gerüttelt und bekam von dem Gertenknauf des Barons einen Hieb um den andern auf seine arme Nase, bis ihm das Blut herunterlief und er endlich Vernunft annahm. Zu Hause schwieg ich von dem Vorfall, jedoch der Zügel hatte mir den dicken Lederhandschuh buchstäblich durchgesägt und in die Hand eingeschnitten, auch war mein linker Arm von der Anspannung so verschwollen, daß er vierzehn Tage lang unbrauchbar blieb; so kam Mama allmählich doch hinter die Sache. Es war nicht das einzige Mal, daß sie Dinge träumte, die unmittelbar danach geschahen. Diese Anlage zu Wahrträumen hatte sie auch auf mich vererbt, nur daß ihr der Traum den kommenden Vorgang klar erzählte, während er ihn mir in ein mehr oder minder durchsichtiges Symbol zu verschleiern liebte, das sich erst beim Erwachen enthüllte.

Bald nach dem Abenteuer mit dem Shales wurde zu meinem Leid Baron Sternenfels von einem Herzschlag jählings hinweggenommen. Sein Nachfolger, Rittmeister Haffner, war ein gemütlich derber alter Schnauzbart, dessen Ton von dem ritterlich vornehmen seines Vorgängers wesentlich abstach, der aber einen prächtigen eigenen Stall mitbrachte. Er war außer sich über die unlenksamen Zuchthengste, die jedesmal in den Frühjahrsmonaten bei ihrem eigentlichen Beruf auf den „Platten" wieder ganz verwilderten, auf denen er daher den Studenten keine feinere Reitkunst beibringen konnte. Seine Verzweiflung darüber pflegte sich in drastischer Weise zu äußern. . Diese Hunde von Hengsten, schrie er einmal, blau vor Wut, als wieder alles durcheinander ging — und die Esel, die auf den Hunden sitzen, es ist eine Schweinewirtschaft!

Zoologie schwach, bemerkte ein neben mir reitender Mediziner.

Ich ritt nun die feingeschulten Tiere seines eigenen Stalles, was freilich eine ganz andere Sache war. Er besaß zwei edle arabische Hengste, den Schimmel Soliman, der für mich bestimmt wurde, und Abdel Kerim, den Goldfuchsen, den er zuerst ganz allein ritt, weil das Tier für schwierig galt und in der Tat unter seinem Herrn, den es nicht zu lieben schien, immer unruhig ging. Es hatte ebensolchen „Schwanenhals" wie der Shales und dazu die feurige Anmut seiner edlen Rasse. Mein Wunsch, auch einmal den Fuchsen besteigen zu dürfen, wurde anfänglich als unerfüllbar abgelehnt. Aber schließlich geschah doch, was ich wollte, und diesmal wurde mein Vertrauen nicht getäuscht. Der Araber war ein ritterlicher Charakter und völlig verschieden von dem undankbaren Shales. Er ging so gern unter der leichteren Last und der weicheren Hand, daß er fortan mein Leibroß wurde und sich willig auch von mir das Gebiß anlegen ließ. Das kluge Tier zeigte ein sichtliches Verantwortlichkeitsgefühl, sobald der lange Reitrock an ihm niederwallte, und machte niemals mit mir die geringsten Mätzchen. Es horchte sogar auf unser Gespräch, denn wenn ich halblaut den Stallmeister um die Erlaubnis zum Galoppieren bat, setzte es sich sogleich, ohne die Hilfen abzuwarten, in Galopp. Immer willig trug mich Abdel Kerim steile Waldeshänge hinauf und hinab bis in die Ausläufer des Schwarzwalds hinüber, bald durch seichte Wasserläufe patschend, bald über Wiesen hinfliegend, und wenn er sehr gut gelaunt war, so gab er im Schritt eigentümliche summende Töne von sich, die wie Gesang klangen. Wer nie die Welt von einem Pferderücken aus gesehen hat, der weiß nichts von dem Rausch des Raums, der die Sinne ergreift und sich mit dem aufsteigenden Dampf des Pferdekörpers zu einem halb göttlichen, halb tierischen Wonnegefühl mischt. Mein neuer Lehrer ritt fast immer mit mir allein, was mich in der Kunst sehr förderte. Er war stolz auf seine einzige Schülerin und liebte es besonders, mich bei der Rückkehr nach

der Stadt in so kurzem Galopp ansprengen zu lassen, daß sein
Soliman daneben Schritt gehen konnte. Die Mähne meines
prachtvollen Tieres wehte dabei hochauf und flog wie Gold-
staub durch die Luft, die Hufe dröhnten und blitzten. Dieses
Kunststück erschien den wackeren Bürgersleuten als eine ge-
wollte Herausforderung und trug mir das grimme Mißfallen
des damaligen Stadtoberhauptes ein. Unser Hauswirt, der
wackere Pole Genschowsky, der mein besonderer Freund war,
hatte alle Not, im Gemeinderat unsere Familie gegen die
Maßregelungen in Schutz zu nehmen, mit denen der Hoch-
mögende mir von Amts wegen das Reiten zu verleiden suchte.
Die Gassenjugend war mir gleichfalls feindlich; diese kleinen
Unholde gehören ja immer zu den stärksten Verfechtern des
Vorurteils. Als ich später nach vieljähriger Abwesenheit
wieder einmal aus der Fremde kam, betrachtete ich mit einer
Art von Rührung die neuen, in der Straße spielenden Blond-
köpfe, weil von diesen wenigstens keiner je mit Steinen nach
mir geworfen hatte. Einen Seelentrost aber trug ich davon,
als eines Tages im Mühlgäßchen ein einfacher Mann mich
ansprach, um mir zu sagen, er sei ein alter Unteroffizier der
Kavallerie und er fühle sich gedrungen, mir wegen meiner
Zügelführung seine Hochachtung auszusprechen. Das fach-
männische Lob tröstete mich über viele Kränkungen.

Mein Griechischlernen hatte die Gemüter auch nicht milder
gegen mich gestimmt. Ich hätte diesen Schatz ja gerne als
tiefstes Geheimnis gehütet, wäre das bei dem Temperament
meiner Mutter möglich gewesen. Unwissenheit galt damals
noch als besondere Zierde der deutschen Jungfrau, die noch
ganz unter dem Banne des Gretchenideals stand; an keinerlei
geistigen Dingen durfte sie irgendwelchen Anteil äußern, und
große Namen mußten ihr so ungeläufig sein, daß sie mit der
Zunge darüber stolperte. Schon Hamlet kannte den Pfiff:
„Ihr stellt euch aus Eitelkeit unwissend, gebt Gottes Eben-
bildern verhunzte Namen.“ Wenn Frauenlyrik an die
232

Öffentlichkeit trat, so mußte sie ganz zahm und hausbacken sein oder in formlose Empfindelei zerfließen. Heyse und Bodenstedt bemühten sich damals vergeblich, ein paar Gedichte von mir in ich weiß nicht mehr welchen Almanach zu bringen. Der Verleger verweigerte die Aufnahme, er fand die Sprache für ein junges Mädchen zu kraftvoll. Da war es denn schließlich auch kein Wunder, wenn die gute Stadt Tübingen sich dagegen auflehnte, daß es in ihren Mauern eine Familie gab, die ihre einzige Tochter unter geistigen und körperlichen Übungen aufwachsen ließ wie ein Fürstenkind der italienischen Renaissance oder sagen wir schlechtweg: wie ein junges Mädchen des damals noch ungeborenen 20. Jahrhunderts.

Ein Tropfen brachte endlich die Schale zum Überfließen. Wenn ich in den heißen Sommern so Tag für Tag die Brüder zu dem großen Schwimmbecken, genannt die Babschüssel, eilen sah, während die Damen sich mit den engen Badehüttchen am Neckar begnügen mußten, ohne Gelegenheit, das Schwimmen zu erlernen, stieg in mir nach und nach der umstürzlerische Gedanke auf, den Senat zu bitten, daß wenigstens an e i n e m Tag der Woche, und wäre es auch nur für e i n e Stunde, das Schwimmbad den Männern verschlossen und dem weiblichen Geschlecht zur Verfügung gestellt werde. Der städtische Schwimm- und Turnlehrer und eine liebenswürdige junge Professorsgattin von auswärts waren meine Mitschuldigen. Den beiden schadete es in der öffentlichen Meinung weiter nichts, die ganze Entrüstung wandte sich gegen mich als die Anstifterin des unsittlichen Vorschlags. Wie, man wollte die Phantasie der männlichen Jugend beim Baden durch die Vorstellung vergiften, daß in diesem selben Wasserbecken sich kurz zuvor junge Mädchenleiber getummelt hatten? Und wenn gar einer oder der andere sich im Gebüsch verstecken würde, um heimlich dem Schwimmunterricht der Damen zuzusehen? Der Untergang aller guten Sitten stand vor der

Tür, wenn mir gestattet wurde, dem Unwesen des Reitens, dem man nicht hatte steuern können, das noch ärgere des Schwimmens hinzuzufügen. Eine würdige Matrone übernahm es, mir im Namen sämtlicher Mütter und sämtlicher Töchter ihr Quousque tandem, Catilina! — zu deutsch: Wo hinaus mit dir, du Schädling am Gemeinwesen? — zuzurufen. Es war einer der schicksalsvollen Augenblicke, wo ein kleiner Anstoß eine lange verzögerte Absicht zum Durchbruch bringt. Sie hatte noch nicht ausgesprochen, so stand in mir der Entschluß fest, nunmehr Tübingen auf ganz zu verlassen.

Es war hohe und höchste Zeit, daß einmal ein entscheidender Lebensschritt geschah, von dem bisher nur die Wärme des mütterlichen Nestes den flügge gewordenen Vogel zurückgehalten hatte. Ein Puff war dazu nötig, und ich danke es der wackeren Kleinstädterin von Herzen, daß sie ihn mir gab. Ich hatte ja doch allerlei gelernt, Sprachen und anderes, womit ich auswärts ebensogut und besser vorwärts kommen konnte als daheim. Wohin ich wollte, wußte ich gleichfalls, denn ich hatte schon bei wiederholten Besuchen in München den Boden abgetastet und die Hoffnung geschöpft, dort Fuß fassen zu können. Daß Erwin mir dorthin vorangegangen war als Zögling der Akademie der bildenden Künste, erleichterte meiner Mutter die Trennung, denn sie konnte die Geschwister eins in des anderen Obhut empfehlen. Auch ich riß mich getrosten Mutes los, weil sie mich als Stütze in häuslichen Stürmen nicht mehr brauchte. Es gab deren keine mehr. Edgar und Alfred, die ehemals feindlichen Brüder, begannen jetzt in ihre lebenslange Freundschaft hineinzuwachsen. Und an unseres Balbe Krankenbett waren die beiden Mediziner nützlicher als ich.

Der arme, so liebenswürdig angelegte Junge, der in der Pause zwischen den Krankheitsstürmen ängstlich geschont und gehütet werden mußte, hatte rein gar nichts von seinem jungen Leben als die aufopfernde Liebe seiner Mutter. Diese nahm er mit der Naivität des Kranken ganz für sich in Beschlag. Wenn er nicht selber lesen konnte, worin er unermüdlich war, so mußte sie ihm Tage und halbe Nächte lang vorlesen oder Geschichten erzählen. Zuweilen durfte ich sie ablösen. Ich vereinfachte dann das Verfahren, indem ich das Buch, das er zu kennen verlangte, rasch durchflog und ihm den Inhalt erzählte. Eines Tages wünschte er, daß ich ihm Bret Hartes Goldene Träume, eine im „Novellenschatz des Auslands" erschienene Goldgräbergeschichte, vorlese. Da mir die Zeit dazu gebrach, gab ich vor, das Buch schon zu kennen, und erzählte ihm schlankweg ein Märchen von goldenen Träumen, das ich aus dem Stegreif erfand. Dieses Märchen machte ihm so viel Vergnügen, daß ich es immer aufs neue erzählen und schließlich mit denselben Worten für ihn nieder-schreiben mußte. Es war das erstemal, daß ich in Prosa schrieb; ich hatte bisher geglaubt, mich nur metrisch aus-drücken zu können. Ohne des kranken Bruders innige Freude an den Goldenen Träumen, die den Anfang meines späteren Märchenbuchs bildeten, wäre ich vielleicht nie auf diesen Weg gekommen.

Auf dem Friedhof war unterdessen das Denkmal nach meinen Wünschen aufgerichtet worden: inmitten einer schönen Tannengruppe stand auf hohem Sockel die trauernde Muse, die mit ihrem Lorbeer so viel Unverstandensein zu vergüten suchte. Auf der Vorderseite des Sockels blieb zunächst noch ein Raum frei, den Erwin später, als er Bildhauer geworden war, mit einem Reliefbildnis unseres Vaters in Terrakotta ausfüllte. Das Denkmal hatte zusamt den Nebenausgaben die tausend Gulden meines ersten großen Honorars ver-schlungen, und ich ging mit leeren Händen, aber mit der un-verwüstlichen Zuversicht der Jugend in mein neues Leben hinein.

Einer der letzten Abende in Tübingen bleibt mir unvergeß-lich. Eine Freundin von auswärts, die ihr Herz an Edgar

verloren hatte und, vor einer entsagungsvollen Verlobung
stehend, ihn noch einmal sehen wollte, war mit dabei. Wir
gingen zu dreien im Walde von Bebenhausen spazieren. Von
der Stimmung der beiden, die sich unter Scherzworten Tieferes
sagten, worauf ich nicht sonderlich achtete, ging eine seltsame
Verzauberung aus. Mich brachten sie durch Vorspiegelung
von einem unsagbar geheimnisvollen Etwas, das unter diesen
Bäumen warte, dahin, daß ich mit offenen Augen träumte
und mich immer tiefer in den Wald verschleppen ließ. Auf
einer mondumflossenen Lichtung sollte mein Lieblingsroß
grafen, es würde sich, wenn ich käme, neigen, um mich auf-
steigen zu lassen und mich ins Reich der Wunder zu tragen.
Eine Stimmung wob durch die Blätter wie auf Böcklins
Schweigen im Walde. Rufe ihn, sagten sie. Abdel Kerim!
Abdel Kerim! rief ich und eilte mit ausgestreckten Armen
vorwärts. Die beiden lachten hinter mir her wie toll, ich
glaube, sie küßten sich hinter meinem Rücken, die Schelme.

München

Es waren freundliche Sterne, die das junge Mädchen nach München führten. Ich fand von vornherein herzlichen Anschluß an zwei Familien, die mich zuvor schon als Gast beherbergt hatten, die des berühmten Rechtslehrers v. Brinz, eines köstlich frischen, tatfrohen Österreichers, und seiner seelenvollen Gattin, die uns von Tübingen her nahestanden, sowie an das Ludwig Bareißsche Haus, jenes Urbild altschwäbischer Gastlichkeit, das um jene Zeit unsern alten Freund Ludwig Pfau als Dauergast beherbergte. Dieser erwies mir nun den Liebesdienst, mich in die Münchner Schriftsteller- und Künstlerkreise einzuführen, vor allem in das Haus des Komponisten Robert v. Hornstein, dessen entzückende Frau mich alsbald unter ihre Fittiche nahm. Baronin Hornstein war eine feenhafte Persönlichkeit, in der sich Schönheit, Anmut, Seelengüte, Mutterwitz mit dem leichtbeweglichen rheinischen Naturell zu einer unvergleichlichen Mischung vereinigten. Wer diese Frau gesehen hatte, der konnte desselben Tages nicht mehr traurig sein; sie hielt immerdar ein unsichtbares Füllhorn in der Hand, aus dem der Segen auf alles, was ihr nahetrat, strömte. Sie kam gleich, zu sehen, wie ich untergebracht sei, und da ihr mein Ofen kein Zutrauen einflößte, schickte sie mir einen aus ihrem eigenen Haushalt. Zuneigung ist eine Sache, die sich auf magnetischem Wege mitteilt, sie füllt die Luft und braucht nicht ausgesprochen zu werden. So ging es mir mit Charlotte v. Hornstein. Ich wußte sogleich, daß ich dieser Frau unbedingt vertrauen durfte und daß ich sie nie wieder aus meinem Leben verlieren würde. Sie erwies mir die Auszeichnung, mich gleich als ständigen Gast zu ihrem berühmten Sonntagskaffee einzuladen, wo ich als einziges junges Mädchen unter lauter reiferen Frauen und den Spitzen der Münchner Künstler- und Gelehrtenwelt saß. Der Hausherr war äußerlich das völlige Widerspiel seiner eleganten, glänzenden Gattin. Klein, unansehnlich, von wenig gepflegtem Anzug, schweigend, wenn er nicht etwas Besonderes zu sagen hatte, zog er doch mit seinem köstlichen Humor und seiner geistreichen Urwüchsigkeit stets die Lacher auf seine Seite. Er schwäbelte ein wenig und hatte bei seiner Abstammung von einem alten reichsfreiherrlichen Geschlecht den allerdemokratischsten Hang im Blute, der ihn zwang, von Zeit zu Zeit für ein paar Tage wie ein Handwerksbursch auf die Wanderung zu gehen und sich unter dem Volke umherzutreiben. Solche Naturhaftigkeit und Freude an allem Ursprünglichen bei altadligem Geblüt und großer seelischer Verfeinerung heimelte mich von meiner Mutter her an, und ich schloß mit ihm noch eine Sonderfreundschaft, wie in der Folge mit allen Gliedern seiner Familie.

Noch eine andere der gefeierten Münchner Frauen nahm sich des jungen, alleinstehenden Mädchens mit Wärme an, die durch selbständiges Denken und männliche Charaktereigenschaften sowie durch ihre strenge Schönheit ausgezeichnete Rosalie Braun-Artaria, die mir auch einen ernsteren geistigen Austausch bot und deren Freundschaft mich gleichfalls durchs Leben begleiten sollte. Damit war der Eingang in die sonst so abgeschlossene Münchner Gesellschaft gefunden, und manches glänzende Haus öffnete mir seine gastlichen Pforten. Aber auch wenn es anders gewesen wäre, der bloße Umstand, daß ich keinen kleinstädtischen Mißverständnissen mehr ausgesetzt und nur noch für mein eigenes Tun und Lassen verantwortlich war, ließ mich aufatmen. Nur was ich mir von Kindheit an so innig ersehnt hatte, das volle „Dazugehören", fand ich auch in München nicht. War's die Folge der langen Verkennung und Anfeindung, war's, daß ich mich jetzt als einzige Werbende unter lauter Gereiften, Fertigen befand, oder war's mir angeboren? Ich konnte mich nur als liebevoll empfangenen Gaft, nicht als Mitglied des erlesenen Kreises empfinden, und das Gefühl des Fremdseins, das immer und überall mit mir ging, verließ mich auch in München nicht. Was der empfindsamen Kindesseele Leides zugefügt worden ist, das hinterläßt eine Narbenschrift, die schwer verlöscht. Und ich brauchte auch noch größeren Raum, um zu wachsen.

Daß Paul Heyses von edelstem künstlerischem Geschmack regiertes Haus, wo die junge, sehr schöne, von ihm angebetete Frau anmutig thronte, mir gleichfalls gaftlich offen stand, ergab sich aus seiner engen Freundschaft mit meinem verstorbenen Vater von selbst. Heyse, in seiner lange bewahrten Jugendlichkeit selber noch ein schöner und gewinnend liebenswürdiger Mann, herrschte widerspruchslos in der Gesellschaft wie in der Literatur, wo sich ja sein Einfluß bis in die Schreibart herunter bemerkbar machte. Als ein Meister der Rede hatte er mit seiner hohen Kultur und seinem ganz norddeutsch gerichteten Witz, der in hundert Fassetten funkelte und auch das Wortspiel bis herab zum Kalauer nicht verschmähte, in jedem Gespräch die Oberhand, wobei er doch nie die vornehme Verbindlichkeit außer acht ließ, die ihn zu einer wahrhaft fürstlichen Erscheinung machte. Dieser spielerischen Grazie, die das Wort als Selbstzweck behandelte, waren die süddeutschen Zungen nicht gewachsen. Zwar im schlagenden Einfall war ihm Franz Lenbach, im leichten gesellschaftlichen Geplänkel die Baronin Hornstein ebenbürtig. Aber bei schärferen Redekämpfen fand sich niemand, der ihm die Stange hielt, und es war ein Schauspiel, Heyse in solchen Augenblicken zu sehen. Einer so bestechenden Dichterpersönlichkeit konnte eine begeisterte weibliche Gemeinde nicht fehlen, die ihm stets unbedingt beipflichtete und sich geistig ganz nach ihm gemodelt hatte. An der Tochter seines Freundes, der er bisher aus der Ferne eine Art literarischer Vormund gewesen war, fand

er aber im persönlichen Verkehr ein unlenksames Mündel.
Zwar seinen Rat, keine Gedichte drucken zu lassen, ehe ein
ausgereifter Band beisammen wäre, habe ich weislich befolgt
und ihm zeitlebens gedankt. Im übrigen aber wehrte ich
mich gewaltig gegen sein Übergewicht. Was er meinem Vater
gewesen, in dessen verdüstertes Leben er den letzten tröstlichen
Abendschimmer goß, konnte mich nur mit tiefer Dankbarkeit
erfüllen, und ich war ja zur Verehrung für ihn geradezu
erzogen worden. Auf beide Eltern hatte er einen unerhörten,
bestrickenden und sie selbst beglückenden Zauber geübt: andere
Freunde, die meine Mutter mit ihrem Überschwang necken
wollten, sprachen von ihm nur als von „Ihme". Allein wenn
er mit meinem Vater zu Fuß durch die alten Städtlein und
Dörflein Württembergs wanderte, voll feurigen Eingehens
auf den älteren Freund und voll Freude an jeder Äußerung
des Volkstums, so war er ein anderer als in seiner eigenen
Umwelt, die fast einem Hofe glich, wo der Ton ein gedämpfterer
war, wo alle Natur wie stilisiert erschien und das Leben sich
nur in einwandfreiester Gestalt zu zeigen wagte. Heyse war
ja zeitlebens auf den Höhen der Menschheit gewandelt, und
sein tiefes Ordnungs- und Schönheitsbedürfnis zwang ihn,
von dem dämonischen Untergrund alles Daseins, der Elend
und Schuld gebiert, die Augen abzuwenden, dem Vernunft-
widrigen aus dem Wege zu gehen. Er stand sogar solchen
Verwicklungen, wie er sie in seinen Werken darzustellen liebte,
im bürgerlichen Leben schroff gegenüber, wie mir übrigens
ähnliches auch von Ibsen erzählt worden ist. Ging doch sein
Sinn für das Herkommen so weit, daß er es richtig fand,
seine eigenen Romane, die damals für sehr frei und den ganz
Zurückgebliebenen sogar für unmoralisch galten, jungen
Mädchen lieber nicht in die Hand zu geben. Von dem allem
war der Geist, in dem ich aufgezogen worden, fast das gerade
Gegenteil, und unsere Gespräche endeten daher meistens in
ein kleines Scharmützel. So war ihm auch mein romantischer

Napoleonkultus höchlich zuwider, und er konnte sich bis zum Zorn, ja bis zur Ableugnung der titanischen Größe dagegen ereifern. Zwischen Gleichaltrigen hätten die Gegensätze zu einem fruchtbaren Austausch geführt, allein meiner Jugend stand ein Fertiger gegenüber, der sich die Welt auf seine Art ausgelegt und sein Weltbild der näheren und ferneren Umgebung, ja, man kann wohl sagen, einer ganzen literarischen Epoche seines Vaterlandes aufgezwungen hatte. Ich fühlte es auch bald selber, daß mein anfänglich ganz unbefangener Widerspruch wie Undankbarkeit erscheinen konnte — und beginnt nicht jede Entwicklung mit einer Auflehnung und einem Undank? — Darum hielt ich es nun, wo ich nicht mitgehen konnte, für passender, zu schweigen, aber das verletzliche Gewissen ließ mich dieses Verstummen als Unaufrichtigkeit empfinden und machte mich alsdann beklommen. So hatte ich von seiner Gegenwart häufig nicht den Vollgenuß, den mir sonst der Anblick einer so sieghaften Persönlichkeit bereitet hätte. Ganz wundervoll war Heyses Auftreten bei gesellschaftlichen Empfängen; ich dachte oft, daß hinter dem Dichter eigentlich ein hoher Diplomat stecke, und wahrlich, wenn solche nicht angelernte, sondern aus dem Innersten fließende Würde und Höflichkeit in Deutschland eine verbreitetere wäre, so stände es besser um das Ansehen der Deutschen in der Welt.

Grundverschieden von Heyse und doch ihm aufs innigste befreundet war mein engerer Landsmann, der von allen geliebte Dichter Wilhelm Hertz. Ein Stück edelsten Schwabentums, wurzelecht wie ein Erzschwabe, aber ins Weltschwabentum erweitert und erhöht. Die Uhlandsche Geisteswelt war in ihm wiedergeboren, nur ohne den Zug ins Altbürgerliche und ohne politische Richtung, ganz aufs Schöne gewendet. Jene edle Grenzmark der Poesie und Wissenschaft, in der man so tiefe, befreite Atemzüge tun konnte. Wo er erschien, da strömte seine untersetzte Gestalt mit dem keineswegs schönen aber männlichen Gesicht eine Ruhe und Sicherheit aus, die wie unmittelbar aus dem Erdboden kam; man mußte sich fragen, ob er nicht in einem fernen Vorleben ein Baum gewesen sei, so einer mit tiefen Wurzeln und breitem Wipfel, und ob er nicht dunkle Erinnerungen an den Erdenschoß bewahre. In einer beglückenden wissenschaftlichen und dichterischen Tätigkeit und einer ungemein harmonischen Ehe lebend, erschien er als der Glückliche schlechtweg, bei dessen Anblick auch andere zufrieden wurden. Er war zugleich ein künstlerischer Genießer des Lebens, der aus jeder Gabe Gottes ihren vollen Wert zu ziehen wußte und der einen edlen Tropfen Weins auf der Zunge zergehen ließ wie einen Vers von Goethe. Wenn Hertz seine dunkle Stimme erhob, um sein Wort langsam und nachdrücklich ohne alles persönliche Schimmern in die Erörterung zu werfen, so war es, als hätten jetzt die Dinge selbst gesprochen und ihr wahres Wesen enthüllt, so daß gar keine Zweifel übrigblieben. Vor allem bewunderte ich den Gerechtigkeitssinn, mit dem er sich dem so leicht einreißenden Spott über Abwesende widersetzte. Er widersprach nur ungern und schonend; lieber erzählte er dann einen rühmlichen Zug aus dem Leben des Betroffenen, der diesen über jeden Angriff hinaushob. Hertz war mir ein glänzender Beweis, wie viel mehr Geist dazu gehört, die Vorzüge der Menschen zu sehen als ihre Fehler. Welch ein Meister der Geselligkeit er war, erfuhr ich freilich erst bei meinen späteren Aufenthalten, wenn ich an den Hertzschen Teenachmittagen teilnehmen durfte, die mir stets als Musterbeispiel edelster geistiger Bewirtung vorschwebten. Da war kein Ungefähr im Zusammenstellen der Gäste, alle verstanden und ergänzten sich, und nie ging die Zahl über die klassischen Neune hinaus. Der Hausherr hielt das Gespräch unmerklich in der Hand, daß es nicht zersplitterte und daß jeder der Geladenen sich nach seiner persönlichen Art entfalten konnte, während die Hausfrau ihn geräuschlos in den Pflichten des Wirtes unter-

242

ftützte. Da wurde die Luft so hell und rein, und die verschiedenen
Stimmen klangen wie ein Konzert ineinander, daß für einen
Augenblick die Welt ganz Harmonie war. Und das müßte
ja der Zweck jeder edleren Geselligkeit sein. Zum Schlusse
erschien dann immer noch eine Flasche Sekt, und die Gäste
trennten sich auf dem Höhepunkt der Stimmung, die noch
tagelang nachklang.

Eine weitere sehr ausgeprägte Persönlichkeit war der
nach allen Seiten fronbierende Maler, Poet und Artillerie-
oberst Heinrich Reber, ein begabter, eigenwilliger Mann,
der sich wegen gesellschaftlicher Unstimmigkeiten von seiner
ehemaligen Tafelrunde, dem Heyse-Hornstein-Kreis, in einen
Schmollwinkel zurückgezogen hatte, zu dem ich aber wegen
seiner Freundschaft mit unserer spanischen Freundin den Zu-
gang fand.

So war es also mit der gesellschaftlichen Anlehnung trefflich
bestellt, und im übrigen hieß es abwarten. Ich hatte nach
einigen Erfahrungen an Münchner Zimmervermieterinnen
mit Erwin eine kleine leere Wohnung zu ebener Erde
an der Ecke der Karls- und Luisenstraße bezogen, die wir
selber einrichteten. Das Essen ließen wir uns aus einer nahen
Wirtschaft holen, es kostete damals nur 50 Pfennig für
die Person, war aber auch danach. Gelegentlich kam von
Hause eine Schachtel mit einem großen, von Josephine ge-
schmorten Braten, der uns auf mehrere Tage sättigte. Als
ich mir in der Au eine durch Frau von Hornstein empfohlene
Zugeherin besorgen wollte, erlebte ich gleich zum Einstand
ein sehr bezeichnendes Stück Münchner Volkstum. Im tiefen
Schnee der Straße kam mir eine Jammergestalt laut klagend
entgegen, mit Schlappen an den Füßen, im allerdünnsten
Kattunröckchen und ebensolcher Bluse, Kopf und Hals bloß.
Sie rief mich an, ob ich kein Dienstmädchen brauchen könne,
sie sei in schrecklicher Not und wolle mir gewiß treu sein, wenn
ich mich ihrer annehme. Ich konnte zwar die Leidensgeschichte,

die sie mir erzählte, nicht nachprüfen, nahm aber an, daß es
meine Pflicht sei, sie zu retten. Also ließ ich die Gutempfohlene
fahren und dingte die Zugelaufene, der ich außerdem noch
10 Mark Vorschuß geben mußte, um ihren von der früheren
Herrschaft — ich weiß nicht weshalb — zurückbehaltenen
Koffer auszulösen. Sie schrieb mir ihren Namen auf einen
Zettel, das war meine Sicherheit. Natürlich wurde ich von
den befreundeten Damen weidlich ausgelacht, ich ließ mich
jedoch nicht irremachen, und siehe, am bestimmten Tage
stellte sich das Mädchen, ein spindeldürres, scheinbar gelb-
süchtiges und auszehrendes Geschöpf, in anständiger Kleidung
bei mir ein. Ich brachte sie bei einer benachbarten Kramerin
unter, die ihr gleichfalls Arbeit gab, und sie bediente mich
längere Zeit gewissenhaft und anhänglich. Sie war jedoch
eine geborene Streunerin und wurde des trockenen Tones
bald satt, also verschwand sie eines Nachts geräuschlos durch
das Fenster, um, wie die Kramerin sagte, „mit den Maurern
zu gehen"; sie hielt es scheint's mit dieser ganzen Berufsklasse.
Aber scheidend hatte sie noch für mich gesorgt, indem sie den
Bäcker, die Milchfrau und andere Lieferanten beauftragte,
mir morgens den Bedarf, den sie sonst abholte, vor die Tür
zu stellen, ein Charakterzug, der mich mit ihrem Leichtsinn
versöhnte.

In Erwartung meiner ersten Unterrichtsstunden brauchte
ich nicht müßig zu gehen, sondern übersetzte in buchhändlerischem
Auftrag die Geschichte der Kommune von Marx' Schwiegersohn Lissagaray, wozu mir meine in Frankreich gesammelten
Kenntnisse des Gegenstandes nützlich waren; für militärische
Fachausdrücke beriet mich Oberst Reder. Allmählich fanden
sich auch einige Schülerinnen ein. Die erste war eine baltische
Baronin, die ich im Italienischen zu unterrichten hatte, eine
Dame von sehr großem Stil, die deshalb zu meinem Erstaunen von der Gesellschaft für eine bedeutende Persönlichkeit
angesehen wurde, nach deren häufigen Migränen man mich

stets mit eifrigem Anteil befragte. Da sie mich oft weit über die Stunde hinaus festhielt, um sich über alles Erdenkliche auszusprechen, sah ich unter den schönen Verkehrsformen in eine geistig ganz unfruchtbare und schablonenhafte Natur hinein. Es war das erstemal, daß mir dieses Mißverständnis der Gesellschaft begegnete, daher es meiner Indianerseele als merkwürdig auffiel.

Bei weitem anziehender war eine geistig regsame und selbständige Schwedin, die sich bei mir im Deutschen üben wollte und die mir den Unterricht leicht machte, da ich mir nur von ihr den Faust und die Iphigenie vorlesen zu lassen und mit ihr über das Gelesene zu sprechen brauchte, wobei ich die Freude hatte, ihre Augen immer höher aufglänzen zu sehen. Sie bat sich von vornherein aus, daß ich sie im falschen Gebrauch der Artikel nicht stören dürfe, weil sie aus einer Familie stamme, in der bei hohem Bildungsstand niemand je mit dem Der, Die, Das zurechtgekommen sei. Ich war es zufrieden; die deutschen Sprachschnitzer meiner Schülerinnen klangen mir immer so drollig, daß es mir leid tat, sie schulmeisterlich berichtigen zu sollen. Noch besser verstand ich mich mit einer gleichaltrigen Amerikanerin, die sich ganz allein in Europa aufhielt, einem Geschöpf von kecker, knabenhafter Anmut, jungfrisch und so voraussetzungslos, als wäre sie eben aus dem Ozean gestiegen. Auch diese Liebenswürdige wollte, wie sie mir anvertraute, nichts als „ein Gespräch höheren Stils in deutscher Sprache führen lernen", und der Unterricht bestand bei ihr wie bei der Schwedin darin, daß sie auf meinem Kanapee saß, um über Literatur und Verwandtes zu plaudern. Als sie entdeckte, daß auch ich ihre Lieblinge Burns und Byron liebte, war ihre Freude groß. Ich lernte ebenso von ihr wie sie von mir, denn ich horchte auf die Äußerungen amerikanischen Seelenlebens, das mir noch nie zuvor so nahe getreten war. Ich hatte dabei zum erstenmal den Eindruck, der sich mir bei späteren Beziehungen zu Amerikanern stets wiederholte und vertiefte, daß der amerikanische Denkapparat viel einfacher eingerichtet sei als der unsrige und unsere verwickelteren Gedankengänge gar nicht mit uns gehen könne, daher unsere halb scherzhaften Paradoxen und unsere über-tragenen Wendungen oft ganz naiv tatsächlich und buch-stäblich genommen werden. Solch ein amerikanisches Gehirn erschien mir als ein jungfräulicher Grund, noch nicht durch die Denkarbeit früherer Geschlechter durchwühlt und vor-bereitet und deshalb im geistigen Verkehr mit der kultur-älteren deutschen Welt Mißverständnissen ausgesetzt.

Erwin, der die Malklasse besuchte, war mir ein guter Kamerad. Zwar kam er gern des Abends etwas spät nach Hause, wobei ich ihn zu erwarten pflegte, aber ich gönnte ihm die Freiheit und wußte ja auch hinlänglich, daß Ermahnungen in solchen Fällen nichts fruchteten. Dafür kam er auch einmal in die Lage, mich erwarten zu müssen, als ich ohne Hausschlüssel ausblieb, was ihm ein großer Triumph war. Ich hatte mich von Hornsteins überreden lassen, den Abend mit ihnen auf einem weitentlegenen Keller zu verbringen, weil ich das Münchner Kellerleben noch nicht kannte. Es wurde spät und später, ich konnte nicht mehr allein nach Hause und mußte aus-harren bis zum Schluß. Zwei Herren, darunter Wilhelm Hertz, hatten denselben Heimweg, sie brachten mich vor meine Tür, aber jetzt war guter Rat teuer; wie hineingelangen? Hertz schlug mir einen Einbruch durch mein eigenes Fenster vor, wofür er seinen Rücken als Aufsteigschemel anbot; er meinte, einer geübten Reiterin müsse das Auskunftsmittel passen. Aber meine schönen Milchtöpfe, die auf dem inneren Fensterbrett standen, schon halb gestockt, die Hoffnung des morgigen Abends? Während ich noch zauderte, wurden sie plötzlich von innen leise weggestellt, und Erwins Kopf erschien, von allen mit Zuruf begrüßt. Es war der ganz unverhoffte Fall eingetreten, daß der Bruber früher als die Schwester aus dem Wirtshause gekommen war und

246

einmal seinerseits auf die Heimkehr der Nachtschwärmerin warten mußte.

Aber schöner als die schönste Geselligkeit war es doch, des Abends ganz allein im stillen Zimmer zu sitzen. Da kam ein Besuch, der von allen der willkommenste war, der unsichtbare „Andere". Seit meinem Märchen für den kranken Bruber traute ich mir nun wirklich etwas zu, ich nahm also einen stärkeren Anlauf und versuchte es mit einer Novelle. Eine romantische Liebesgeschichte mit Treue in der Untreue nebst einer Anzahl nach der lebendigen Mustersammlung gemalter Nebenfiguren war leicht erfunden, Zeit und Gegend, in die ich sie verlegte, gaben Gelegenheit zu abenteuerlichen Begebnissen und zu weiten Landschaftsbildern nach meinem Herzen. Im Feuer des Gestaltens gönnte ich mir nicht einmal mehr die nötige Zeit zum Essen und Schlafen, aus Furcht, ich könnte etwa über Nacht weg- sterben und mein Werk unvollendet hinterlassen. Jeden Morgen fühlte ich eine ganz besondere Genugtuung, noch am Leben zu sein und mich sogleich wieder an den Schreibtisch setzen zu können, um zu erfahren, wie die Geschichte weiter- ging. Denn dies wußte ich selber nicht, ließ es mir vielmehr von jenem Unsichtbaren gewissermaßen in die Feder diktieren. Es ging mit Windeseile, ganze Stöße beschriebenes Papier türmten sich auf, und wenn auf dem kleinen Tisch der Raum zu eng wurde, so schob ich, ohne aufzusehen, die Blätter über den Rand hinunter auf den Boden, um ja keine der kostbaren Minuten, wo die Esse glühte, zu verlieren. Im Schreiben verliebte ich mich selber in meinen Helden, in dem ich ein Stück dämonisches Übermenschentum hatte schildern wollen, und als er tot und die Geschichte zu Ende war, legte ich den Kopf auf den Tisch und weinte selige, befreite Tränen. Es war brei Uhr nachts am britten Tag, nachdem ich zu schreiben begonnen hatte. Nun konnte ich endlich beruhigt zu Bette gehen.

Es ist schön, ein Geisteskind in die Welt zu setzen, aber wenn es hernach da ist und seine Geschicke auf die unsern einzuwirken beginnen, bekommt die Sache ein anderes Gesicht. Durch gewogene Freundesherzen, denen ich mich anvertraut hatte und die an der hervorgesprudelten Erzählung ein Wohlgefallen fanden, erfuhr Paul Heyse davon. Zu meinem größten Schrecken erschien er gleich in meiner Wohnung und begehrte als väterlicher Freund und Zensor, der über mein literarisches Heil zu wachen habe, die Novelle zu lesen. Ich verweigerte sie, denn ich wußte, daß ich von andern nichts lernen konnte, sondern abwarten mußte, was mir das Leben selber zu sagen hatte. Aber schon war er auf dem Schreibtisch der aufgestapelten Blätter ansichtig geworden, hatte sie blitzschnell, bevor ich es hindern konnte, in die Tasche gesteckt und suchte trotz meinem Widerspruch mit seinem Raub lachend das Weite. Mir schwante Böses, als ich des andern Tags durch einen Zettel zu ihm gerufen wurde, aber auf eine Strafpredigt wie die, womit ich empfangen wurde, war ich nicht gefaßt. Hätte er mir doch lieber den Rat gegeben, das Erzeugnis einzusiegeln und erst nach Jahresfrist wieder zu eröffnen, gewiß wäre mir hernach seine Unreife von selber aufgegangen, und die Handschrift wäre vermutlich ins Feuer gewandert. Allein er griff mich von der moralischen Seite statt von der künstlerischen an, indem er sich über die sittliche Anbrüchigkeit meines Helden wie über eine wirkliche Person entrüstete und die Behauptung vertrat, ein so gewissenloser Mann könne einer reinen Frauenseele keine Leidenschaft einflößen, wovon sich leicht aus Geschichte und Leben das Gegenteil erhärten ließ. Hier war gewiß der Brennpunkt all unserer Meinungsverschiedenheiten: er sah das Leben vernunftgemäß an und verlangte auch von der Dichtung widerspruchslose, gesetzmäßig aufzulösende Charaktere, während für mich zur inneren Wahrheit die Widersprüche mit gehörten. Niemand verstand es, wärmer und herzlicher zu loben als Heyse, wo

248

er innerlich einstimmte; umgekehrtenfalls konnte er aber unverhältnismäßig schroff werden, wie ich ihn diesmal sah. Wir stritten heftiger als je, und das kalte Sturzbad mitten in die ersten Schöpferfreuden hinein griff mich mehr an, als ich zeigen mochte. Aber heimlich dachte ich doch, erfundene Gestalten, die solchen Sturm entfesselten, könnten nicht ganz talentlos gemacht sein. Und nun geschah es in der Folge, daß die Novelle gedruckt wurde zu einer Zeit, wo ich schon darüber hinausgewachsen war und ihre Schwächen einsah, daß sie bei den Lesern mehr Anklang fand, als mir lieb war, und zu meinem größten Verdruß während einiger Jahre bald da, bald dort nachgedruckt wurde, ohne daß ich es zu hindern vermochte. Da ich vor lauter Ernüchterung nicht einmal mehr die Korrekturbogen gelesen, sondern sie schleunigst verkrümelt hatte, ging das Ding nun auch noch mit den irrsinnigsten Fehlern behaftet durch den Blätterwald. Nur der Umstand, daß ich damals schon in Italien lebte und daß von all den Menschen, die mir in den Straßen von Florenz begegneten, wohl niemand die Mißgeburt gelesen hatte, tröstete mich über den unerwünschten Erfolg.

Sobald die Münchner Sonne wärmer schien, war es mein erstes, mir zur Lust und den Tübinger Moralbegriffen zum Trotz Schwimmunterricht zu nehmen in der Würm. München besaß natürlich in dem durch einen Stellwagen mit der Stadt verbundenen Ungererbad schon seine Damenschwimmschule. Nach dreien Malen war es geschehen: ich konnte meine Schwimmblasen wegwerfen und mich vom Wasser tragen lassen; welch ein Hochgefühl! Aber noch ahnte ich nicht, wozu das binnen kurzem gut sein sollte.

Eines Tages stand Edgar wie aus der Pistole geschossen vor mir: er kam, von meinen Briefen angezogen, sich nach einem Wirkungskreis in München umzusehen. Die leidigen Verhältnisse wiesen ihn, der durchaus für eine glänzende wissenschaftliche Laufbahn geboren war, in die Praxis, aber die Heimat hatte keine Verwendung für ihn. Stuttgart war überfüllt mit Ärzten, zum Landarzt paßte er nicht, in eine Kleinstadt noch weniger; auch legte man ihm seiner sozialistischen Gesinnung wegen überall Schwierigkeiten in den Weg. Zwei Tage hielt er sich in München auf, besuchte Kliniken und Ärzte, und ich gab mich schon der Hoffnung hin, ihn gleichfalls festwachsen zu sehen. Aber der dritte Tag machte diese Erwartung zunichte, er erklärte, daß München kein Platz für ihn sei. Ob die Umstände wirklich so ungünstig lagen oder ob der Drang nach einem ferneren, lockenderen Ziele ihn weitertrieb, weiß ich nicht. Edgar war kein Mann von langsamen Entschlüssen: ehe ich mich's versah, hatte er sich schon verabschiedet und fuhr Italien zu.

Das war im Frühjahr gewesen. Bevor der Sommer ins Land kam, hatte er sich ohne irgendwelchen Vorschub noch Gönnerschaft in Florenz eine ärztliche Stellung gegründet, und es war bereits beschlossene Sache, daß ihm Mama mit Balbe, dem man durch ein südliches Klima das Leben zu fristen hoffte, dorthin nachfolgen sollte. Die Sorge für den Kranken hatte schon bestimmend auf die Wahl des Aufenthalts eingewirkt. Jetzt verband er sich mit der Mutter, um auch mich zum Anschluß zu bewegen. Dieser Vorschlag war wie ein Blitz, der in eine plötzlich erhellte wundersame Gegend blicken läßt, und nahm mir fast den Atem. Es ging ja gegen alle bürgerliche Vernunft, das wertvolle kaum Errungene schon nach drei Vierteljahren um etwas völlig Unbekanntes zu vertauschen. Allein die großen Entscheidungen des Lebens werden nicht durch die Vernunft getroffen, sondern durch das Dämonische in uns, das unsere Bedürfnisse besser kennt als wir selber. Ich habe sein Walten niemals bereut. Es entzog mich der damaligen deutschen Kulturphase, die keine schöne war, und ließ mich mein Weltbild ungetrübt aus dem eigenen Innern gestalten. Freilich forderte es einen hohen Preis dafür, indem es mich all der unberechenbaren Vorteile beraubte, die der

Zusammenschluß mit anderen gewährt. Ich hatte meinen künstlerischen Weg nun ganz allein, ohne Vorschub noch Anlehnung irgendwelcher Art, zu machen. Meine neuen Freunde schüttelten natürlich die Köpfe und hielten mir alle Bedenken vor, die mir schon selber aufgestiegen waren. Aber Edgar schrieb von den alten Palästen am Arno, von der Etruskerstadt Fiesole und von Sommern an dem nahen Meere. Das war es, was am stärksten zog; nicht die Kunst Italiens, von der ich noch wenig wußte, nicht die herrlichen Städtebilder, die man ja nicht wie heute schon aus ungezählten Abbildungen kannte, auch nicht im dunkeln Laub die Goldorangen beherrschten so meine Träume wie das blaue, unendliche Meer. Ich meinte, erst am Meere könne mein innerer Mensch sich vollenden. Der Wunsch, wieder mit den Meinigen vereint zu sein, und literarische Aufträge, die mich hoffen ließen, auch dort meine Selbständigkeit begründen zu können, zogen die Wage vollends nach dieser Seite herunter. Als ich der hoffenden und wartenden Mutter mein Ja geschrieben hatte und den Brief in einen Briefkasten der Briennerstraße werfen wollte, zuckte meine Hand noch einmal zurück. Ein plötzlicher Zweifel hatte mich befallen, und ich beschloß, die Frage noch einmal in die Hand des Schicksals zurückzulegen. Ich zählte die Fenster des Hauses auf Ja und Nein. Der Spruch hieß Ja, der Brief fiel in den Kasten, und ein großer Jubel erfüllte meine ganze Seele.

Bevor ich schied, erwarteten mich noch vierzehn köstliche Sommertage, die ich bei Hornsteins in Ambach am Starnberger See verbringen durfte. Des Morgens auf Feld und Wiesen entstanden kleine Lieder, die der Hausherr alsbald in Musik setzte und die des Abends schon von der gleichfalls als Gast anwesenden gefeierten Sängerin Aglaja Orgeniy am Klavier gesungen wurden. Die ganze übrige Zeit lag ich im See und genoß voraus die Wonne, daß ich künftig im Meere schwimmen würde! Ich erinnere mich, wie einmal Ludwig II. in seiner glänzenden Karosse schnell wie ein Traumgedanke an unserem Badestrand vorüberrollte und wie die jungen Mädchen gleich Wasservögelchen in die Höhe fuhren, um ihm aus den Fluten ihren Knicks zu machen. Eine selige Losgebundenheit und überschwengliche Erwartung verzauberte mir die ganze Welt, und das neue Glück, dem ich entgegenging, verschönte das gegenwärtige, das ich verlassen sollte.

Letzte Tage in der Heimat

Während meiner letzten Münchner Wochen rüstete sich Tübingen zur Vierhundertjahrfeier der Gründung seiner Universität durch den Herzog Eberhard von Württemberg, und die akademische Bürgerschaft plante einen großen historischen Festzug, bei dem von vornherein auf meine Teilnahme gerechnet war. Auf dem prunkvollsten der Wagen, der den Stifter der Universität samt seinen Räten trug, sollte ganz vorn die Muse als Lenkerin des Gespannes stehen, und dieser Teil des Festplans, der bei den steilen, holprigen Gassen Tübingens zu anderen Eignungen auch sportliche Sicherheit erforderte, war in der Tat ohne meine Mitwirkung nicht auszuführen. Meine Mutter übermittelte mir brieflich die Bitte der Professoren- und Studentenschaft, daß ich zu der Feier nach Tübingen komme und die Rolle der Muse übernehme. Ich verspürte zuerst wenig Neigung dazu, denn ich betrachtete meinen Abgang aus Tübingen infolge der mißlungenen Werbearbeit für das Damenschwimmen doch als eine Art Scherbengericht, und es wurde mir einigermaßen coriolanisch zumute, daß mich nun die Vaterstadt in der Not durch meine Volumnia zurückrief. Der plötzliche Entschluß, mit nach Italien zu übersiedeln, machte jedoch meine vorherige Rückkehr nach Hause notwendig. Und kaum war ich in Tübingen, so erschien im Auftrag des Ausschusses Professor Leibniz, der akademische Zeichenlehrer, der, wie ich glaube, die künstlerischen Entwürfe für den Festzug gemacht hatte, und stellte mir vor, daß ich doch nicht die Unschuldigen mit den Schuldigen bestrafen und um weniger Übelgesinnter willen den schönsten Teil des Festzuges zunichte machen dürfe, bis ich mich umstimmen ließ und Ja sagte. Die Gewandung

253

lieferte das Stuttgarter Hoftheater, das auch an dem großen
Tage eine Garderobiere herüberschickte, um mich anzukleiden.
Ihre Auffassung von einem griechischen Gewand war aller-
dings von der meinigen so verschieden, daß mir die weiße
Tunika noch am Leibe völlig aufgetrennt und umgeheftet
werden mußte. Der breite Messinggürtel mit den künstlichen
Edelsteinen hatte zu meinem bleichen Schrecken eine lange
Schnebbe! Da blieb nichts übrig, als ihn umzukehren und
die Schnebbe nach oben zu richten, was, wenn auch nicht einer
antiken, doch allenfalls einer Renaissancemuse ähnlich sah.
Das geschah unter dem Widerspruch der Garderobiere, die
versicherte, alle Iphigenien trügen einen Schnebbenleib. Ein
langer blauer Peplos, der an den Schultern befestigt wurde,
verdeckte, was noch stilwidrig war, und die Haare schmückte
ein Kranz von Lorbeer. So angetan, erstieg die Muse ihren
Vorderplatz auf dem hochgetürmten Wagen und ergriff die
Rosenzügel. Vier gewaltige Grauschimmel, von Pagen geführt, zogen das schwere Fuhrwerk. Auf dem Hochsitz hinter
mir thronte der Fürst mit seinem Gefolge, eine jugendliche
Schülergruppe kauerte zu meinen Füßen. Die Muse war die
einzige, die völlig frei stand, und es bedurfte in der Tat aller
Aufmerksamkeit, in der hügligen Stadt das Gleichgewicht
zu bewahren, besonders als es die damals noch jäh abfallende
Neckarstraße hinunterging. So kam es, daß ich am Ende
von dem berühmten Festzug, an dem mir eine Hauptrolle
zugefallen war, nichts gesehen hatte als die Rücken meiner
Apfelschimmel und die herzoglichen Herolde und Banner-
träger, die vor meinem Wagen ritten. Den Rest des Zuges
mit der Gruppe der drei Flüsse Tübingens und mit all den
geschichtlichen Persönlichkeiten, den Gelehrten, Schülern,
Rittern, Pagen, Mönchen, Landleuten, Flößern und so weiter
lernte ich erst später aus Beschreibungen und einer rohen
Zeichnung kennen; Momentaufnahmen gab es damals noch
keine. Auch mitten im Festjubel blieb das Philisterium sich

254

selber gleich, denn kaum hatte ich den Fuß auf den Boden gesetzt, so beeilten sich schon geschäftige Zungen, mir neue Bosheiten zuzutragen. Aber am Nachmittag erschien die Ästhetik selbst in Gestalt Friedrich Vischers, um mir ihren warmen Glückwunsch und Beifall zu überbringen. Während draußen die Festfreude weiterlärmte, die gegen Abend in laute Trunkenheit ausartete, saß er bei Mutter und Tochter und erzählte als guter Kenner Italiens mit Begeisterung von den Dingen, die uns dort erwarteten.

An dieser Stelle sei es mir gestattet, den Manen dieses außerordentlichen Mannes für das herzliche Wohlwollen zu danken, das er mir schon von meiner frühesten Jugend zuwandte. Was er seinen Deutschen war, braucht von mir nicht gesagt zu werden. Was er m i r war, kann ich ohne Ruhmredigkeit aussprechen, denn es war seine Güte, nicht mein Verdienst, wenn er mich schon als Kind zu sich heranzog. Er lud mich als Zwölfjährige mit der Mutter zum Kaffee, den er selbst braute und einschenkte, ich mußte dann neben ihm auf dem Kanapee sitzen, er ließ sich meine Zöpfe aufflechten und erzählte mir Geschichten, unter andern das ganze Märchen von den Pfahlbauern, das er später dem „Auch Einer" einverleibt hat. Wäre er länger in Tübingen geblieben, so hätte ich im Heranwachsen gegen die Anfeindungen des Philistertums einen Halt und Trost gehabt. Aber ihn selber trieb die Kleinstädterei von dannen, und er zog den Lehrstuhl an der Stuttgarter Technischen Hochschule dem der Tübinger Universität vor, weil er dort freiere Menschen, die sich in der Welt umgesehen hatten, fand. — Als ich dann in den frühen achtziger Jahren zum erstenmal aus Italien wiederkam und ihn in Stuttgart besuchen wollte, stieß mir das peinliche Versehen zu, daß ich mir die Vormittagsstunde desjenigen Wochentags, wo er ganz ungestört bleiben wollte, um sein Kolleg vorzubereiten, in der Eile als die für Besuche willkommenste aufschrieb. Erst als ich die Klingel gezogen hatte und er selbst im Schlafrock mit einem Blatt Papier in der Hand mir öffnete, erkannte ich mit jähem Schrecken den Mißgriff. Er ließ mich aber durchaus nicht mehr entwischen, ich mußte sogar viel länger, als ich ursprünglich beabsichtigt hatte, in der bei solchem Ruhme wahrhaft ergreifenden Einfachheit seiner Gelehrtenstube ihm gegenübersitzen, und es schien ihn gar nichts zu stören als sein Schlafrock, der ihm nicht schön genug war, denn er klagte wiederholt, daß er einen viel schöneren bestellt habe und nun zu seinem Ärger vom Schneider im Stich gelassen sei, wo er ihn doch so nötig hätte, um „einen anständigen Eindruck zu machen". — Und jetzt reisen Sie ab, wo der neue Rock fertig ist? sagte er ein paar Tage später vorwurfsvoll. So rührend jugendlich im kleinsten wie im größten war und blieb er bis ans Ende. Ein paar Jahre später hielt ich mich abermals einige Winterwochen in Stuttgart auf, da ließ er sich in seiner ritterlichen Zuvorkommenheit nicht abhalten, mich fast täglich, trotz Wind und Wetter und trotz der nassen Füße, die der fast Achtzigjährige zu scheuen hatte, in meiner Pension zu besuchen. Wenn man die kleine, zarte, obschon zähe Gestalt sah, das geistig verfeinerte Gesicht mit der übermächtigen Stirn und dem abgeblaßten Veilchenblau der Augen, die noch gar nicht vertrocknete, fast rosige Haut, die sich fest um die abgezehrten Wangen legte, so mahnte das ganze Bild des Mannes ergreifend und beängstigend, daß dieses ausdauernde Gehäuse allmählich doch zu dünnwandig wurde für den Geist, der es bewohnte. Ich wurde schließlich so besorgt, daß ich ihm einen früheren Tag der Abreise nannte und mich selber um die mir noch zugedachte Zeit brachte, die nie mehr vergütet werden konnte, denn es war das letztemal, daß ich ihn mit Augen sah.

Er hatte den höchsten faustischen Lebensgipfel erstiegen, von dem aus sich die Verworrenheit der Dinge zu großen, übersichtlichen Gruppen gliederte. Dabei wehte aber keine

256

eifige Altersluft um ihn her, es gab kein Verfteifen ins Gewohnte, kein Wiederholen des längst Gedachten. Seine Gedanken entftanden im Augenblick, wo er fie ausfprach, das
Neuefte war ihm ebenfo lieb wie das Alte, wenn es einen
tüchtigen Boden hatte. Vifcher war ein wundervolles Beispiel
des ganz großen Deutfchen, der mit leidenfchaftlicher Inbrunft
an der Muttererde haftet und zugleich mit dem Geift durch
alle Länder fchreitet. Und da er alle Regifter in der Gewalt
hatte, fo quoll er auch bei den ernfteften Gegenftänden von
Anekdoten, Witzen, Schnurren nur fo über. Seine feinhörige
Sprachmeifterfchaft fühlte man in jedem Wort. Er erklärte
mir auch feinen dritten Teil Fauft als aus dem unwiderftehlichen
Zwang entftanden, in den hüpfenden, gleitenden Reimen des
zweiten Teils weiterzuwirbeln; ein warnender Wink für folche,
die den Urkeim eines Gedichts immer in der Idee fuchen.
Er wollte jedoch nicht nur geiftreich fein, er wollte helfen,
wirken. Er brachte Bücher, die er liebte, beriet in literarifchen
Angelegenheiten. Und war dabei fo menfchlich-vertraulich,
als ob man ihm gar keine Ehrfurcht fchulde.

Zu feinem achtzigften Geburtstag fandte ich aus Florenz
einen Lorbeerkranz und eine eben aufgegangene Magnolien-
blüte aus dem eigenen Garten, diefe nach italienifcher Sitte
zufammengefchnürt, damit der Duft nicht vor der Zeit ent-
weiche. In einigen begleitenden Strophen wurde der Kranz
als Sinnbild der langen Ruhmesbahn, die Blume mit den
ftark ftrömenden und verftrömenden Düften als Ausdruck des
höchften ausgefchöpften Augenblicks gedeutet. Er antwortete
noch mit einem Gedicht, das kurz vor feinem Tode gefchrieben
wurde und jedenfalls zu feinen letzten gehört, wenn es nicht
das allerletzte ift. Ich weiß nicht, was ich mehr darin bewundern foll, die edle, in unferer Zeit fagenhaft anmutende
Befcheidenheit oder das Selbftgefühl des feltenen Mannes,
der fich bewußt ift, noch am äußerften Lebensziel alle Möglichkeiten der Weiterentwicklung in fich zu tragen:

Zur Blume, die des Duftes feinste Geister
Im Kelche sammelt, spendend sie entläßt,
Zum Kranze, der, ein Schmuck für größre Meister,
Den Strebenden begrüßt am Greisesfest,
Läßt du aus Dichterworten mich ersehen,
In welche Tiefen deine Blicke gehen.[1]

Die dumpfen Seelen, die gedankenschiefen,
Was wissen die von Ewigkeit und Zeit?
Den Zeitmoment zur Ewigkeit vertiefen,
Das ist es, ja, das gibt Unsterblichkeit.
Dazu ward Leben, das bringt Rat und Licht,
Bringt Reim ins ungereimte Weltgedicht.

Die letzte Zeile ist eine Anspielung auf den Schluß meines Gedichtes „Weltgericht":

Das ungereimte Weltgedicht,
Nehmt's, wie es ist, und krittelt nicht.

Er hatte für dieses Gedicht eine besondere Vorliebe und pflegte es gleich nach seinem Erscheinen mit sich in der Tasche zu tragen und in Gesellschaften vorzulesen, wovon auch Ilse Frapan in ihren warmherzigen Vischererinnerungen spricht. Er nahm es in Schutz gegen die heftigen Angriffe der Scheinfrommen, die nicht imstande waren, durch den Scherz hindurch die innere Pietät zu erkennen, und er schrieb mir damals nach Italien lange, launige Episteln im gleichen Versstil und mit spaßhaften Erfindungen im Geiste des „Auch Einer", die er mir als Zusätze vorschlug. Er sprach auch noch von einer italienischen Reise und dachte an ein Wiedersehen in Venedig, wo mir jetzt ein Bruder, der uns nachgezogene

---

[1] Für den Druck schöner verändert: Wie ganz wir uns aus Lebensgrund verstehen.

258

Alfred, lebte. Statt dessen kam so rasch nach dem Alters-feste die erschütternde Todesbotschaft. — Nach seinem Hin-gang schien die Welt um vieles kälter und leerer ge-worden, und ich mußte lange dem Rätsel nachstaunen, wohin diese gesammelte, sich immer ergießende und sich immer erneuernde Fülle und Wärme nun mit einem Male gekommen war.

Jetzt noch einmal ins alte Tübingen zurück, wo ich Mama und Josephine beim Packen und Ausräumen half. Alle leicht-bewegliche Habe wie Bücher, Bilder, Wäsche usw. sollte uns nach Italien begleiten, die schweren Gegenstände blieben stehen, voran die wertvolle Biedermeiereinrichtung aus dem Brunnowschen Hause, um von den zurückbleibenden Brüdern Alfred und Erwin nach unserer Abreise versteigert zu werden. Meine Mutter trennte sich ohne Schmerz von den alten Erb-stücken, weil kein äußerer Besitz ihr das geringste galt, mir aber war es ein Abschied von lieben, unvergeßlichen Freunden meiner Jugend. Die auch in ihren Beschädigungen noch köstliche Empirestanduhr mit dem schwarzen Adler, der einen mit Goldbienen besäten blauen Mantel über dem goldenen Zifferblatt mit dem Schnabel zusammenhielt, konnte ich nie ganz verschmerzen. Wer kann wissen, wohin sie geraten ist? Alles ging zu Schleuderpreisen weg, weil damals der Wert solcher Altertümer noch gar nicht verstanden wurde. Dagegen erzielte ein weggeworfener Hut meiner Mutter (wenn sie einen wegwarf, war wirklich nichts daran zu halten) einen Liebhaberpreis: er wurde von einem „Partei-genossen" erworben und als Andenken im Triumph davon-getragen, wie die Brüder später launig nach Florenz be-richteten.

Edgar war unterdessen erschienen, uns zu holen und von der Heimat Abschied zu nehmen. In diese letzten Wochen fällt, wenn ich mich recht erinnere, unser tolles Haschisch-abenteuer, an dem auch Berta Wilhelmi teilnahm. Sie war

noch einmal zu Besuch nach Tübingen gekommen, jetzt ganz
erwachsen und so bildschön, wie ihre Kindheit versprochen
hatte. Sämtliche Brüder verliebten sich bis auf den kranken
Jüngsten herunter, der sie in naivem Versgestammel feierte.
Aber sie hielten durch Eifersucht einer den andern in Schach,
so blieb es bei allseitiger guter Kamerabschaft. Edgar war
seit lange neugierig, die oft geschilderten Wirkungen des indischen Hanfs kennen zu lernen, und konnte sich als Arzt leicht
eine Gabe Canabis indica verschreiben. Aber es war ein
Mißstand dabei: man wußte nicht, wie gut oder schlecht das
Präparat sich auf der langen Reise gehalten hatte, und davon
hing doch die Wirksamkeit ab. Nach ein paar Fehlversuchen
bezog er nun eine gewaltige Dosis frisch angekommenes
Haschisch aus der Apotheke, und wir bestimmten die folgende
Nacht zu unsrem Unternehmen. Edgar hatte ein Zimmer
in dem gerade leerstehenden unteren Stockwerk inne. Berta
und ich legten uns nur zum Schein schlafen; sobald alles stille
war, schlichen wir zu Edgar hinunter. Ich bekam zwei Pillen,
Berta eine, Alfred sollte nüchtern bleiben und die andern
ärztlich überwachen; da er aber nicht ganz leer ausgehen wollte,
schluckte er, was nur einem so jungen Menschen einfallen
konnte, dafür eine Opiumpille, die zum Glück gar nicht wirkte.
Edgar aber nahm, überkühn, wie er in allem war, die doppelte
Höchstgabe Haschisch, um diesmal sicher zu gehen. Ich erwartete, auf dem Teppich hockend, in die Wunder von
Tausendundeiner Nacht zu versinken, merkte aber nur, daß
mein Denken sich sehr verlangsamte, und dann stiegen mir
ganz abstrakte jenseitige Vorstellungen auf, wofür die Sprache
keinen Ausdruck hat. Plötzlich rüttelte mich Berta und flüsterte
mir zu, daß sich Edgar in einem unheimlichen Zustand befinde.
Ich erhob mich völlig gelassen, als ginge mich die Sache gar
nichts an, und wunderte mich doch selber über diesen Gleichmut. Edgar blickte seltsam verändert, und auf meine Frage,
wie er sich fühle, antwortete er: Ich bin transferiert. Dann

ging er an den Tisch und machte auf dem großen Papierbogen, auf dem er seine Symptome verzeichnete, die Ein-
tragung: Transferiert.

Jetzt kommt das Tragische, sagte er nach einer Weile mit
hohler Stimme und ganz entgeisterter Miene. Keine persönliche Tragik, erklärte er, es ist das Tragische an sich, das
Tragische im Abstrakten. — Sein Gesicht hatte einen bläu-
lichen Schein, und seine braunen Haare bäumten sich über
der Stirn, daß es ganz schauerlich anzusehen war. Er aber
schrieb eifrig das neue Symptom nieder. Jählings wandelte
sich sein Zustand aufs neue, und er rief triumphierend: Die
Schwerkraft ist aufgehoben, ich kann mich ebenso leicht durch
die Luft aufwärts wie abwärts bewegen. — Zur Bekräftigung
sprang er auf einen Stuhl und machte seltsame Arm- und
Schulterbewegungen, wie um sich durch Flügelkraft zu erheben. Als es aufwärts doch nicht ging, war er im nächsten
Augenblick am offenen Fenster, das hoch auf den Marktplatz
heruntersah, um es abwärts zu versuchen. Wir zwei Mädchen
hingen uns an seinen einen Rockflügel, der kräftige Alfred an
den andern, und als er Miene machte, sich des Rocks samt der
Belastung zu entledigen, bemächtigten wir uns seiner Arme.
Allmählich beruhigte er sich und bat, ihn freizulassen, da er
auf der Straße Erfrischung zu finden hoffe. Alfred wurde
ihm zur Begleitung aufgezwungen, der ihn nach einer pein-
lichen Stunde zurückbrachte; sie waren bis nach Luftnau
gerannt. Ich machte inzwischen im oberen Stockwerk Mengen
von Kaffee, indem ich die Kaffeemühle unter dicken Bett-
decken drehte, um Mama und Balbe nicht zu wecken. Haltet
mich wach, laßt mich ja nicht einschlafen, war des Patienten
wiederholte Mahnung; Schlaf könnte dem Hirn gefährlich
werden. — Der Gang durch die Nachtluft hatte jetzt gut
getan, ein Kaffee war fertig, der einen Toten erwecken konnte,
wir hielten uns alle vier vollständig wach bis zum Morgen.
Aber siehe da, nach einer kalten Waschung nahm Edgar seinen

Hut und begab sich ohne weiteres ins Klinikum, wo ein merkwürdiger Fall zu beobachten war, während Alfred sich todmüde zum Schlafen niederwarf und auch wir beiden Mädchen uns zur Ruhe legten.

Bei diesem letzten Tübinger Abenteuer ging auch Berta zum letztenmal durch unser Leben. Unter den aufständischen Zuckungen, die damals durch Spanien liefen, geschah es bald danach, daß in Granada an Stelle des abgesetzten Gouverneurs das schönste Mädchen der Stadt bei einem großen Stiergefechte den Vorsitz führen sollte. Die Wahl fiel auf Berta. An diesem weithin sichtbaren Platze sah sie ein Angehöriger des ältesten andalusischen Adels und verliebte sich so, daß er augenblicklich um die junge Schönheit warb, die ihm denn auch die Hand zu einem freilich nicht sehr beglückenden Ehebund reichte. Ich besitze noch ihr Bild mit spanischem Schleier und Fächer, wie sie jenes Tages das Los ihres Lebens zog, das sie für immer an Spanien fesselte.

Die letzten Tage in Tübingen rannen mir unaufhaltsam durch die Finger. Die Stadt meiner Jugend war doch tiefer mit mir verwachsen, als ich selber wußte. Sie hatte auch für alle Zeit richtunggebend auf mein Stilgefühl eingewirkt. Noch ·heute, wenn ich mir eine ideale Stadt in Gedanken baue, mit solchen kühnen Terrassen, solchen überschneidenden Dächern, steinernen Treppen, Durchgängen, hängenden Gärten, steigt sie nach einem stillen Fluß hinunter. Einen schwingenderen Rhythmus als die Straßenzüge Tübingens habe ich nirgends gefunden. Dieses Anschwellen und Absinken der gepflasterten Straßen, für mich sind es die Hebungen und Senkungen und wunderbar gefühlte Zäsuren eines Gedichts. Wie in der Neckarstraße hoch über unseren Häuptern sich der Umgang der Stiftskirche, wo ihm der Raum zu eng wird, mit plötzlichem Entschlusse leicht und frei über die Straße herausschwingt, wie das schmale Mühlgäßchen sich zu jener Zeit noch mit steilem Gefäll zwischen die stürzende Ammer und die hohe, modrige Stadtmauer zwängte, während der Österberg seinen schön bebuschten Fuß bis in die Ammer herabstreckte und ein anderer stiller Garten oben von der Mauer zum Gegengruße heruntersah, das sind Züge, die nie im Geist verlöschen. Von der Mitte der unvergeßlichen alten Neckarbrücke führte eine steile Holzstiege auf den Wöhrd. An ihrem Fuße standen zwei mächtige Linden wie Schildwachen; sie gehörten mit zum Letzten, was ich an Freundschaft zurückließ, und ihnen galt mein letzter Abendgang. Wir hatten allerlei Heimlichkeiten miteinander, die sie zu hüten versprachen, bis ich wiederkäme. Leider konnten sie ihr Wort nicht halten, weil sie unterdessen gefällt worden sind. Unter ihrem Schirmdach stehend, schrieb ich in der zum Schlusse aufgestiegenen Wehmut noch ein paar Verse in mein Taschenbüchlein:

O Heimat, Heimat, vielgescholten,
Doch vielgeliebt und vielbeweint,
Seit heut die letzte Sonne golden
Für mich auf deine Hügel scheint.
Nie wollt' ich scheidend dich betrauern,
So hatt' ich trotzig oft geprahlt,
Wie nun der Schmerz die düstern Mauern
Schon mit der Sehnsucht Farben malt.

— — — — — — — — —

So laß uns denn in Frieden scheiden,
Von Groll bewahr' ich keine Spur.
Dein Bild soll ewig mich begleiten
Und wecke teure Schatten nur.
Und kehr' ich einst mit müdem Flügel,
Wenn meine Bahn ein Ende hat,
Dann gönne bei des Vaters Hügel
Der Tochter eine Ruhestatt.

Dann kam der Morgen, wo wir zu Fünfen in der Bahn saßen, Mama, Edgar, Balbe, die treue Josephine, die uns nie verließ, und ich, um einem neuen, unbekannten Leben entgegenzufahren. Ich setzte mich rückwärts, und meine Augen saugten sich so lange wie möglich an dem wohlbekannten Stadtprofil fest. Der Kirchturm schwand als letzter um die Ecke. Die Jugendstadt versank, und die Weite der Welt, die langersehnte, tat sich auf.

Bei der Deutschen Verlags-Anstalt in Stuttgart sind ferner die auf den nachfolgenden Seiten verzeichneten Werke erschienen:

Traumland

Gebunden M 9.—

„Symbolische Träume wechseln mit seltsam bezugreichen Wahrträumen und solchen, die wie ein spannendes Kapitel eines Dichterwerkes wirken. Die feine Sprachkunst der Verfasserin verleiht ihrer Darstellung Plastik und Stimmung, so daß die Lektüre des kleinen Buches auf Leser, denen die Welt der Träume etwas bedeutet, ihre Wirkung nicht verfehlen wird." (Deutscher Reichsanzeiger, Berlin.)

„Wer glaubt, daß Isolde Kurz sich hier auf Abwegen befinde, wer dumpfer Scheinwissenschaft oder Ausflügen ins Gebiet platter Traumdeuterei zu begegnen fürchtet, irrt sich in dem Buch. Es enthält die Gedanken eines klaren und umfassenden Geistes über das Traumleben des Menschen, niedergelegt in edler und dichterischer Sprache." (Schwäbischer Merkur, Stuttgart.)

Hermann Kurz

Ein Beitrag zu seiner Lebensgeschichte

Mit 9 Bildbeigaben und einem Gedichtfaksimile

2., vollständig durchgesehene und erweiterte Auflage

Gebunden M 15.—

„... Es war vorauszusehen, daß es eine bedeutende und interessante Gabe sein würde, wenn Isolde Kurz in die Tiefen ihrer Seele greifen und aus ihren Erinnerungen an den geliebten Vater uns seine „menschliche Erscheinung" zeichnen würde. Ihr Buch ist eine literarische Gabe im höchsten Sinne. Die reife Künstlerin verleugnet sich auch hier nicht, wo sich die liebende Tochter in inniger Weise ausspricht. Der Reichtum, die Tiefe, die Klarheit und die wundervolle Geradheit ihrer Dichterseele, ihr kulturhistorischer Blick für das Ganze, ihre innig poetische Freude am Kleinen, ihr starkes und dabei nicht blindes Familiengefühl haben in diesem Buch ein Werk geschaffen, so eigenartig und dabei so typisch deutsch, daß wir es wohl nach „Wahrheit und Dichtung", von dem es gelernt hat, zu dem besten seiner Art rechnen dürfen. Wie in Goethes, so auch in Isolde Kurz' Buch: der Literarhistoriker, der Kulturhistoriker, der Künstler und jeder Leser, dessen Geschmack nicht rettungslos am Effekt haftet, findet was ihn befriedigt, erfreut, belehrt, anregt." (Deutsche Literaturzeitung.)

Florentinische Erinnerungen
3. und 4. Auflage. Gebunden M 15.—

„Das Buch enthält nichts Unbedeutendes, sein Gesichtspunkt ist immer klar und vornehm, und denen, die Florenz kennen und lieben, möchte ich es als eine genußreiche, wertvolle Lektüre warm empfehlen."
(Hans Bethge im Hamburg. Correspondent.)

„... Die harmonische, nur den Eingeweihten sich offenbarende Schönheit der Stadt ist mir noch in keinem Buche so vollkommen, traumartig und doch wahr vor Augen getreten als in diesen „Florentinischen Erinnerungen". Das Buch erzählt so, wie gebildete Menschen erzählen sollten. Man erfährt, wie der alte fürchterliche Getto, ehe er niedergerissen wird, sich von der Welt blumengeschmückt in einem Karneval als Bagdad hergerichtet, verabschiedet, man hört Gespenstergeschichten und lernt die alte Kultur kennen, in der die Toskaner leben „wie hinter einer chinesischen Mauer" ... Kleinere Artikel aus den Marmorbergen von Carrara, wo Isolde Kurz ihre Sommer verlebt, über eine Tochter Octavio Piccolominis, deren Spuren in Urkunden des florentinischen Staatsarchivs gefunden wurden, Erinnerungen an das Florentiner Erdbeben und zum Schluß ein anmutiges Stimmungsbild der Blütentage in Florenz runden den stattlichen Band voll feinempfundener Dinge ab. Der Dichterin wird er neue Freunde gewinnen und ihrer Lieblingsstadt die alten um so treuer bewahren..." (A. v. Gleichen-Rußwurm in den Münchner Neuesten Nachrichten.)

Wandertage in Hellas
Mit 37 Bildbeigaben nach photographischen Aufnahmen
5. Auflage. Gebunden M 14.—

„... Wer ihr nachgeht auf ihren Wegen durch Athen und Salamis, Korinth und Delphi, Theben und Olympia, der weiß für diese schönheitsempfängliche Tochter des schwäbischen Dichters Hermann Kurz kein anderes Wort als ihr eigenes: „Mit allen Poren meines Wesens habe ich Griechenland getrunken." Ihr spricht in Wahrheit noch der Zeus aus dem Grollen des Donners, ihr glänzt auf allen Wegen der blauäugige Blick der Athene, ihrer Lieblingsgöttin, entgegen mit süßer und hoheitsvoller Gewalt, und im Sturmestosen hört sie den Racheschrei der Erinnyen. Sie sieht in Wahrheit noch den blinden Oedipus auf der staubigen Straße ins Elend wandern, ihr erscheint das düstere, unglückselige Geschwisterpaar Elektra und Orest, der Pelide in seiner strahlenden Schönheit, Helena, das königliche Weib und alle die ruhmgekrönten Helden der griechischen Sage. Sie hat die Gabe, Vergangenheit als lebendige Gegenwart empfinden zu können und sie Gegenwart für die werden zu lassen, zu denen sie spricht..."
(Hamburgischer Correspondent.)

Im Zeichen des Steinbocks
Aphorismen
2. Auflage.   Gebunden M 13.—

„Isolde Kurz, die kulturvolle Tochter des kulturvollen Vaters, stellt Betrachtungen über alle Gebiete des menschlichen Lebens, über Schein und Sein, über Werden und Vergehen, über Völker und Individuen an. Und die kontemplative Natur der schauenden, wägenden Künstlerin weiß das wesentliche aller Dinge mit hellseherischem Geiste zu erspüren. Diese kluge und vornehme Frau geht mit offenen Augen und einem offenen Herzen durch die Welt. Und sie erzählt uns in einer edlen Sprache, die wie ein klares, kristallhelles Gewässer dahinfließt, was alles sie in dieser Welt und ihrer Erscheinungen Flucht abzusehen und abzulauschen verstanden hat. Ihre Einsichten und Erkenntnisse, die sie in aphoristischer Form einem gebildeten Publikum darbietet, verdienen Beachtung und Widerhall zu finden."
(Königsberger Hartungsche Zeitung.)

Von dazumal
Erzählungen
2. Auflage.   Gebunden M 13.—

„Ein feiner Duft liegt über diesen Erzählungen, der Kindheitserinnerungen weckt: es ist, als ob man ein zartes Spitzentaschentuch oder ein Päckchen Briefe aus Großmutters Kommode nimmt, deren Schieblaben den Lavendel- und Ambraduft niemals wieder loslassen."
(Hamburgischer Correspondent, Hamburg.)

Cora
und andere Erzählungen
Gebunden M 11.—

Inhalt:

Cora — Die „Allegria" — Der strahlende Held — Warten!

„In klassischer Reinheit des Stiles schildert die Dichterin Menschen und Landschaft mit jenem apollonischen Schönheitssinn, der auch Herbes und Schmerzliches verklärt."   (Wiesb. Tagblatt, Wiesbaden.)

Deutsche und Italiener
Geheftet M 2.50

MAY 19 1921